教育部人文社会科学研究青年基金项目
（项目批准号：16YJCZH099）

管理学学术前沿书系

ZHENGFU GOUMAI YILIAO BAOXIAN FUWU
XIAOGUO CELIANG YU KECHIXUXING YANJIU

政府购买医疗保险服务效果测量与可持续性研究

王明慧　著

经济日报出版社

图书在版编目（CIP）数据

政府购买医疗保险服务效果测量与可持续性研究 / 王明慧著. -- 北京：经济日报出版社，2019.1

ISBN 978-7-5196-0489-9

Ⅰ. ①政… Ⅱ. ①王… Ⅲ. ①医疗保险-政府采购制度-研究-中国 Ⅳ. ①F842.613②F812.2

中国版本图书馆 CIP 数据核字（2019）第 027278 号

政府购买医疗保险服务效果测量与可持续性研究

作　　者	王明慧
责任编辑	陈礼滟
责任校对	秦英超
出版发行	经济日报出版社
社　　址	北京市西城区白纸坊东街 2 号 A 座综合楼 710
邮政编码	100054
电　　话	010-63567684（总编室）
	010-63538621　63567692（发行部）
网　　址	www.edpbook.com.cn
E-mail	edpbook@sina.com
经　　销	全国新华书店
印　　刷	北京建宏印刷有限公司
开　　本	710×1000 毫米　1/16
印　　张	15.5
字　　数	228 千字
版　　次	2019 年 2 月第一版
印　　次	2019 年 2 月第一次印刷
书　　号	ISBN 978-7-5196-0489-9
定　　价	46.00 元

前　言

本书是2016年度教育部人文社会科学研究青年基金项目“理性选择视野下政府购买医疗保险服务效果测量与可持续性研究”的终期成果。西方国家新公共管理运动方兴未艾，政府向第三方组织购买公共服务成为各国寻求政府职能转型中的一剂良药。在这样的背景下，我国自2012年底开始在全国范围内大力推广以政府向商业保险机构购买大病医疗保险服务的方式向广大社会医疗保险参保人提供大病医疗保险服务。截至2016年底，已有29个省份，140余个城市开展了这项服务的试点工作。实践中，各地根据自身实际情况，探索出了不同的政府购买大病医疗保险方式，典型的有以厦门等地为代表的“保险合同模式”，以太仓等地为代表的“委托代理模式”、以湛江等地为代表得“共保联办模式”等等。从政府部门向私人保险组织购买服务的竞争性属性来看，有的地方政府采取竞争性公开购买方式，有的则采取非竞争性定向购买方式。那么，从早期的政府与私人保险组织合作为城镇职工提供大病补充医疗保险的实践探索开始，迄今，政府以向私人保险组织购买服务的方式向公众提供大病医疗保险服务的政策方案已施行多年，究竟政府购买大病医疗保险服务的效果如何？怎样测量和评价？实施效果受哪些因素影响？实践中存在什么样的困难和障碍？这些问题在改革的深入推进中逐渐成为各级政府和公众普遍关切的话题。与此同时，作为改革政府公共服务供给方式、转变政府职能、发动社会力量参与社会保障体系建设的一项重要尝试，如何寻求建立起一套能够促使政府购买医疗保险服务实现长期良性可持续发展的理想机制和策略也变得至关重要，因为这不仅直接关系到广大参保人的切身利益，而且关乎我国公共医疗保险服务供给模式改革的最后归属和政府购买公共服务目标的实现，因此探讨其可持续发展路径也是本研究的重要研究内容之一。值得关注的是，本书对我国政府购买医疗保险服务现状和可持续性问题的探讨将分别以公私伙伴关系模型和科尔曼的理性选择理论为基本视角，实践实证主义研究范式，希望能够丰富该理论在更广泛社会研究领域的应用。为此，本书第一章从剖析政府购买医疗保险服务的含义、动因出发，比较分析了绩效评估与政府购买医疗保险服务效果评价的含义及其相互之间的关系，引出政府购买医疗保险服务运行效果评价的重要性这一话题；在第二章中阐述政府购买医疗保险服务的相关理论，为本研究奠定理论基础和研究假设；第三章对国内外政府购买医疗保险服务的实践进行分析和评价，并在此基础上提出目前我国政府购买大病医疗保险服务运行中存在的主要问题，为本研究提供实践基础并明确研究目标；第四章至第六章分别从理论与实证两个角度研究政府购买医疗保险服务效果评价问题，构建了我国政府购买大病医疗保险服务测量指标体系并使用这一测量工具对S市政府购买大病医疗保险服务效果进行了实地测量和评价；第七章和第八章分别在公私伙伴关系模型和理性选择理论视野下探讨了我国政府购买医疗保险服务可持续性发展问题，并分别从公私伙伴关系再造以及理性的法人行动角度，提出了推动和促进我国政府购买医疗保险服务实现长期良性可持续发展的措施和建议。

本书得以出版是多方支持、帮助与鼓励的结果。首先感谢2016年度教育部人文社会科学研究青年基金项目——《理性选择视野下政府购买医疗保险服务效果测量与可持续性研究》（项目批准号：16YJCZH099）的资助和支持，让我们的研究工作得以顺利开展。感谢项目组成员陆广春、李秀红、刘瑜、汪桂凤、李玉英、赵力等几位老师以及华北理工大学14、15级本科生吴海平、张宇、胡永健等所有同学在项目研究工作中的辛苦努力和付出！感谢我的家人、朋友、学院领导和同事对我的支持和鼓励，在此一并表示最衷心的感谢！

华北理工大学

王明慧

2018.10.16

目　录
CONTENTS

第一章　导　论

第一节 背景与意义

政府购买服务是西方国家21世纪80年代兴起的新公共管理运动的产物之一，作为政府实行社会公共服务管理的一项工具或措施，具体是指政府将原来由自己直接向社会公众提供的一部分（准）公共服务项目，通过“购买”服务的方式交由有资质的第三方供应商（包括私人组织、社会组织等）负责提供，同时政府从公共预算中根据供应商提供公共服务的数量和质量支付其服务费用的一种公共服务供给机制。在我国，“政府购买公共服务”通常被翻译为Government Purchases of Public Services，而在英语国家则是Outsourcing，与其相近的表达还有公共服务民营化、市场化、合同外包等。政府采取此行动的目的就是为了获得更低的成本、更高的效率、更大的灵活性、更直接的管理、更全面地获取技术专长和改善管理者的职责意识①。政府购买公共服务发端于英美，然后迅速扩展到整个欧美地区，据统计，在1978—1979年间，欧美国家私营公司和民间非营利组织与政府以合同方式承包的社会服务分别占全部社会服务的35%和8%②。自20世纪80、90年代以来，政府购买服务措施超越了党派偏好或意识形态在全球范围内被广泛应用，包括中国。20世纪90年代中，政府购买公共服务策略引入中国，一时间成为部分地区，如上海、北京等公共服务改革的主要思路之一。2002年，我国颁布了《关于加快市政公用行业市场化进程的意见》，民营化改革热潮正式兴起。2013年11月15日正式公布的《中共中央关于

① [1] Dunford R, Bramble T, Littler CR. 1998. Gain and pain: The effects of Australian public sector restructuring. *Public Productivity & Management Review* 21: 386-402.

[2] Bel G, Hebdon R, Warner, M. 2007. Local government reform: Privatization and its alternatives. *Local Government Studies 33*: 4: 507-15.

[3] H1ebdon R, Jalette P. 2008. The restructuring of municipal services: A Canada-United States comparison. *Environment and Planning C: Government and Policy*, *26*: 144-58.

[4] Mclvor R. 2008. What is the right outsourcing strategy for your process? *European Management Journal* 26: 24-34.

② 陆春萍.我国政府购买公共服务的制度化进程分析[J].华东理工大学学报（社会科学版），2010，4：15-19.

全面深化改革若干重大问题的决定》提出，要“推广政府购买服务，凡属事务性管理服务，原则上都要引入竞争机制，通过合同、委托等方式向社会购买”，这是我国第一次将政府购买公共服务提到国家改革的层面，将其作为深化行政体制改革、加快政府职能转变的重要内容。随后各部委相继出台《关于政府向社会力量购买服务的指导意见》《关于做好政府购买服务工作的有关问题的通知》，进一步指出“推进政府购买服务是新时期全面深化改革的必然要求”。一时间，政府购买公共服务工作在全国全面推开，大病医疗保险服务、社区养老服务、文化教育服务等购买成为各地方政府购买公共服务的主要试水领域之一。

当然，政府购买服务的有效运用必然不是一蹴而就的，例如英国，从福利主义国家时代到布莱尔政府时代，政府公共服务供给模式经历了从政府垄断供给到市场垄断供给再到公私合作、政府购买、提倡竞争这样一个演变过程。再者，政府购买公共服务也并不总是能够实现其预定的理想目标。在较早实施市场化改革的欧美国家，经历了 20 世纪八九十年代的发展高峰后，至 20 世纪末，公共服务民营化已经开始呈现下降趋势，其中不少国家还出现了逆民营化的发展趋势①，特别在2008 年国际金融危机以后，这种趋势进一步明显。最近，以政府回购（backsourcing or insourcing）公共服务为主要形式的逆民营化（Reverse Privatization）现象成为民营化发展的新动向②。中国也经历了类似曲折反复的过程，兴起于 20 世纪 90 年代末的公共服务市场化改革就因其不可避免地带有制度模仿或制度移植的印记，而出现了水土不服的症状，数年之后，“公共医疗卫生、基础教育等领域的市场化改革被视为一种失败”③，甚至不少城市掀起了一股市政公用行业重归“国有化”的浪潮④。然而，这并不意味着公共服务外包的优势和积极作用可以被否定甚至抹杀，上述“政府回购”现象的出现可能并不是政府购买 / 外包工具本身出了问题，而是对这一创新性公共管理工具的使用和管理存在

---

① 胡伟，杨安华 . 西方国家公共服务转向的最新进展与趋势［J］. 政治学研究，2009（3）：105-113.

② 杨安华 . 政府购买服务还是回购服务？——基于 2000 年以来欧美国家政府回购公共服务的考察［J］. 公共管理学报，2014，11（3）：49-58.

③ 周志忍 . 认识市场化改革的新视角［J］. 中国行政管理，2009（3）：11-16.

④ 李克诚 . 市政公用“国有化”回潮［J］. 南风窗，2012（21）：32-34.

误区。正因如此，出于对上一轮民营化改革受挫的回应，我国新一届政府强调要积极稳妥地推动市场化改革，因为中国有不同于西方的制度环境，"政府购买服务"必须结合中国的自身特点，由制度模仿、制度环境的形成上升到制度创新的层面。

本书即将探讨的政府购买医疗保险服务即是我国政府购买公共服务的一项重要实践，对其实施效果和可持续性路径的深入研究具有重要的理论意义和现实意义。保险业"新国十条"提出"鼓励政府通过多种形式购买保险服务，充分运用市场化体制，降低公共服务成本"；《关于深化医药卫生体制改革的意见》和《医药卫生体制改革近期重点实施方案（2009-2011年）》中提出了鼓励与支持商业健康保险公司参与基本社会医疗保障服务的途径和方式；中国保监会《关于保险业深入贯彻医改意见积极参与多层次医疗保障体系建设的意见》中亦提出在条件具备、风险可控的前提下，商业保险公司可以以保险合同方式经办基本医疗保障服务。

需要指出的是，目前我国城镇职工和城乡居民基本医疗保险仍是由政府医保部门负责经办的，因而，确切地说我国的地方政府购买医疗保险服务指的是政府购买大病医疗保险服务。大病医疗保险，是指在基本医疗保险的基础上，为减轻参保人大额医疗费用支出带来的沉重经济压力，提高其医疗保障水平而做的一种制度安排。我国的基本医疗保险因参保人群不同，目前分为城镇职工基本医疗保险和城乡居民基本医疗保险两大类，相应地，大病医疗保险也分别以此为基础而建立。由于历史的原因，我国城镇职工大病医疗保险制度随着城镇职工基本医疗保险制度改革于 2001 年底前后即已建立，被称为城镇职工大病补充医疗保险。自 1998 年国务院 44 号文明确全面建立城镇职工基本医疗保险制度以来，各地就在实践中不断探索其实施的具体政策和方案，采取政府向商业保险公司购买服务的方式在各地并不鲜见[①]。而城乡居民大病医疗保险制度则是在 11 年后的 2012 年底方才建立起来的，2012 年 8 月，国家发改委、卫生部、人力资源与社会保障部等六部门联合下发了《关于开展城乡居民大病保险工作的指导意见》，

① 丁少群，许志涛，薄览西．社会医疗保险与商业保险合作的模式选择与机制设计［J］．保险研究，2013.12：58-64.

明确规定城乡居民大病保险“采取政府向商业保险机构购买”的承办方式，符合资质的商业保险机构可以通过正规的招投标程序承办社会医疗保险业务。截至2016年底，我国已有29个省份，140余个城市开展了这项服务的试点工作。在其后的实践中，各地根据自身实际情况，形成了以厦门等地为代表的“保险合同模式”、以太仓、洛阳等地为代表的“第三方委托代理模式”、以湛江等地为代表的“共保联办模式”等等。迄今，该项政策已施行多年，究竟政府购买大病医疗保险服务的效果如何？怎样测量和评价？实施效果受哪些因素影响？这些问题在政策的不断深入推进中愈益受到关注。与此同时，作为改革政府公共服务供给方式、转变政府职能、发动社会力量参与社会保障体系建设的一项重要尝试，寻求建立起一套能够促使政府购买大病医疗保险服务实现长期良性可持续发展的理想机制和策略变得至关重要，因为它不仅会直接影响到我国社会大病保险服务供给模式改革的发展路径和最后归属，更直接关系到广大参保人的切身利益以及政府购买公共服务目标的实现。可持续性则是指一种可以长久维持的过程或状态，政府购买大病医疗保险服务的可持续性指的是这项政策措施能否长久的良性运转下去，因此探讨其可持续发展路径也是本研究的重要研究内容之一。值得关注的是，本书对我国政府购买医疗保险服务现状和可持续性问题的探讨将分别以公私伙伴关系模型和科尔曼的理性选择理论为基本视角，实践实证主义研究范式，希望能够丰富该理论在更广泛社会研究领域的应用。

第二节 核心概念及其阐释

一、政府购买医疗保险服务

（一）政府购买医疗保险服务的含义与性质

政府购买医疗保险服务是指政府通过公开招标、定向委托、邀标等形式向私人保险组织购买医疗保险服务，满足公众的医疗保险保障需求，以提高（准）公共服务供给的质量和财政资金的使用效率、改善社会治理结构为目标，是一种“政府承担、定项委托、合同管理、评估兑现”的新型公共服务供给方式。我国的社会医疗保险制度是由国家通过立法形式强制实施，由雇主和 / 或个人按一定比例缴纳保险费，建立社会医疗保险基金，由政府设专门机构经办（隶属于国家医疗保障局）、对参保人医疗支出进行补偿的一种医疗保险制度。按照其补偿层次，可分为基本医疗保险和大病医疗保险，基本医疗保险由政府医保部门经办，对参保人合规医疗费用的支出设置封顶线，目前大部分统筹地区视当地经济发展水平设置为 7 万 ~ 11 万元不等；大病医疗保险在基本医疗保险的基础上建立，具体负责基本医疗保险封顶线以上部分的合规医疗费用的补偿，采取政府向商业保险公司购买服务的方式，封顶线由政府与承接公司协商确定，目前大部分地区封顶线为 25 万 ~ 60 万元不等。也就是说，目前我国的政府购买医疗保险服务，确切地说，指的是政府购买大病医疗保险服务，大病医疗保险也不是一项单一制度，从覆盖人群看，包括城乡居民大病医疗保险和城镇职工大病补充医疗保险。本书后文对政府购买医疗保险服务效果的测量、评价与可持续性研究均指大病医疗保险，特此说明。

大病医疗保险从性质来看可被视为公共物品，因为它基本同时具备了非排他性、非竞争性、效用的不可分割性以及消费的强制性。从参保对象看，凡是参加了基本医疗保险的人都可办理大病保险，不因年龄、性别、职业、收入等差异而差别对待，也未设置参保人数的上限，只要符合条件人人可以参保；从筹资角度看，大病医疗保险基金一般由基本医疗保险基金列支，参保人不再单独缴纳，即使单独缴纳，也是由政府医保部门按统一标准统一征收，而不同于一般的商业医疗保险按照被保险人的需要自行缴纳与保险金额相适应的保费；从受益角度看，大病医疗保险本着横向共济的原则，不会因参保费缴纳的不同而被给予差别的待遇，不同于商业医疗保险的“谁交钱，谁受益”；就消费的强制性来说，从建立基础看，大病医疗保险从基本医疗保险基金中划出一定比例或额度作为大病保险资金，而不是参保者自愿投保，以合同契约形式形成保险基金。综上，在我国，社会大病医疗保险服务从理论上来讲可以被看作社会公共服务，可以通过政府外包的方式来提供。

整体看，目前政府购买保险公共服务的方式可归纳为两大类：直接购买和间接购买。政府以授权委托、合同外包的方式向商业保险公司购买保险服务称为直接购买；政府对公共服务消费者或公共服务生产者进行补贴的方式，称为间接购买，如以财政出资补贴保费的方式开展的政策性农业保险，政策性农房保险和农村家财险等，以及其他政府为惠民推出的各类补贴保费的保险业务。目前我国绝大部分地区地方政府采取直接购买方式购买大病医疗保险服务。

（二）政府购买医疗保险服务的动因

政府购买公共服务的首要动因是基于降低公共服务供给成本、提高公共服务质量与效率的需求。传统的政府垄断式供给一方面缺乏提高效率与质量的内在动力，导致公共服务供给成本高、质量差；另一方面，公共服务提供的手段比较行政化，致使行政机构重叠，办事环节多，效率低下。而政府购买公共服务的实质是在公共服务的生产过程中引入竞争机制，让社会参与到公共服务的供给，利用专业的人才、技术和管理方法为公众提供低成本、高质量、高效率的专业化的公共服务，实现公共资源的最大价值。

我国施行政府购买大病医疗保险服务的首要动因正是基于此，即节省经办成本，提高服务效率，实现政府与市场的双赢。具体而言，一是改进公共服务的提供方式，强化经办机构的管控职责，提高医疗保险基金的使用效率；二是寄望于直接利用商业健康保险公司的管理平台和网点，减轻增设相关经办机构和人员的压力，降低管理的成本，从而减少财政支出；三是有利于发挥保险业在风险管理、精算技术等方面的优势，能够协助政府对医疗保障方案的设计进行改进，同时还可以结合现有的保障制度，开发与其相衔接的医疗保险产品，以此来满足人民群众不同的保障需求；四是对医疗保险服务供给模式的创新需求，鼓励商业健康保险公司作为第三方参与医疗保障，对医疗机构的用药、治疗等进行监督，有利于缓解医患矛盾，从而促进医疗卫生事业的良性发展。

合资格的公共服务供应商 / 承接者的大量存在是政府购买公共服务的前提和重要保障。中国保监会官方统计数字显示，截至 2017 年，我国能够提供商业健康保险服务的私人保险公司已达 85 家，一般的地级以上城市——这也是我国社会医疗保险的基本统筹单位——都至少拥有包括中国人寿、中国人保、中国平安、太平洋人寿等 10 家以上保险公司，也就是说，在绝大部分统筹地区，保险机构有能力承接参保人所需大病医疗保险服务，定价机制和服务质量是合理和可靠的。

（三）从理性选择角度看政府购买大病医疗保险服务政策设计

科尔曼从理性行动者之间的关系出发，构建了关于信任的理论和模型，把购买服务的双方称为“委托人”和“受托人”，由于政府希望通过“委托 – 代理”获得社会力量的支持、提供专业服务，他有信任社会组织的需要。但当受托的社会组织提供的服务与政府的预期之间出现差异时，政府的信任就将面临风险。所以政府通过完善购买机制、准入机制、监督和评估机制来提高社会组织的可信任度。而社会组织作为受托方，需要提供优质的服务，不断满足政府的期望，从而获得更多资源与信任。

由此，与传统公共服务递送过程不同，在政府向第三方购买公共服务的系统中，政府由单纯的公共服务生产递送者转变为服务购买者、公众利益受托人、监管人等，兼具了多重角色，本书以政府购买大病医疗保险服务为例描述了这种多重代理关系（见图 1.1）：在政府购买大病医疗保险服务过程中，政府接受参保人委托而向保险公司购买大病保险服务，这是第一层委托代理关系，在这里政府是受托人，参保人是委托人；而在政府向保险公司购买服务的时候，第二层委托代理关系产生，即政府作为委托人 / 买家，保险公司作为受托人 / 卖家提供服务，至此多重代理关系产生。与此同时，实际的政府购买过程中，政府的角色还不仅限于此，事实上它同时还要作为这项购买交易的监督人出现，政府的多重角色地位使公共服务外包的价值目标和实际目标更为错综复杂。理论上，在医疗保险服务外包的过程中，参保人才是最终接受服务的对象，并且不论采取哪种模式购买服务，购买服务的费用主要是由参保单位以及个人自己缴纳的，只是委托政府来购买而已。所以，政府购买大病医疗保险服务的目标应该是以最小的成本寻求参保人利益的最大化，即通过转变政府职能、增强政府管理者的职责意识来提高医疗保险服务供给效率，以最低的保费支出使参保人获得更直接、更专业的服务。

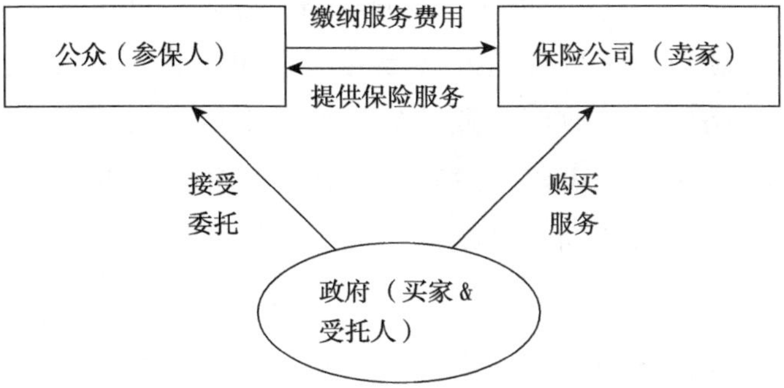

图 1.1 政府购买大病医疗保险服务各主体关系图

然而，在这样一个复杂的多重代理关系之下，买卖双方的价值目标极易出现错位现象。从理性人角度来看，在政府购买医疗保险服务时，首先，政府（买方）有意无意地会将减轻政府行政负担作为服务外包的一个现实目标，于是，商业保险公司（卖家）为了订单，会将买家的需求作为自己的首要目标，契约激励机制使得契约关系中的“顾客”更倾向于契约管理者而不是公民。换言之，保险公司往往把政府的满意度，而不是公众（投保人）的满意度作为他们的优先事项。此外，由于商业保险有着天生的趋利性，在不受约束的情况下，他们很可能通过降低服务质量来追求最大的利润，这与政府寻求公共利益最大化的目标背道而驰。而这也正是本研究要探索、分析和寻求解决的一个重要问题。

二、绩效评估与效果评价

绩效是管理学中一个很成熟的概念，大抵可以理解为个人或者组织对某种行为或活动的总结，通过对前期的投入和后期得到的结果进行对比，明确此次活动是否达到预期的目标和实现一定的意义。绩效评估，是指运用数理统计、运筹学原理和特定指标体系，对照统一的标准，按照一定的程序，通过定量定性对比分析，对个人、组织或项目一定时期内的效益或经营者业绩做出客观、公正和准确的综合评判。由此，绩效评估的对象也就包括个人、组织或项目，其中，组织又可包括政府组织、私人组织、社会组织等。相应地，政府绩效的概念和评价实践应运而生，成为组织绩效评估中应用发展最为广泛和完善的领域。国外学者通常认为，政府绩效是指政府的业绩，包括政策执行的效果以及政府行政效率效能，进一步地，可以将政府绩效评估按其评估的对象和内容分为两种，一种是对政府活动及其结果的评估，即我们通常所说的政策效果评价，另一种则是对政府能力的评估。目前大多数政府绩效评估指的是前者。所以，这里我们需要明确界定的第二个问题就是，本研究所指的效果评价实际上是政府绩效评估的一个方面或一种类型，即政策效果评价，具体来说就是指对政府购买大病医疗保险服务这一政策实施活动过程及结果的效果评价。

三、政府购买医疗保险服务效果评价

政府购买医疗保险服务效果评价是对政府购买医疗保险服务的投入、过程、产出、成效等进行全面测量和评价的活动。如尚未所述，效果评价是一种正式的项目活动评估制度，也是政府购买服务开发与管理中一项重要的基础性工作，旨在通过科学的方法、原理来评定和测量政府购买公共服务的工作行为和工作效果。政府购买医疗保险服务效果评价（很多场合被称为绩效评估）是政府购买服务的多元主体之间的一项管理沟通活动，其结果可以直接影响到政府购买医疗保险服务项目的调整、控制和经费投入。当然，进行效果评价之前，通常需要首先创建或者研制效果评价的测量工具，政府购买医疗保险公共服务的效果测量可通过主观指标与客观指标来进行，客观指标如投入的成本、产出服务的数量、质量、覆盖范围等，主观指标则可以通过一些主观判断或认知来测量，如政府购买服务受众的满意度、政府购买服务活动中各方面的合作等。

第三节 研究述评

一、政府购买公共服务理论研究

政府购买公共服务所涉及的理论及问题十分丰富，主要包括新公共管理理论、社会治理理论、社会非营利组织发展、政府职能转变等，下面分别予以阐述。

（一）新公共管理理论

新公共管理理论的代表性人物有 Christopher.Hood、Ted Gaebler、Elinor.Ostrom 等著名学者。Hood（1991）将“新公共管理”定义为一种强调明确的责任制、产出导向和绩效评估，以准独立的行政单位为主的分权结构，采用私人部门管理、技术、工具，引入市场机制以改善竞争为特征的公共部门管理新途径。Gaebler 认为，只要政府官员有事业和创新精神，是可以严格按照预算来投入公共服务与设施，为广大公众服务，提供优质公共产品的。无论是在学校、贫民窟，还是在环境卫生治理等等方面都大有可为，而且削减税收、提高服务机构效率也是可为可行的。而 Elinor.Ostrom 则在公共物品的概念和公共服务治理研究思路方面都做了开创性的研究。

新公共管理的理论基础是经济学理论和私营部门管理理论即所谓管理主义。其中，经济学理论包括公共选择理论、委托—代理理论和交易成本理论。公共选择理论认为，现代西方社会的种种矛盾和问题，与其说是市场失败，不如说是政府失败，该理论认为应将私人市场办法运用并扩大到公共服务的生产中。在私营部门管理理论中，主张公共部门要运用私营部门的管理办法和技术，即政府应适当地做事，管理主义所倡导的改革公共部门的一个主要目的就是提高公共物品和服务的提供效率。

（二）社会治理理论

治理理念产生于 20 世纪 90 年代，它代表着一种新的公共管理理念和模式，即多个主体对公共事务的共同参与，治理主体不仅包括政府和其他公共机构，还包括私人部门和公民社会组织。Lamothe 等人认为，治理是一个上下互动的管理过程，通过建立合作、协商的伙伴关系，以确立和认同共同目标的方式对公共事务进行管理。治理理念要求公共管理成为由政府部门、私营部门、第三部门和公民个人等参与者共同组成的公共行动体系，多中心的公共行动者通过制度化的合作机制，可以相互调节目标，共同解决冲突，增进彼此利益①。以 Vincent Astrom 和 Elinor.Ostrom 夫妇为核心的一批研究者提出“多中心治理”的思想，主张下放社会管理的权利，如将该权力下放给地方政府和社会自治组织，建立包括公共部门管理与私人部门、非政府组织管理在内的多元治理结构。

（三）政府职能转变理论

随着社会的发展，公众对公共服务的需求不断增加，而政府自身财力与能力的限制，决定了社会公共需求的不断增加与政府有限的公共服务供给能力之间存在巨大矛盾，其深层次的原因是政府提供公共服务的缺乏和不足。Asborne 和 Gaebler 在其经典著作《重塑政府企业家精神如何改变公共部门》中提出，政府的功能是随着时代的发展而不断变动的②。在信息时代，市场在不断地变化，政府也需要做出相应的调整，变换自己的定位，进行政府理念的再造和创新，以更好地满足人民群众的多元化公共服务需求。经济学家斯蒂格利茨认为，政府可以利用市场机制推动公共服务市场化，即将竞争机制引入政府公共服务的一些业务领域，实现服务的最佳供给和公共资源的有效配置，市场化意味着以政府高度介入为特征的某种制度安排向较少政府介入的另一种制度安排在转变③。

由于有关政府购买 / 外包公共服务的相关理论都源自于西方国家，目前国内在相关理论和实践方面均尚处于学习探索阶段，因而国内学者理论

---

① Lamothe S，Lamothe M，Feiock RC. 2008. Examining local government service delivery arrangements over time. *Urban Affairs Review* 44：27-56.

② David.Asborne，Ted.Gaebler. Reinventing Government：How the Entreprenuirial Sprits Transforming the Public Sectot. New York：Pengui Books Ltd，1992.

③ 斯蒂格利茨 . 政府经济学［M］. 北京：春秋出版社，1988.

研究的创新成果尚不多见，而是集中在对该理论中国化的内外环境、存在的问题和原因、发展路径等问题的探讨。如项显生（2015）[①]对政府购买公共服务的源头性和边界问题做了研究，认为我国政府购买公共服务边界虽有规定，但仍存在指导思想异位、界定范围不清、操作性不强、立法层次太低和地域性差异考虑不周等问题，并提出以民生性、公共性、权力制约性和可操作性为识别因素，通过科学立法来界定其边界问题的观点；詹国彬从供需两个角度对我国政府购买公共服务中的困境与解决之道的探讨[②]；何寿奎等人则对我国政府购买公共服务的路径选择和治理机制做了深入研究[③]。

二、政府购买公共服务实证研究

（一）所涉研究内容和领域

从国内外政府购买公共服务研究所涉研究内容来看，以描述公共服务购买实施现状以及评价公共服务购买效果的研究最为多见。

公共服务改革是一个全球性的问题，创新公共服务管理已成为现代国家政府改革的核心内容，许多国家和地区的政府已经或正在以不同的方式开展公共服务改革。20 世纪年 70 代末开始，英国率先开展了公共服务改革运动，政府购买公共服务的领域涉及供水供电服务、文化教育服务、IT 技术服务到医疗卫生服务等十分广泛，如 Petsoulas（2014）[④]等人对英国门诊医疗服务外包的研究。Hefetz 和 Warner（2012）[⑤]对英国公共服务外包的运

---

① 项显生 . 我国政府购买公共服务边界问题研究［J］. 中国行政管理，2015，6（360）：38–45.

② 詹国彬 . 需求方缺陷、供给方缺陷与精明买家——政府购买公共服务的困境与破解之道［J］. 经济社会体制比较，2013，5：43–52.

③ 何寿奎，胡明洋，莫云波 . 政府购买公共服务的路径选择与治理机制［J］. 经济体制改革，2015，2：11–18.

④ Christina Petsoulas & et al. Views of NHS commissioners on commissioning support provision. Evidence from a qualitative study examining the early development of clinical commissioning groups in England.Health policy Research，2014，4（10）：112–131.

⑤ Hefetz A，Warner ME. Contracting or public delivery? The importance of service，market，and management characteristics. *Journal of Public Administration Research and Theory*，2012，22：289–317.

行状况和特点等问题所做的总结性研究中指出当前英国的政府购买服务主要采取公私合作模式，即政府以合约方式采购服务，私人部门或非营利机构以投标方式参与竞争，政府可以充分利用私人部门或非营利机构的管理技术优势，而私人部门或非营利机构也可从中受益。美国政府购买服务有着悠久的历史。早些年曾通过一项联邦法案，规定超过一定金额的联邦政府采购，必须使用公开招标的程序。当前，Dunford（1998）① 等人的研究认为，美国政府购买服务采取的主要模式是合同外包和公私合作两种模式，其中合同外包模式是指由政府部门决策所需提供的公共服务和物品，通过合同安排向非政府组织购买合乎要求的服务，并按照合同约定对非政府组织的工作绩效进行监督和评估，据此支付合理的费用。公私合作模式是指政府部门和非政府部门共同提供同一类公共服务，即在合同外包的同时，部分保留政府部门提供服务的能力，让公共部门成为竞争者之一。

由于我国地方政府购买公共服务所涉的项目和领域目前仍然比较局限，因而国内关于政府购买公共服务施行现状和实施效果的研究所涉领域相应比较窄，主要涉及社区养老服务、大病医疗保险服务、公共体育服务、图书馆服务。研究内容以进行效果评价为主，如项莉（2015）② 等人以L市为例对政府购买大病医疗保险补偿模式及补偿效果进行了实证研究，毛瑛（2015）③ 等人基于旬邑县的数据对政府购买大病医疗保险政策效果的评价等。

本研究以政府购买大病医疗保险服务研究为例，对目前国内相关研究做一粗浅述评：由于我国城镇基本医疗保险制度施行地级市统筹，新农合（现并入城乡居民基本医疗保险）施行县级统筹，因而各地政策具体运行状况与实施效果受各地方政府执政能力、经济发展水平、地方风俗习惯、文化传统等差异的影响较大，从而导致政策施行效果上的差异也比较显著。

---

① Dunford R，Bramble T，Littler CR. 1998. Gain and pain：The effects of Australian public sector restructuring. *Public Productivity & Management Review* 21：386–402.

② 项莉，罗会秋，潘瑶，李聪，张颖．大病医疗保险补偿模式及补偿效果分析——以L市为例［J］．中国卫生政策研究，2015.8（3）：29–33.

③ 毛瑛，朱斌，刘锦林，吴静娴，井朋朋，李翌晨，宋晓阳．我国大病保险政策评价：基于旬邑县的实证研究［J］．中国卫生经济，2015，8（34）：10–14.

综合国内学者的观点来看，缺乏监管和服务质量评估是政府购买医疗保险服务中最普遍和亟需解决的两个主要问题。就政府购买大病医疗保险服务的实施现状和效果评价研究来看，主要存在以下问题：一是缺乏科学、全面、客观、有效的评价指标体系和标准，多数评价研究仅涉及政策实施的一两个方面，如投入和产出方面，缺乏综合测量；二是评价主体和客体含混不清，多数研究站在政府角度对经办保险公司进行评估，与政府对购买服务过程的评估混为一谈，缺乏站在第三方角度对整个政府购买医疗保险服务效果进行的评价研究。

（二）所涉效果评价方法的应用

国内外学者对政府购买公共服务效果评价的应用方法的研究文献都较为丰富，本研究在此略举一二，有兴趣的读者可进一步查阅相关文献。

倍差法可以说是研究政策执行效果的一种较为理想的方法，它可以度量政策实施的净效果。如 Justin（2014）① 采用此法研究了英国 NHS 中政府购买部分医疗服务政策实施前后的变化。国外学者较早将模糊理论与层次分析法相结合进行量化考核，例如 Weon&Kim（2001）② 运用模糊评价理论与方法对评估进行模糊化处理，对一些比较难定量化的指标进行定量化评价，使评价结果更加客观、公正与有效。国内学者林琳（2014）③ 将模糊数学与层次分析法进行有效结合，详细研究了基于模糊数学的多级综合评判模型构建以及判断矩阵对群体决策的模糊一致性问题，讨论对单个员工工作的综合评估和对多个员工工作的综合评比等内容，并在某公司项目经理的评估中成功应用了模糊层次分析法。金洪波④ 建立了以创造能力、工作质量、参与程度、工作纪律、领导素质及团队精神为基础的因素集，用 AHP 方法确定了各个因素的权重，在此基础上运用模糊综合评价方法建立了科

① Justin B.Dimick，Andrew M. Ryan. Methods for Evaluating Changes in Health Care Policy The Difference-in-Differences Approach. JAMA Guide to Statistics and Methods，2014.10：175-191.

② S Weon，J Kim .Learning achievementevaluationstrategy usingfuzzymembership function. computer.org，2001，09：142-160.

③ 林琳，冯喆 . 空管自动化系统软件可靠性的模糊综合评价［J］. 沈阳工业大学学报，2014，6：11-16.

④ 金洪波，AHP 法在企业员工绩效评估中的应用［J］. 重庆三峡学院学报，2009.09：08-12.

学合理的评估方法，最后通过具体实例说明了该方法的有效性。在政府绩效考核的研究中，董绪芳①等通过构建层次分析的指标体系对政府考核的因素进行系统分析，对政府政绩综合评价方法进行了探索。

第四节　研究内容与研究方法

本研究将重点对我国政府购买医疗保险服务的效果评价和可持续发展路径进行研究，为完善政府购买公共服务的理论体系、加快推动我国政府购买公共服务的实践提供支持。

一、政府购买公共服务理论及国内外政府购买医疗保险服务的实践研究

对政府购买公共服务理论的梳理和评价为本研究奠定了理论基础和研究假设，这部分内容主要包括公共服务供给多元化理论、政府购买公共服务效果评价理论和政府购买公共服务的可持续发展相关理论。随后，具体到政府购买公共医疗保险服务的实践研究，在描述和总结国际和国内开展政府购买医疗保险服务取得的成功经验和启示的基础上，提出目前我国政府购买大病医疗保险服务运行中存在的主要问题，为本研究提供实践基础并明确研究目标。这部分研究内容主要采用文献研究法和既有统计资料分析法。

二、政府购买医疗保险服务效果测量与评价的理论和实证研究

理论研究部分首先建立政府购买公共服务效果测量与评价的基本框架，包括明确政府购买公共服务效果评价的内涵与意义、政府购买公共服务效果评价的原则以及政府购买公共服务效果评价的构成要素；然后在比

---

① 董绪芳，余奇文，鲍俊龙．基于AHP方法的政府绩效考核研究［J］．经济研究导刊，2010，12：48-51.

较分析国内外政府购买公共服务效果评价理论模型、指标构建方法和评价方法的基础上，提出符合我国国情的政府购买公共服务效果测量和评价方法，并明确了效果测量与评价的约束机制。该部分研究主要采取文献研究法。

实证研究部分包含两个步骤，首先要研制政府购买大病医疗保险服务效果测量工具，建立起一套科学、合理、可操作性强的评价指标体系，然后再运用这个测量工具对我国地方政府购买大病医疗保险服务的效果进行实地测量。测量工具的研制主要采取了修正德尔菲法确定测量指标，采取层次分析法确定各指标权重；实地测量采用个案研究，具体资料、数据和信息的获得主要采取了问卷调查法和访谈法；资料分析方法采用了灰色综合评价法、多元回归分析等定量分析方法以及定性资料分析法。

三、政府购买医疗保险服务的可持续性研究

本研究的第三部分分别从公私伙伴关系模型和科尔曼理性选择理论的视角出发，探讨我国政府购买大病医疗保险服务的可持续发展问题，对政府购买大病医疗保险服务中的问题、障碍及其原因进行深入剖析和阐释，并分别从公私伙伴关系再造以及理性的法人行动角度，提出了推动和促进我国政府购买医疗保险服务实现长期良性可持续发展的措施和建议。此部分研究主要以定性资料分析法为主。

第二章　研究的理论基础

第一节 关于公共服务供给多元化

一、新公共管理理论

（一）理论概述

20 世纪 70—80 年代，英、美等西方国家面临政府机构臃肿、管理效率低下、财政支出压力大等诸多问题，传统的官僚体制力不从心，政府规模不断扩大、政府角色日益膨胀。为解决这些问题，各国先后开始了以“新公共管理（New public management）”为核心的政府改革运动。与以往传统的公共行政框架内的改革不同，新公共管理不是对现存行政管理体制和方式进行局部调整，而是对传统公共行政模式的一种全面清算和否定。它从管理学角度批判官僚主义，推崇私营机构的管理技术，认为分权、放松规制、委托是医治公共管理机制僵化瘤疾的组织原则。此理论一度成为指导欧洲各国行政改革的主要原则，他们纷纷推行市场化、社会化改革，将大量的公共产品和服务通过签约外包等方式，交由具备一定条件的社会组织来生产和提供。公共选择理论、委托代理理论等都是新公共管理理论中的重要分支。新公共管理以戴维・奥斯本为代表，其理念可以概括如下：

（1）企业化政府。主张用企业家精神去改造政府，它把广大公众当作政府的“顾客”，主张政府在公共服务领域引入市场竞争机制，采用商业管理的理念和方法，通过市场化运作，吸纳更多有能力的社会组织参与公共服务供给，从而提高政府公共管理水平及公共服务质量[①]。欧文・E. 修斯也指出：“新公共管理的基础是将市场原则运用于公共政策和公共管理，它也

① Osborne. D，Gaebler. T. Reinventing Government：How the Entrepreneurial Spirit is Transforming the Public Sector from the Schoolhouse to Statehouse [M] . Mass：Addison-Wesley.1992：5.

是和精简政府、开发市场相联系的。"①

（2）多元化主体。在改革政府的同时，新公共管理重新界定了政府与企业以及非政府组织的关系，要求政府与其建立伙伴关系，发挥企业和社会组织在公共管理中的作用。例如英国的城市再造运动，这一运动将地域内的中央部门、地方政府、社区组织及私人部门结合在一起。可以说，新公共管理不仅仅从政府的角度去定位政府角色，而是从全社会角度来区分公共事务该由谁来负责。

（3）顾客导向。新公共管理理论改变了传统的政府与社会之间的关系，政府不再是高高在上、"自我服务"的官僚机构，政府工作人员应该是负责的"企业的经理和管理人员"，社会公众则是提供税收的纳税人和享受政府服务的"顾客"，政府服务应以顾客为导向，增强对社会需要的响应力。Heckscher 和 Donnellon（1994）指出，政府改革打破了单向的等级指挥关系，建立了互动交流和导向管理。Barzelay（1992）②认为，公共管理开始由注重"效率"转而注重服务质量和顾客满意度，由自上而下的控制转向争取成员的认同和争取对组织使命和工作绩效的认同③。

然而，新公共管理理论将公共职能交给私营部门的同时，政府责任也在一定程度上丧失或者遭到损害。把人们看作顾客或者消费者虽然能在一定程度上提高公共服务质量和效率，但却忽视了公共服务的公益性和公民权利。随着社会的发展，公民意识逐渐觉醒，对公共利益的诉求逐渐提高，对政府责任的追问不断发展，衍生出了新公共服务理论。

（二）新公共管理理论对政府购买公共服务的启示

新公共管理理论更多地关注政府效率的提高，并以市场化的思路精简政府职能、提高行政管理效率，这一点与政府向社会组织购买服务的一部分目的是契合的。新公共管理理论为政府购买公共服务提供了方法论基

---

① 欧文.E. 修斯：《公共管理导论》，北京：中国人民大学出版社，2001：257.

② Heckscher. C, Donnellon. A. The Post-Bureaucratic Organization: New Perspectives on Organizational Change. Sage Publications, Inc. 1994

③ Barzelay. M. Breaking Through Bureaucracy: A New Vision for Managing in Government. University of California Press, 1992

础。提高政府效率，必须引入市场机制，而私人部门在效率方面相对于公共部门的优越性是有目共睹的。新公共管理理论通过引入私人部门的效率机制，为提高政府效率提供了方法基础，这一基础导致了政府购买公共服务的产生。政府购买公共服务，将政府视为一个市场主体，将承接公共服务的社会力量视为另一个市场主体，在两者之间引入了市场机制。同时，公共服务的承接者之间也会形成竞争，更深层次的市场竞争也被引入。可以说，政府购买公共服务是政府为了提高效率，在新公共管理理论指导下的最好尝试之一。在研究和构建政府购买公共服务机制时，也应该以新公共管理理论为指导，把更多的注意力集中到政府效率及财政性资金的使用绩效上去。

二、新公共服务理论

（一）理论概述

新公共服务理论的产生源于对新公共管理理论的反思，它由美国著名公共行政学家罗伯特·B.登哈特等人在对新公共管理理论之精髓——企业家政府理论的缺陷进行批判的基础上创立。所谓新公共服务是指关于公共行政在以公民为中心的治理系统中所扮演的角色的一套理念[①]。新公共服务理论吸收并融合了当代民主治理的先驱理论，即民主社会的公民权理论、社区和市民社会理论、组织人本主义和后现代主义的话语理论，从公民权利、信任建构和公共对话三个维度树立了检验公共行政发展的标尺，创立起较完整的理论体系和概念框架。

“新公共服务”理论是政府在治理系统中以公众为中心进行行政管理的新理论。它主张政府部门官员在对公共组织的管理过程中应承担主要职责，其核心观点如下：

（1）政府职能是服务，而不是掌舵。主导当今社会发展的公共政策是

① 丁煌．政府的职责：“服务”而非“掌舵”——《新公共服务：服务，而不是掌舵》评介［J］．中国人民大学学报，2004，6：151-152.

多个利益集团相互作用、相互妥协的结果。以公共服务为导向的政府，被要求与社会组织合作为公众提供优质的公共服务。相应地，政府角色也应该由过去的控制者转变为协调者，协调各个集团利益关系，为促进公共问题的解决提供便利。

（2）公共利益追求的是目标，而不是副产品。政府公务员应当积极地为公民通过与政府对话清楚地表达并形成共同的公共利益提供平台，努力建立集体的、共享的公共利益观念，不是在个人选择下找到解决问题的方案。

（3）思想上的战略性与行动上的民主性相统一。政府可以通过激发人们的自豪感与责任感，增强其参与、合作的意愿，共同制定合理的公共政策使公共服务方案得到最有效且最负责任的实现。

（4）服务于公民，而不是服务于顾客。公共部门很难具体定位顾客，因此政府不应该仅仅关注某些直接当事人的短期利益，必须关注公民长期的、公共的需要。

（5）政府服务公众并非简单的责任与义务。公共服务人员已经并且应当受到包括公共利益、宪法法令、职业标准、社会价值观念等在内多种复杂因素的影响，并且他们应当对这些制度和标准负责。

（6）政府不应当只是重视生产率，更应当重视人。强调管理人员的重要性，政府要善待公务员，公务员不只是职业雇员，分享领导权概念会让他们的言行更符合公共服务的动机，从长远来说，有利于公共服务价值的实现。

（7）公民权和公共服务比企业家精神更重要。政府是人民的政府，其根本使命是为人民服务，因此政府有责任和义务在公共资源分配中担当管理者的角色为人民服务，着力解决公众所需，而不是只把自己看作是一个企业家，通过公共服务为自己谋取利益。

新公共服务理论摒弃了新公共管理理论特别是企业家理论的固有缺陷，提出一种更加关注民主价值、公民权和公共利益，更适合现代社会发展和公共管理实践需要的新的理论选择，这凸显出当前公共行政理论由管理主义向公民参与的发展趋势。

（二）公共管理理论对政府购买公共服务的启示

新公共管理理论与新公共服务理论作为公共管理理论，有各自的优势与不足。新公共管理推崇私营企业的管理技术与方法，崇尚效率至上的价值取向使公平、民主等价值观弱化；而新公共服务理论则体现了公平、正义、民主等价值理念，将民主、公民权与公共利益放在第一位，但缺乏对效率的关注和操作技术的具体方案。随着我国全面建设小康社会进入关键时期，一个灵活、高效、责任、廉洁、法治的政府更凸显其关键重要作用。为推进政府全面转型，我国公共服务供给应遵循新公共管理与新公共服务相结合下的服务型政府理念，不仅要实现良好的绩效，还要充分体现公平、正义的民主价值，将公众满意作为重要的价值目标之一。具体归纳如下几点：

（1）一是要调整政府与市场的关系，建立适应市场需要的“有限型政府”。现代服务型政府应该是一个职能有限的政府，应该从某些领域退出，把自己管不了、管不好的事务交出去，由公共服务的直接生产者和提供者变为“管理者”和“发包人”。政府应大力推进适应经济发展的管理新职能，加强社会科学管理和公共服务，使政府从“全能型”向“有限型”转变；二是要调整政府与社会的关系，实现角色的转变。政府组织及公共部门必须由过去的“官僚机构”转变成公共服务的“管理机构”，由传统的“行政”向“管理”和“治理”转变，公共服务人员尤其是政府官员应更多的是管理者、服务者，必须有强烈的服务意识和公共责任感。政府的主要任务是提供公共利益和公共服务，政府的职责是掌舵而不是划桨。可以通过签订合同的方式将公共服务外包给其他公共组织、非政府组织或者私营部门，可以让专业管理者来实现职业化的管理。

（2）二要从单纯注重效率转向关注公共产品和公共服务的质量和效果，重视政策效果评价。诚然，政府应树立效率意识，用有限的资源创造更多的公共产品，提供更好的服务，这方面政府可以将科学的企业管理方法，如目标管理、绩效评估、成本核算等引入公共行政领域，注重提高效率。但是与企业管理不同，政府不能完全采用企业管理的方法来管理公共事务。居民是享受公共服务的“顾客”，政府在经济与社会发展中应树立居民需求导向的服务理念，要对准居民的需要，尊重居民的公民权，以围绕居民实际需求提供全面优质的公共产品、公平公正的公共服务为其第一要务，建立科学合理的政策效果评价指标体系，并将居民的满意度作为政府购买服务的重要考核目标。

（3）三要引入市场竞争机制，防止各种形式的公共服务垄断供应。在提供公共服务的方式上，以市场机制代替官僚机制，通过公开招标、签约外包的方式将原来由公共部门提供产品和公共服务的活动转给私人部门和社会组织，取消对提供公共产品和公共服务的垄断和其他保护形式，形成公共部门内部、公共部门与私人部门、私人部门之间的竞争格局，提高公共服务递送效率。与此同时，更要重视对政府外包方式的选择、外包过程的管理和监督，防止形成另一种形式的垄断供应的出现，即公共服务定向发包所可能引起的个别私人部门或者社会组织的公共服务垄断供应。

第二节　关于政府购买公共服务效果评价

一、政府购买理论

（一）理论概述

政府购买理论的产生背景，是公共部门无法有效提供所有公共物品。萨瓦斯在自己的论述中提出：“公共管理创新核心要素之一是和其他部门建立良好的关系。”他的说法意味着，在新的环境下，政府部门无论从主观方面还是客观方面来讲，都需要改变在提高公共服务方面的单一地位，而由多元的社会主体来供给公共服务，比如说由企业、第三方组织甚至私人来提供，通过这种方式使得政府和其他社会主体形成一种合作关系。政府部门及其管理者寻求着更加有效的公共物品提供方式，提供主体多元化以及合同外包都是政府部门进行的有益探索。另外，亚当・斯密认为，通过其他社会组织，企业或者私人来供给公共设施的方式或许比政府通过税收收入免费提供给社会大众更为有效率。

从理论上讲，因为公共物品的特征使得提供者的成本和收益难以计算，有的公共物品需要很大的投资，市场一般情况下难以提供公共物品。因此大部分公共物品需要由政府来提供，再由于公共物品一般都具有正外部性，很多政府出于国民福利和社会发展的考虑，基本上包揽了这项责任。但是在一定的政策条件和社会环境下，一些公共物品由市场生产会比政府生产更具效率。那么什么样的公共物品可以向市场购买呢？市场中的私营部门的经营目的是盈利，那么也就是说他们愿意提供产品或者服务的前提是将不付费者排除在外，他们可以根据付费的高低把不同的服务购买者进行区分。也就是说，只要能排除“搭便车”的人，私营部门就乐意利用其专业技术或资源配置能力的优势保证提供足够的公共产品。

（二）政府购买理论在社会医疗保险服务外包中的应用

我国的大病医疗保险是具有正外部性的公共物品 / 服务，政策规定每个参保人员都需要缴纳一定的资金，这就解决了私人部门的资金问题。在公共服务政府购买的大背景下，将大病医疗保险由政府机构提供转变为政府购买私人部门或社会组织服务是一个非常有益的尝试。积极探索政府购买医疗保险服务的最佳模式，引导保险机构等市场微观主体参与医疗保障管理服务体系建设，发挥市场配置资源的优势，对于减少政府运行成本、转变政府社会管理职能具有重要意义。

二、政府绩效理论

（一）理论概述

20 世纪 70 年代，西方发达国家为缓解经济危机、管理危机、财政压力和政府公信力下降等问题，掀起了再造政府的改革运动，政府绩效成为公共管理关注的焦点。

国外专家通常认为，政府绩效是指政府的业绩，包括行政效率效能以及政策执行的效果。国内有学者将政府绩效分为政治绩效、经济绩效、社会绩效等方面。政治绩效主要指政治生产力以及政治产品，即政策的制定与执行；经济绩效主要是指经济增长与人们的生活水平提高，其中将经济增长速度、通货膨胀、失业、收入分配等作为重要的参数；社会绩效主要指社会的稳定与发展状况，其中安全与犯罪、公平与正义、福利与贫困、稳定与动乱等指标是重要的参考指标。

科内（Kearney）和伯曼（Berman）认为绩效是为实现结果而管理公共项目，并指出，公共绩效的一个显著特点就是它由效益、效率和公正等多个同等重要的标准引导和评估。臧乃康从政治绩效、社会绩效和经济绩效出发，将政府绩效分解为政绩、政府效率、政治稳定、社会发展等①。

1993 年美国颁布的《政府绩效与结果法案》直接将绩效归结为产出与结果，并指出该法案提高政府效率和管理能力的同时，以社会公众的满意度为核心，着力提高公共服务的质量，建立完善的公共责任追究机制。

奥斯本（Osborne）与盖布勒（Gebler）认为，政府绩效评估就是改变照章办事的政府组织，谋求有使命感的政府；就是改变以过程为导向的控制机制，谋求以结果为导向的控制机制。

菲利普·J. 库伯（Phillip. J. Cooper）认为，政府绩效评估是一种市场机制，顾客直接控制和选择公共服务，政府公共部门对顾客负责。

从学者们对政府绩效的概念界定中，我们可以看出，这些界定实质是相同的。归纳来说，政府绩效就是政府相关活动或项目的投入、产出和结果，对结果的界定不仅应当考虑效率、效益等指标，还要将公正、质量纳入绩效评估指标中来。

（二）政府绩效理论对本研究的启示

政府绩效理论是民主政治的产物，开展绩效评估与管理，有助于公共资源的合理配置，从根本上促进了政府行政效率的提高。政府绩效评估为政府购买公共服务绩效指标设计变量提供了有力依据，本研究对政府购买医疗保险服务运行效果的评价正是政府绩效评估的一个方面和重要类型，

---

① 臧乃康．政府绩效的复合概念与评估机制［J］．南通师范学院学报，2001，3：23-26.

而绩效评估的方法为本文选择层次分析模型建立测量和评价政府购买大病医疗保险服务效果提供了方法上的指导。

第三节　关于政府购买公共服务的可持续发展

一、公私伙伴关系理论

欧盟委员会（EU）指出，公私伙伴关系是指公共部门和私人部门之间的一种伙伴关系（partnerships），其目的是为了提供传统上由公共部门提供的公共项目或服务。

加拿大 PPP 国家委员会（CCPPP）指出，公私伙伴关系是公共部门和私人部门之间的一种合作经营关系，它建立在双方各自专长（expertise）的基础上，通过适当的资源分配、风险分担和利益共享机制，最好地满足清晰界定的公共需求。

美国 PPP 国家委员会（NCPPP）指出，公私伙伴关系是一种公共机构（联邦政府、州政府或地方政府）与私人部门实体之间的合同安排。通过这种安排，在为公众提供公共服务或公共设施时，公共机构与私人部门实体各自的技能和资产能够得到共享。此外，除了共享彼此的资源外，双方还要共同承担风险和共同分享潜在收益。

世界银行基础设施资源公私伙伴关系中心（PPPIRC）认为，公私伙伴关系是指通过私人实体和公共部门实体的参与，旨在推进和改善基础设施，诸如能源、水、交通运输、通信和信息技术等方面供给的一种手段。政府面临基础设施老化和需要高效率公共服务的地方，私人部门参与的这种伙伴关系能有助于培育创新的方法。

2000 年，英国工党政府出台了《公私伙伴关系——政府提议》报告，该报告从产权结构、合作方式及公共服务三个角度对公私伙伴关系进行界定。首先，公私伙伴关系是通过各种可能的产权结构（如筹资开办、引入战略合伙人等）把私营部门的所有权引入到国有企业，也可以出售大部分或少量企业股份给私营部门。其次，私人主动融资及其他安排。这是指公共部门通过签订契约，长期向私人部门购买高质量的公私伙伴关系，以便充分利用私营部门的管理技术，让私人资本承担风险。再次，向更广阔的市场出售政府的公共服务，以及在私营部门专业知识和财务实力占优势的领域开展其他的合作方式，以充分发掘政府资产的商业潜力。

萨瓦斯对公私伙伴关系进行了几种界定。首先，公私伙伴关系可界定为公共部门和私人部门之间的多样化的安排，其结果是部分或传统上由政府承担的公共活动由私人部门来承担。其次，公私伙伴关系泛指政府和私营部门之间的任何协议。再次，他又从三种含义出发对公私伙伴关系进行界定：（1）是广义界定，指公共和私营部门共同参与生产和提供物品和服务的任何安排。合同承包、特许经营、补助等符合这一定义。（2）它指一些复杂的、多方参与并被民营化了的基础设施项目。（3）它指企业、社会贤达和地方政府官员为改善城市状况而进行的一种正式合作①。格里姆赛（Darrin Grimsey）及刘易斯（Mervyn K. Lewis）②也从不同视角对公私伙伴关系的概念进行界定。首先，他从合作主体的角度出发，认为任何有关私营部门、志愿部门与公共部门之间的组合都可以视为公私伙伴关系。其次，公私伙伴关系是这样一种安排（arrangement）：私营实体参与或为基础设施供给提供支持，公私伙伴关系的结果是在达成的合同项目下，私营实体为公共基础设施服务。再次，公私伙伴关系不是购买一项资产，而是按规定的条款和条件购买一整套服务，这一特点是该合作方式得以立足的关键。第四，公私伙伴关系是一种有效相容的合约安排。与传统的公共采购相比，公私伙伴关系的成本效益取决于设计方案的前期工程和与项目交付及收益来源的下游管理相结合的融资结构。第五，公私伙伴关系通过使公共部门和私营部门联合起来，建立长期合同关系以生产和交付公共服务的一种方法，在这种合作伙伴关系中，各方都保留各自的身份和责任。

---

① 伊曼纽尔·S·萨瓦斯.民营化与公私部门的伙伴关系［M］.周志忍译.北京：中国人民大学出版社，2002：4，81，105.

② 达霖·格里姆赛，［澳］莫文·K·刘易斯.公私合作伙伴关系：基础设施供给和项目融资的全球革命［M］.济邦咨询公司译.北京：中国人民大学出版社，2008：5，58.

加拿大学者耶斯考比（E. R. Yescombe）①认为公私伙伴关系最早诞生于美国，它的初始概念是指公共部门与私人之间为教育项目和公用事业进行联合融资；20 世纪 60 年代它是指为了城市更新（urban renewal），公私部门间设立的合资企业；同时，它也指向由志愿者组织（非营利组织）提供社会服务的公共融资供给，以及私人部门在诸如技术研发领域进行的公共融资活动。他以“项目为基础”（program-based）或“合同为基础”（contract-based）的视角对公私伙伴关系进行了新的界定：公私伙伴关系是在公共部门一方与私人部门一方两者间的一项长期合同；这些公共项目必须由私人部门来设计、建造、融资和运营；在公私伙伴关系合同的全寿命周期内，既可以由公共部门也可以由具体的使用者向私人部门支付费用和报酬；公共物品的所有权既可以保留给私人部门，也可以最终转为私人所有。

综上，上述学者、国际机构和研究机构将公私伙伴关系理解为政府与私人企业通过资源共享的方式提供本来由政府直接生产和供给的公共物品与服务，这些概念的同质性较强。

（二）公私伙伴关系的应用类型

我们认为，从现代意义上的公私伙伴关系的概念发展来看，其主要有以下概念类型：

1. 传统的公私伙伴关系

传统与历史上的公私伙伴关系最大的不同，就在于制度化和规范化。与历史上的公私伙伴关系现象主要出于皇权的政治恩赐不同，20 世纪 90 年代初诞生的英国“私人主动融资”是一种制度化、规范化的公共部门与私人部门合作供给公共物品与服务的供给模式。既然是制度化、规范化的关系模式与安排，其自然排除了人治的不确定性与随意性。作为一种正式的制度安排，私人主动融资是公私伙伴关系的早期发展形态，按照 2000 年英国工党政府发布的《公私伙伴关系——政府提议》报告中指出的，“（它是）通过各种可能的产权结构把私营部门的所有权引入到国有企业；私人

① E.R.Yescombe.Public-Private Partnerships：Principles of Policy and Finance. Oxford：Butterworth-Heinemann，2007：2-3.

主动融资及其他安排是公共部门通过签订契约，向私营部门长期购买高质量的公共服务……”产权的结构化作为一种明晰的制度安排，标志着公私伙伴关系成为一种稳定的、程序化与规范化的公共物品与服务的供给体制。

2. 经济－财政型公私伙伴关系

经济－财政型公私伙伴关系是最能吸引公共部门兴趣的类型。从经济角度讲，首先，通过改变各级政府作为公共物品与服务供给的唯一主体地位，由私人部门提供资金或融资，这样有利于政府减少公共开支、降低公共债务和纳税人负担；其次，私人部门享有更多的投资渠道，便于活化民间资本。从财政角度讲，西方国家政府由于普遍存在破产风险，另一方面，硬经济基础设施、软经济基础设施、硬社会基础设施与软社会基础设施型的公共物品与服务成为政府公共开支的主体，政府为了减少公共财政账户的开支或赤字，以及缓解由此产生的政府信任危机，就必须寻找公共账户的资产负债表外融资方式。公私伙伴关系模式所生产和提供的公共物品与服务作为广义“公共所有”财产，都必然成为政府公共账户的“借方”。格里姆赛（Darrin Grimsey）与刘易斯（Mervyn K. Lewis）指出，传统的公共采购掩盖了资金风险，无视纳税人可能在未来缴纳高昂税款承担政府转移的风险，而借助公私伙伴关系，私人部门通过有效的项目设计和资本管理，可综合利用风险转移、合同的长期性、产品说明书的使用、竞争机制、绩效评估与激励以及私营部门管理技能，实现“资金最佳使用价值”（Value For Money）。刘易斯延伸了这种观点，他认为“‘后门’融资类似于其他参与资产负债表外融资的企业，即在保持信用等级的前提下超出资产负债表的限制而扩展活动”。

3. 管理型公私伙伴关系

管理型公私伙伴关系是指其具有管理主义的特征，强调公私部门间的就共同项目的资源优化，以及私人部门管理技术、管理流程与管理模式等要素在公共物品与服务供给中的运用。这种理念一般出现于公共项目管理领域。20 世纪 90 年代中期以来，工程管理文献中最早出现了有关这方面的研究，并给这种形式的公私伙伴关系命名为“伙伴式项目管理模式”。克罗利（Crowley，L.G.）和凯瑞姆（Karim，M.A.）将伙伴式项目管理模式视为一种解决组织冲突的方法，它可以让两个或更多的组织在实现共同项目目标时实现资源的最大利用，并认为成功的合作关系的标志是公开、创新、公平、风险分担以及通过解决问题来消除矛盾。联合国培训研究院（UNITAR）则从硬件基础设施的角度即公共项目建设出发，认为公私伙伴关系是为满足公共产品需要，公共部门和私人部门建立伙伴关系进行的大型公共项目的实施。亚太经社会（UNESCAP）认为公私伙伴关系一方面是基于公共基础设施服务的解决方法，但更重要的是作为一种可行性方案的执行机制的首选的解决方法。亚太经社会在总结有关项目管理的公私伙伴关系基础上，提出并丰富了公私伙伴关系的诸多管理子类型模式与组织模型，如 BLT、BOO、BOT、BROT、BTO、CAPM、DBFO、DBO、DCM、EPC 等。

4. 行政改革型公私伙伴关系

行政改革型公私伙伴关系盛行于治理理论充斥于重塑政府与治道变革的时期，因此，又可称其为治理型公私伙伴关系。很多学者认为借助公私伙伴关系，尤其是将私人部门的管理技术、管理流程、资金、人力资源管理模式等引入各层级政府，以实现政府再造，强化多中心治理格局的形成，突破传统官僚制的组织结构僵化的弊病、改变自上而下的权力与权威链条。萨瓦斯对“公私伙伴关系”这个术语从三个层面进行定义：首先是广义界定，指公共和私营部门共同参与生产和提供物品与服务的任何安排。其次，在另外一些地方，它指一些复杂的、多方参与并被民营化了的基础设施项目。再次，它指企业、社会贤达和地方政府官员为改善城市状况而进行的一种正式合作。第三种定义对应于行政改革型公私伙伴关系。巴罗（Barlow，J.）、洛林（Roehrich，J.K.）和赖特（Wright，S.）认为，公私伙伴关系就是通过公共部门与一个以上的私人部门之间形成为政府服务提供资金与管理支持的伙伴关系方案。它包含公共部门当局与私人部门形成的契约关系，这种关系意指私人部门提供一项公共服务或实施一项公共项目，私人部门在项目实施中要承担资金、技术资源的输出与管理风险。相对于传统的纳税人负担成本方式，公私伙伴关系或采取用者付费的方式或按照契约规定由政府买单。

二、理性选择理论

自 20 世纪 60 年代起，社会学的理性选择理论逐渐兴起，1990 年科尔曼出版了《社会理论的基础》，他以理性选择理论为立足点，发展出新的社会行动理论，成为杰出代表。

理性选择理论是建立在下列前提上的：第一，个人是自身最大利益的追求者；第二，在特定情境中有不同的行为策略可供选择；第三，人在理智上相信不同的选择会导致不同的结果；第四，人在主观上对不同的选择结果有不同的偏好排列。理性选择可以概括为最优化或效用最大化，即理性行动者趋向于采取最优策略，以最小代价取得最大收益。

科尔曼认为，社会学的任务就是解释社会行动系统，即解释社会现象、分析社会事实，而不只是解释个体心理活动。但是，要想解释社会现象就要借助于对个体行动的解释，通过对个体行动的分析去说明“处于宏观水平下的个人行动 以及这些行动是怎样构成宏观社会现象的”[①]。他的理性选择理论主要包括以下三个方面：

（一）理性选择理论包括行动系统、行动结构、行动权利以及社会最优等四组基本概念，这些概念构成了理性选择理论的基础

科尔曼认为，行动系统包括行动者、资源和利益等三个基本元素。行动者就是经济学中所说的“具有目的性的理性人”，他们都有一定的利益偏好，从事各种经济社会行动。在一个社会行动系统内部至少要有两个行动者，“而且每个人都控制着能使对方获利的资源，这样他们就必须从事与对方发生关系的活动”。他认为，行动者的行动有其自身的特点，从而形成不同的行动类型。

社会系统内部存在着不同的行动结构。科尔曼指出，有目的的社会行动与私人行动不同，前者主要包括以下几方面的关系：“交换关系、市场、分离的权威关系与权威系统、共同的权威关系与权威系统、信任关系与信

---

① ［美］科尔曼 . 社会理论的基础［M］. 北京：社会 科学文献出版社，1990.

任系统、规范形成结构、集体决定结构即集体行动和法人行动。”在科尔曼看来，交换关系最能够说明行动者之间的社会结构。因为最简单的行动系统是两个人之间进行资源交换。在资源交换过程中，每个行动者总想为他人也为自己带来好处。因此，人们通常认为这种交换不仅自愿而且双赢。

行动的权利。科尔曼指出，“在社会系统的研究中，权利的分配是极其重要的问题。”权利的获得取决于两个方面：权力以及他人的承认。“一个行动者可以要求采取某种行动的权利，但如果其他人不承认他的要求，他就无法获得那种权利”，而只有当“行动的后果与他们无关时，他们才有可能承认他的要求”，尽管行动者本人没有足够的权力确保他的行动。

社会最优状态。科尔曼认为，社会最优状态应当包括四种情况：（1）存在于市场竞争之外的自愿交换。（2）存在于市场竞争中的自愿交换。科尔曼认为，如果自愿交换发生在充满竞争的市场之中，双方可接受的交换率便减少了一些，以致系统中每类资源都被看作有特殊的价值。（3）封闭系统内具有外在影响的行动。（4）封闭系统内对许多人产生影响的事件。在这种情况下也存在着利益冲突。如果事情的结果有利于势力较强的一方就可以达到社会最优状态，也就能够发挥系统内部正式组织的功能，从而实现帕累托最优。

（二）人们的理性行动总是在一定规范指导下的行动

规范是行动的准则，也是理性选择理论形成的条件。规范是社会认定的、对各种行动进行控制的权利，它“不是由行动者掌握而是由行动者之外的其他人掌握”。规范向人们指明了什么样的行动是正确的行动，它是人们有意创造的，其实施常常伴有各种赏罚措施。因此，规范存在的唯一条件就是行动者之外的其他人拥有影响行动者行动的权利。

科尔曼认为，他的理性选择理论涉及三个部分：宏观到微观的转变，微观层次上个人有目的的行动以及微观到宏观的转变。他将规范分为两种相对应的类型：“禁止性规范与指令性规范”、“共同性规范与分离性规范”。据此，科尔曼得出三点结论：社区内部掌握大权的人不仅很少被惩罚，而且较少服从规范；事实上，同样是触犯规范，制度为较高地位的人提供了保护，而社会底层的人们常常成为被惩罚对象；如果目标行动者与规范执行者之外的其他人有联系，目标行动者较少服从规范。

（三）理性选择理论不仅要分析个别行动者的行动

科尔曼认为，法人的出现使得现代社会产生以下两个问题：（1）如果一个行动者“既是自然人又是法人和代理人，他将有意无意地变换角色，以最大限度地控制资源谋取利益，这样就会增加有效规范制定与实施的难度”。（2）个人选择与社会选择矛盾问题。个人选择是行动者为了追求自身利益、利用可能获得的资源在一定规范下的私人行为。而法人行动必须依赖于社会规范，它是一种集体行为的博弈过程，与其主体成员的构成、社会关系的结构、可供选择的方式等密切相关。因此，法人仅仅代表了特殊群体的特殊利益。为解决个人行动如何结合成法人行动的问题，科尔曼提出了社会资本概念。认为现实社会中存在着诸如信任关系、权威关系、社会规范等等“社会资本”，因此，社会必然会出现为了获取社会资本而采取“单边资源让渡”的行动，从而促成法人行动者的形成。这样，在现代社会中，社会的发展使个体行动者之间的互动越来越少，而法人行动者之间的互动越来越多，“尽管法人行动者也难以真正达到帕累托最优，但它在个人竞争的残酷和集体行动的搭便车难题之间，找到一种协调个人利益和集体利益的理性选择。”

第三章　国内外政府购买医疗保险服务的实践

第一节　政府购买医疗保险服务的国际经验与启示

一、美国保险公司参与医疗保障体系建设的经验

美国是典型的商业医疗保险模式的国家，商业医疗保险模式的特点是将医疗保险作为商品，按照市场原则筹集医疗保险费用和提供医疗服务。美国的医疗保障体系分为两部分：一部分是针对大量雇员或个人的商业医疗保险，包括非营利性医疗保险和营利性医疗保险，是美国医疗保障体系的主体，覆盖了美国60%以上的人群；另一部分是美国政府主办的针对老弱幼残及军人等特殊群体的医疗保障项目，主要包括医疗照顾计划（Medicare）、政府医疗救助计划（Medicaid）、军人及其家属医疗保险（MHS和TRICARE）和儿童医疗保险计划（SCHIP）等，覆盖率约为30%。

为了完善现有医疗保障制度，抑制医疗费用的不断上涨，美国政府进行了许多改革尝试。其中，鼓励与支持商业保险公司参与政府医疗保障制度的经办管理，注重发挥商业保险的力量和优势，是行之有效的措施之一。商业健康保险公司凭借强大的网络和专业管理优势，从1990年开始一直为政府医疗保障计划Medicare和Medicaid提供咨询、管理式医疗、理赔审核、结算支付等服务，其中蓝十字蓝盾协会最为典型。这些商业保险机构收取一定比例的管理费用，但不承担基金风险。

随着医疗保障制度改革的不断推进，美国政府允许更广泛地引入商业保险机构参与政府医疗保障制度的管理及销售政府计划医疗保障产品。保险公司按照政府监管规定设计医疗保障产品时，除了要包含政府医疗保险计划的基本内容外，各保险公司可以根据自身情况增加牙科、视力等一些特殊项目供参保人自主选择，当然投保人要负担额外的保费。政府按人头付费，保险公司全权承担参保人群的医疗费用风险，自负盈亏。以保险公司参与政府Medicare制度为例：Medicare分为A、B两部分：住院保险（HI hospital insurance）和补充医疗保险（SMI supplementary medical insurance）。为了鼓励保险公司设计包含政府规定的医疗照顾计划保障内容的产品，美国国会出台了一系列政策，其中的医疗照顾计划现代化法案（MMA）明显扩大了的 Medicare 的商业运作范围，使商业保险公司提供的 Medicare Advantage 简称（MA）不仅涵盖了政府 Medicare 所有项目，而且还以较低的费用包含了不同附加保障项目（如一些慢性疾病）。同时，MA 计划还强调健康管理和疾病管理，以有效提高公众的健康水平。符合条件的参保人可以选择加入 MA 计划，MA 计划可替代政府的医疗照顾 A、B 计划。MA 计划一经推出便受到广大参保人群的欢迎，从 2003 年到 2008 年，参加 Medicare 的人群中已有 23% 加入了 MA 计划，而且，该计划在控制医疗费用方面同样取得了巨大的成效。

不同于其他国家医疗保障制度模式设定"一揽子"式的标准，美国商业健康保险由筹资、报销标准各异的保险产品组成，通过保险市场的良性竞争满足人们不同层次的医疗保险需求。虽然保险公司可以自由制定健康保险产品，但为了降低投保人的道德风险、自身运营风险和管理成本，美国传统的商业健康保险尤其是高额医疗费用保险，通常要求被保险人自己承担一部分医疗费用，这种要求鼓励被保险人将医疗费用控制在尽可能低的水平上，从而有助于保险公司降低保险成本。两种最通用的费用分担方法是免赔额方法（deductible）和共保（co-insurance）方法。

20 世纪 90 年代，美国商业健康保险完成了由传统的医药报销型到管理式医疗的转型，各种管理式医疗产品或服务除了将健康管理和健康维护纳入健康保险服务外，还着重加强了与医疗机构的合作，强化对医疗行为的管控，合理利用医疗资源，在一定程度上缓解了医疗费用的快速上涨，进而降低了商业保险公司医疗费用保险赔付。美国管理式医疗对医疗服务的审核可以有效避免医疗资源的浪费，同时也能提前预防病人的潜在风险。另一方面，美国各大保险机构特别重视开展预防保健和健康教育服务以控制医疗费用。由于商业保险公司运营效率更高，往往可以收取比政府更低廉的保费来提供与政府医疗保障计划相同甚至更全面的保障服务，美国政府将大量政府主办的医疗保险项目交给商业保险公司管理，方式包括保险合同型和委托管理型。在保险合同方式下，商业保险公司按照政府监管规定设计、销售医疗保障产品，全权承担被保险人群的医疗风险，自负盈亏。但是，保险公司在设计医疗保障产品时，可以在政府医疗保险计划的基本内容之外根据自身情况增加牙科、视力等一些特殊项目供被保险人自主选择，并相应地收取额外的保费。在委托管理方式下，商业保险公司为政府医疗保障计划提供咨询、管理式医疗、理赔审核、结算支付等服务，并收取一定比例的管理费用，但不承担基金风险。

二、荷兰保险公司参与医疗保障体系建设的经验

荷兰于1964年建立社会医疗保险制度，保障范围包括预防保健、疾病治疗和长期护理康复等，除了作为法定保险的设计医疗保险，公务员有专门的医疗保险计划，高收入人群可以选择参加商业医疗保险。荷兰传统医疗保险体系呈现“碎片化”格局，主要存在以下问题：基本医疗保险的“分裂”影响了医疗保障的公平性，医疗卫生体系“制约不足、效率低下”等。2006年，荷兰按照“有管理的市场竞争”思路进行医疗保险改革，商业保险公司承办法定医疗保险，被保险人自愿选择医疗机构和商业保险公司，商业保险公司对医疗机构的医疗行为进行监督并参与医疗行为定价。荷兰医改取得卓越的成效，获得世界各国专家学者的广泛认可。

荷兰将原先针对不同人群的分散的医疗保险计划合并为一个共同的计划，规定所有荷兰公民都必须参加医疗保险。按照医改法案，18岁以上的就业人员由雇主和个人共同缴纳保费，18岁以上自由职业者和灵活就业人员由个人缴纳保费，18岁以下公民由政府缴纳保费，困难群体参保还可以得到政府补助。医改法案将医疗保险分为基本医保和非基本医保，均由商业保险公司经营。基本医保保额由政府决定，保险公司收取，参保人不分年龄、性别、收入、健康状况，缴纳的金额基本一致，保险公司不得区别对待和拒保。政府医疗保险局筹集建立医疗保险风险平衡基金，调剂各商业保险公司因承保对象年龄、性别、健康状况等个体差异而引起的财务风

险。对基本医保之外的保障项目，保险公司自主定价，民众自愿购买，保险公司可以拒保。

荷兰在医疗保障领域引入竞争机制，赋予民众对保险公司的选择权，通过竞争来改进服务和降低成本。为保障有效竞争，政府建立衡量医疗保障和医疗服务的指标体系，健全医疗卫生信息披露制度，引导民众对保险公司进行选择，确保市场机制发挥作用。

2006 年之前，荷兰的医疗服务价格由政府决定，改革后变为部分市场定价。对规定范围内的医疗服务项目，保险公司可与医疗服务提供方通过谈判定价。目前，约 34% 的医疗、护理服务和 15% 的初级保健项目实行市场定价；56% 的医疗、护理服务、85% 的初级保健以及 100% 的长期护理项目仍由政府定价，另有 10% 的医疗、护理服务未规定具体定价方式（主要是教学医院收治的疑难杂症）。

荷兰医改法案鼓励民众关注自身健康，为自己健康投资，减少不必要的医疗支出。法案规定，如果某人一年中的医疗花费低于 255 欧元，那么其当年支付的基本医疗保险费用中的一部分就可以转作下一年的保费，从而节省部分保费支出。

荷兰医改是政府借助商业保险公司的力量办社会保险，政府的角色从市场直接参与者转变为监管者以保证公平、维护市场有效竞争，而商业保险公司在医疗体系的筹资中扮演了重要角色。在荷兰新医改的框架下，政府负责完善市场准入、退出机制，制定统一的福利待遇标准，规范经办管理标准、分配风险平衡资金，加大公共财政支持力度，加强对商业保险公司和医疗机构的监督，而商业保险公司则负责经办社会医疗保险。保险分为基本医疗保险和非基本医疗保险，两者均由商业保险公司经营。对于基本医疗保险部分，政府决定保额，商业保险公司收取保费，所有被保险人交纳的保费基本一致，商业保险公司不能区别对待或拒保。被保险人自愿选择商业保险公司、全科医生和医疗机构。商业保险公司可以选择医疗服务“供方”，可以通过谈判与医疗机构协商医疗服务收费，监督医疗机构提高医疗服务水平。商业保险公司可以就规定范围内的医疗服务项目与医疗服务提供方通过谈判进行定价。

三、启示与借鉴

从两国经验看，保险公司采用各种管理方法，降低医疗费用支出，最突出的做法是将健康保险与疾病管理、健康服务相结合。在预防阶段，保险公司为被保险人提供预防保健和健康教育服务，改善被保险人的健康状况，以控制潜在的医疗费用支出。在被保险人住院期间，监督医疗机构提高医疗服务水平，减少不合理医疗行为。病人出院后，对已发生的医疗费用进行回顾性审核。这些都是我国保险公司承办大病保险时可以借鉴的经验。

其次，合理设计起付线、报销比例、给付限额等保险条款，在保证医保基金可持续运营的前提下，努力降低被保险人医疗费用负担。我国保险公司可在借鉴国外经验的基础上，尝试探索逐步提高大病保险给付限额，设置阶梯型报销比例，使费用越高的患者自付比例越低，逐步降低大病患者医疗费用负担。

再次，就商业保险公司参与社会医疗保险服务供给的方式来看，美国、荷兰的实践经验表明，保险公司可以采取两种方式参与社会医疗保障体系建设即委托管理方式和保险合同方式。在委托管理方式下，为政府主办的医疗保障项目提供综合管理服务，政府而不是保险公司承担被保险人的风险。在保险合同方式下，商业保险公司按照政府监管规定设计、销售医疗保障产品，全权承担被保险人群的医疗风险。目前，我国保险公司经办政府大病保险业务时已经实践了上述两种方式。除此以外，我国保险公司还可以借鉴美国保险公司的经验，在政府医疗保险计划的基本内容之外，根据自身情况，开发附加产品供被保险人自由选择，同时，投保人支付额外的保费。当然，前提是要先把大病保险业务承办好。另一方面，保险公司可以探索将保险合同方式与委托管理方式相结合，在承办大病保险的同时，为城乡居民基本医保提供委托管理服务。

第二节　中国地方政府购买医疗保险服务的实践与探索

随着国家层面对大病医疗保险政府外包模式的肯定与鼓励，中国各地方政府纷纷投入政府购买大病医疗保险服务的探索和实践当中。本节根据目前各地政府购买大病医疗保险中政府与商业保险公司的关系特征对政府购买大病医疗保险服务的典型模式进行梳理，并对其运行中存在的问题和原因进行综合评价与分析。

一、典型模式

根据政府外包大病医疗保险服务中政府与私人组织（商业保险公司）之间合作关系的形式和密切程度，目前，我们可以将政府购买大病医疗保险服务模式归纳为以下三种，即“保险合同模式”、“委托代理模式 / 契约模式”以及“共保联办模式”。三种模式各具特点（见表 3.1）。“保险合同模式”中政府与保险公司通过签订保险合同而成为平等的民事主体，政府是投保人，全体城镇基本医疗保险参保人（包含城镇职工和城乡居民）为被保险人，保险公司为保险人，商保公司自负盈亏，允许按一定比例提取保费，实现保本微利。这一模式对商保有激励作用，但难以监控损害参保者基本利益的行为。“委托代理模式 / 契约模式”合作方式简单，保险公司不承担任何风险责任，只通过收取管理费用提供被委托的运行技术服务。在这一模式下，虽然合作深度有限，对保险公司缺乏激励作用，但是在最大程度上保证了大病医疗保险的公益性与政府的主导地位。“共保联办模式”下大病医疗保险与商业保险公司联合办公，合作比较深入，与政府合作比较稳定，并且允许保险公司在责任范围内获取微利，在一定程度上对商保公司起到了激励作用；同时，政府和参保人员在没有增加支出的情况下，为参保人员增加了基本医疗保险以外的补充待遇。共保联办模式是三种模式中合作方式最复杂也是合作最深入的方式，以一定的管理费（或保费）来提供事先约定的基本医疗保险保障。与上述两种模式相比，在这一模式下商保与社保风险共担，共同对医保基金负有管理责任，合作稳定性最强，不仅允许商保公司有一定的利润空间，而且由于合作的深入，保险公司将获取更多基本医疗资料，有利于长期发展，对保险公司的长期激励作用大大增强。下文将就上述三种模式分别介绍其典型实践情况。

表 3.1 我国政府购买大病医疗保险模式比较

项目 类型	与政府关系	商保风险责任	保险公司收益方式	合作稳定性	对保险公司的激励作用
契约服务模式	购买服务、契约合同	不承担基金盈亏风险	收取管理费	中	弱
商代合同模式	委托运行、基金管理	承担基金盈亏风险	收取保费，保本微利	弱	强
共保联办模式	风险共担、共同管理	双方分担基金盈亏	收取管理费、保本微利	强	强

（一）“保险合同模式”之平安养老“厦门模式”

2010 年 7 月，厦门建立城乡居民大病保险制度，由厦门市人社局为投保人，与平安养老厦门分公司签订保险合同购买城乡居民大病保险，保费按照每人每年 10 元的标准由厦门市医保局统一征缴并按月支付给保险公司。厦门医保部门负责制定相关政策约束商业保险公司，但并不直接干预保险公司大病保险业务的具体运作。厦门模式运行机制见图 3.1。从 2010 年 7 月到 2012 年 7 月，有 116 位厦门城乡居民获得了约近 2000 万元的大病医疗保险赔付，有效降低了被保险人大病医疗负担①。

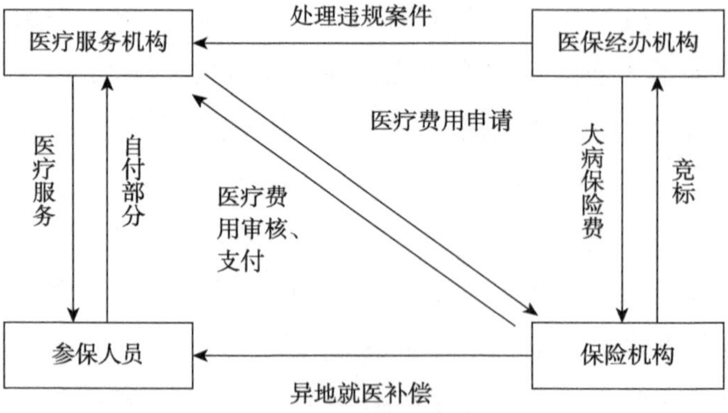

图 3.1 厦门市政府购买大病医疗保险运行图

平安养老厦门模式主要有以下特点：

① 卞呈祥，俞彤．城乡居民大病保险经办运行机制探讨——以厦门为例［J］．卫生经济研究，2013，4：32-34.

第一，政府对大病医疗保险服务递送的监管能力削弱。在该模式下，政府与私人组织（商业保险公司）之间就保险合同的理论层面而言成为平等的民事主体，政府对保险公司所提供大病医疗保险服务的质量和数量仅能依据保险合同的约定予以监督，这样的模式下，政府对大病医疗保险服务供给的监督职能容易因价值目标冲突而缺位，从而使得政府对整个大病医疗保险供给行为的监管能力被削弱。

第二，对医疗服务供给质量的监管交由保险公司来执行。保险公司建立专门的医疗巡查和审核队伍，对医疗行为进行实时监控与现场稽核。大病保险被保险人在定点医疗机构看病，发生大病医疗费用，出院时只需要支付自付部分，其他部分由医疗服务机构向保险公司申请，保险公司根据审核情况确定赔付的医疗费用，定点医疗机构的医疗服务供给行为的监管问题由此转移给保险公司。

第三，大病保险理赔由事后理赔改为即时结算，提高了效率。通过把在农村合作医疗项目中运行多年的医疗信息管理系统移植到城乡居民大病保险项目，厦门平安养老开创了厦门大病保障独特的经营模式，实现了厦门本地就医直接刷卡结算，大大减轻了患者就医的资金压力。具体而言，被保险人进入大病保险后，无需提前垫付大额医疗费，而是直接在医院刷卡结算，由医疗机构先行代垫赔付资金，之后由保险公司同垫付的医疗机构进行结算，整个理赔服务完全实现了“零垫付”“零资料”和“零等待”。此外，通过在社保中心办公大厅设立大病补充医疗的报销窗口，厦门平安养老接受被保险人的咨询、报案、单据初审及医疗费用理赔，并为异地就医者提供面对面、零距离的现场服务，免去患者为了报销来回奔波时间。

第四，参保人大病医疗负担得以大幅度减轻。厦门大病保险责任范围为城乡居民基本医保支付范围内的医疗费用，起付线为城乡居民基本医疗保险的封顶线，报销比例为 75%，最高给付限额为 21 万元，2011 年调整为 35 万元，达到 2011 年度厦门城镇居民可支配收入的 12 倍和农村居民纯收入的 33 倍。

该模式在减轻政府业务负担、转变政府职能方面取得显著效果，目前全国许多城市如唐山、襄阳、新乡、楚雄等地都采取了该模式。

（二）"委托代理模式 / 契约模式"之人保健康"太仓模式"

政府按照一定标准从城乡居民基本医疗保险结余基金中，划拨构成大病医保基金。通过政府招标、签订保险合同，将大病医保基金交由商保公司进行管理与运作。政府与商业保险公司约定保险责任、补偿比例、结付限额，由商业保险公司按合同向参保人进行医疗服务费用结付；盈亏风险由政府承担，保险公司只从中收取一定的管理费，不承担任何运营风险。

太仓市位于中国经济发达地区，综合经济实力位居全国百强县市前列。针对太仓地区基本医疗保险基金结余高，而基本医疗对大病患者的保障水平弱的现状，太仓市政府决定引入市场机制，利用基本医疗保险基金结余为大病患者建立一个灵活的、有针对性的二次补偿机制。2011 年，太仓市政府以属地范围内城镇职工和城乡居民为参保人，向人保健康江苏分公司购买大病保险，从基本医疗结余中划拨一定比例作为保险费，政府和个人都无需增加资金投入。保险公司通过竞标方式获得经办资格，受托承办大病保险的相关事务，同时，医保经办机构制定严格的规则对保险公司的经办活动进行监督，太仓模式的运行机制见图 3.2。按照"委托代理合同"规定，人保健康对住院患者超过一定限额的个人自付部分按一定比例进行补偿。大病住院患者一年内单次或者累计超过 1 万元以上的个人付费部分，可以按照分级累计标准由人保健康江苏分公司进行再报销，数额上不封顶。政府成立风险调节金专门账户，年末大病保险再报销的资金有结余时，人保健康江苏分公司按照不超过收取保费总数的 5% 提取所得，其余资金返还风险调节金账户；该账户余额不足时，由政府和人保健康江苏分公司各承担。

人保健康"太仓模式"的特点：

第一，太仓模式中大病保险补偿范围较大、补偿比例较高。与许多地区大病保险补偿范围以基本医疗保险的封顶线为起付线不同，太仓大病保险的保险责任范围较广，人保健康大病保险的保险责任是大病患者的全部自付医疗费用，同时报销范围不仅仅局限于医保报销目录，将很多目录外的药品也纳入报销范围。当然这与当地经济发展水平较高从而医保基金结余较高有着直接关系。

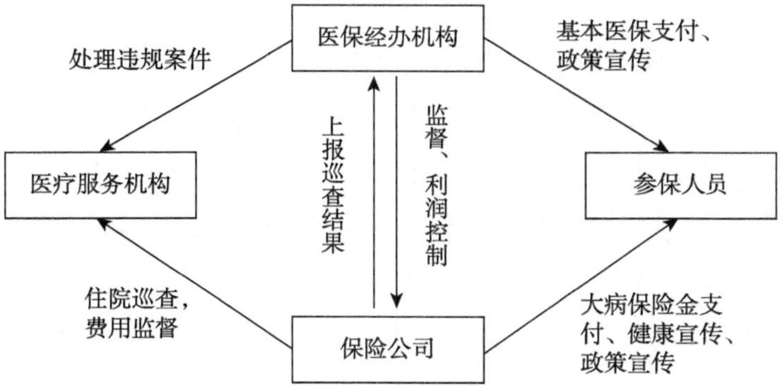

图 3.2　太仓模式运行图

第二，人保健康“太仓模式”设置分级报销比例，不设给付限额。人保健康对大病住院患者一年内单次或者累计超过 1 万元的自付医疗费用，按照如下分级累计标准进行再报销：1 万 ~ 2 万元报销 53%，2 万 ~ 10 万元区间每增加 1 万元，报销比例提高 2.5%，10 万 ~ 15 万元报销 75%，15 万 ~ 20 万元报销 78%，高于 50 万元报销 82%，不设给付限额。

第三，人保健康建立了“三位一体”的医疗风险管控机制，进行病前健康管理、病中诊疗监控、病后赔付核查全流程的风险管控，大大避免了不必要的医疗费用支出。其中一种行之有效的做法是，人保健康江苏分公司专门招聘了专业人员做驻院代表，定期巡查定点医院，记录不合理医疗行为，揭示过度医疗资源浪费行为，对于这种过度医疗行为不予补偿。

由于操作简单，权责明确，此种模式也成为许多地方政府外包大病医疗保险服务中的重要模式，目前，洛阳、江阴等地采取该模式。

（三）“共保联办模式”之“湛江模式”

“湛江模式”中，政府决定着参与方的选择、保障的水平、具体的政策。湛江市地处经济欠发达的粤西地区，属于典型的人口稠密、经济发展水平一般地区。2008 年 7 月，湛江市政府为进一步推进基本医疗保险城乡一体化，将城镇居民基本医疗保险与新农合合并为城乡居民基本医疗保险。2009 年 1 月，为了解决城乡居民医疗保险管理成本高、经办服务效率低下等问题，湛江市政府引入人保健康湛江中心支公司为城乡居民基本医疗保险和补充医疗保险提供商业化管理服务。

湛江市政府通过招标的方式，选择向人保健康湛江中心支公司购买大病保险。人保健康湛江中心支公司向定点医院按月预付一定费用，城乡参保患者不需要先垫付医疗费用，在患者就医结束后，人保健康湛江中心支公司对赔付案件进行审核，根据审核结果多退少补。商业健康保险公司与政府的医保部门联合办公，建立统一的合署办公平台。一是在市区及其他五个县的社保部门办公场所设立服务点，配备专业的人力资源和硬件资源，提供从前端到后端几乎所有环节的相关服务，商业保险公司与社保部门一起履行各项管理职能，对外均以政府社保部门名义开展工作。二是联合建立咨询平台，向参保群众提供包括基本医疗、补充医疗、商业健康保险甚至其他社会保险等社保政策方面的咨询。三是实施一体化审核。对于超过基本医疗封顶线的案件，基本医疗部分和大病补充医疗部分均由保险公司进行审核，对于未超过基本医疗封顶线的案件，商保机构协助社保机构审核。四是建立联合支付结算平台，使得商业健康保险公司、政府社保部门和定点医院可共享参保者的诊疗和结算信息。通过信息共享简化了报销手续和审批流程，为参保者提供了便利，他们在定点医院住院诊治发生费用时，只需要与医院结算需要自己承担的那部分就可出院，非个人承担部分则由医保部门和商业保险机构分别与医院直接结算。五是和定点医院建立一体化资金预付和结算平台，根据精算评估结果，采取“总量控制、按月预付、年终结算”的先预付后审核结算方式，每月按实际应付款总额的 80% 预付给定点医院，10% 作为审核资金，根据赔付案件最终审核结果多退少补。

湛江市政府的主要任务是与人保健康湛江中心支公司共同组成工作组，对定点医院的挂床、小病大治等浪费医疗资源现象进行监督、纠正。由于医药费用的降低和医疗条件的改善，就诊人数和住院人数快速上升，因而每年年初还要重新计算保费数额，以保证保险公司收支平衡。

人保健康“湛江模式”的特点：

第一，“基本补充”的一体化管理。政府和个人不用多花一分钱，从城乡居民基本医疗保险基金中划拨出一定比例的金额，以保费的形式支付给保险公司，统一为城乡居民基本医疗保险被保险人从人保健康湛江中心支公司购买商业大额补充医疗保险，人保健康对超出城乡居民基本医疗保险限额的部分提供补充保障。同时，人保健康免费管理湛江市城镇职工基本医保和城乡居民基本医疗保险基金。

第二，自主研发“社保通”系统。人保健康自主研发了覆盖全湛江地区的“社保通”系统，该系统具有社保政策查询、住院风险管理、出院风险审核、医疗费用结算、综合查询、报表统计分析等六大功能。该系统的开发有利于保险公司对被保险人进行病中和病后住院医疗风险管控，同时，也能在一定程度上为保险公司积累相关的赔付数据。

第三，人保健康建立了“三位一体”的医疗风险管控机制，进行病前健康管理、病中诊疗监控、病后赔付核查全流程的风险管控。保险公司检测和评估被保险人健康状况，为其制定个性化的健康计划，在一定程度上降低了大病发生率；被保险人生病住院时，保险公司与政府部门合作，对过度医疗行为进行查处和干预；被保险人出院后，保险公司认真审核发生的医疗费用，以降低道德风险，将不合理赔付降到最低。

第四，保险公司给付限额根据实际医保基金结余进行确定。由于湛江的大病医疗保险基金是从当地基本医疗保险基金中按比例划拨的，基金医疗保险基金结余每年都会有所变化，这意味着大病医疗保险基金的规模每年也会有所不同，所以保险公司每年会根据基本医疗保险基金调整当年的支付标准，主要体现在对大病医疗保险赔付限额的调整上。

“太仓模式”的推广需要有雄厚的经济实力做后盾，而“湛江模式”则为经济欠发达地区提供了一种可供借鉴的模式。

（四）经验总结

上述三种大病保险模式都在一定程度上提升了重大疾病患者的保障水平，缓解了政府对医疗机构监管、人员配置不足等问题。同时，这些典型模式在政府购买大病保险服务的探索方面也积累了丰富的经验，主要有以下几点：

第一，充分发挥商业保险公司的专业优势，提升对大病保险的风险控制能力。“太仓模式”“湛江模式”和“厦门模式”都采用创新的医疗风险管控手段，加大对不合理医疗行为和不合理医疗费用的监控力度，大大避免了不必要的医疗费用支出，如“太仓模式”和“湛江模式”中保险公司建立了“三位一体”的医疗风险管控机制，“厦门模式”中保险公司建立专门的医疗巡查和审核队伍，对医疗行为进行实时监控与现场稽核。这些做法起到很好的医疗风险管控效果，从而降低了保险公司的医疗费用赔付，也在一定程度上改善了当地城乡居民的健康状况。

第二，注重商业保险公司与政府医保部门的合作。例如，平安养老厦门分公司在社保中心办公大厅设立大病保险的报销窗口，在社保中心办公大厅设立大病补充医疗的报销窗口，厦门平安养老接受被保险人的咨询、报案、单据初审及医疗费用理赔，并为异地就医者提供面对面、零距离的现场服务，免去患者为了报销来回奔波时间。通过这种“前端合署办公、后端集中处理”的服务模式，大大提高了服务效率。

第三，因地制宜设计大病保险保障方案。太仓地区经济发展水平高，医保结余多，因此可以提供较高的保障水平，其大病保险的报销范围不仅仅局限于医保报销目录，同时，不设置大病保险给付限额。相比而言，经济发展水平较低的湛江地区，其大病保险的保障水平就要低一些，保险公司会根据实际医保基金结余进行确定大病保险给付限额。

但是，除上述经验以外，值得强调的一点是，目前，三种模式都不同程度地存在着政府对整个大病医疗保险服务外包的评价和监管不足甚至缺位的现象。事实上，不论采取哪种模式，政府作为“掌舵人”的角色不能缺位，以上三种模式中，“共保联办模式”中政府的监管作用相对另外两种模式而言，体现得较为直接一些，另两种模式则需要从具体措施着手加强政府对大病医疗保险服务递送过程和结果的监管。

二、政府购买大病医疗保险服务运行状况与问题

截至 2018 年 8 月底，我国大病医疗保险采取政府向市场私人组织购买的方式已践行了 6 年的时间，这期间，在各地方政府的不断创新和探索中，政府购买大病医疗保险服务又形成了上述三种主要典型模式，那么，究竟

政府购买大病医疗保险服务的总体运行状况如何？实践中又存在哪些具体问题？探讨和解决这些问题，不仅能使我们对过去的成就和教训有个清醒深入的认识，而且能够为探索社会医疗保险服务政府外包的可持续发展路径提供现实依据和参考。

（一）政府购买大病医疗保险服务运行现状

1. 受众层面

从受众层面看，大病医疗保险覆盖人群不断扩大，有效减轻了参保人的大病医疗负担。

2012 年 8 月 30 日，国家发改委等六部委共同发布《关于开展城乡居民大病保险工作的指导意见》，正式启动大病保险试点工作，2014 年，大病保险试点扩大到所有省份，2015 年底，大病保险工作在全国范围内全面实施。全国各地区均建立了大病医疗保险试点，试点县、市、区共 1468 个，覆盖人口 5.08 亿。其中，辽宁、吉林、江西、河南、河北、重庆、青海和宁夏 8 个省已经全面推开了农村居民大病保险试点[①]。农村居民大病保险试点共补偿了 156 万人次，补偿金额 60.1 亿元，大病医疗保险取得了比较好的试点成效。参保人的保障水平普遍提高了 10%~15%，尤其是部分罹患恶性疾病群众的大病报销水平远远超过了基本医保的报销水平，因大病致贫、大病返贫现象得到了有效缓解，基本医保基金保障效益得到放大，参保群众得到了实惠[②]。

大病医疗保险正在向全国推进，覆盖群体正在扩大。据《中国保险业社会责任白皮书》数据显示，2013 年，11 家保险公司在 25 个省 144 个统筹地区开展大病保险业务，覆盖城乡居民 3.6 亿人。2015 年末，全国共有 16 家保险公司参与大病保险业务，共开办大病保险项目数 517 个，实现全国省级行政区全覆盖，占总覆盖人口的 87.6%[③]。保险公司承办大病保险的保费收

---

① 王明慧，陆广春，李玉英，陶四海．新农合背景下农村居民慢性病管理问题探析［J］．中国卫生事业管理，2013，（4）：283–284.

② 马伟玲，孙婷，王建华．我国大病医疗保险制度公私合作路径研究［J］．苏州大学学报．哲学社会科学版，2016.4：34–40.

③ 朱铭来．多层次解决重特大疾病医疗保险待遇［D］．中国医疗保险研究会研究报告，2016.

入及受托的管理基金总共为258.64亿元，赔付支出46.85亿元，赔付比例达到95%左右[①]。同时，由于商保介入，发挥其理赔稽核技术专长，较为有效地控制了部分定点医疗机构冒名顶替、挂床、分解收费等现象，降低了大病医疗保险基金流失风险，例如青海省经过三年多的实施已累计为14.8万名大病患者支付大病医疗费用6亿多元，保险公司依托就医服务监督机制，控制和审核虚假医疗消费，已查出就医虚假案件数十起，挽回经济损失逾百万元[②]。与此同时，保险精算技术的引入，使得大病保险基金运行平稳。

2. 公私合作层面

我国大病医疗保险的实施采取政府外包/购买的方式，是对公私合作（PPP）理论和新公共管理理论的一种创新性实践，是公私合作呈现出多元化趋势的一种表现。例如太仓地区的实践中，政府与保险公司通过契约合同明确双方权责范围，设置了风险承担上限。江苏省保监局推行的政策型和管理型盈亏分担模型，也是PPP中风险识别和分担原则的体现。目前，大病保险中的PPP合作不仅仅局限在政府与商业保险公司合作提供经办服务的过程中，青岛市的特药特材救助制度就是政府与医药企业合作的结果。公私部门通过谈判机制达成合作协议，为重大疾病患者提供高价药品和器材，不仅减轻了患者个人的负担，实现了大病医疗保险的目标，医药企业也拓展了销售渠道，实现了双赢。即使是在政府主导下开展大病保险的旬邑地区，也通过社会捐助的方式扩大筹资渠道，可见我国大病保险领域中的PPP合作范围十分广阔，合作方式呈现出多元化态势。

再者，公私合作促进了大病保险制度的精细化管理，拓展了合作空间。商业保险机构的专业化管理使大病保险制度体系得到了不断的完善。主要体现在：制度覆盖面不断扩大，保障层次更加丰富，如太仓和青岛地区在推进大病保险实施的过程中，都逐渐将门诊大病也纳入保障范围之内，太仓突破了基本药品目录的限制，青岛地区的特药救助范围也逐年扩充并建立了长期护理保险制度；制度管理水平提高，推动了配套制度的完善：太仓、湛江等地采取贯穿就医全程的监管手段，规范就医行为，控制

① 《国新办就城乡居民大病保险创新发展有关情况举行发布会》[EB/OL]，中国网，2016年10月19日。

② 姚庆海，张领伟. 大病保险服务国家治理[J]. 中国金融，2014，(2)：45-48.

了医疗费用的上涨，同时对后付制向预付制转变的支付方式改革也起到了推动作用；为确保大病保险基金的使用效率，湛江等地通过保险公司对定点医疗机构进行考核，提高了医疗服务供给水平。

此外，合作过程中制度体系的完善也为进一步开展公私合作提供了广阔的领域。商业保险公司不仅仅提供经办服务，还进一步开展健康教育、健康管理等活动，实现了自身业务的发展，如青岛市在合作中也要求医药企业提供患者随访、用药治疗辅导等方面的服务，为更多的合作空间奠定了基础。

3. 保险公司层面

由于《指导意见》指出，商业保险公司经办政府大病保险业务应本着“保本微利”的原则，加之保险公司经办此项业务前期投入人力、物力成本较大等原因，导致相当长一段时间内，保险公司经办地方政府大病医疗保险业务多处于亏损状态。以中国人寿为例，该公司 2013 年年报披露，当年大病保险保费收入 25.14 亿元，赔付支出 11.57 亿元，提取保险合同准备金 14.79 亿元后，亏损达 2.47 亿元。据本课题组对河北省经办此项业务的两家大型保险公司该项目负责人的深度访谈表明，就河北全省来看，2012—2014 年经营该项政府大病保险业务基本处于亏损状态，2015—2017 年基本盈亏平衡，2018 年第一季度已出现小幅盈利。随着该项目直接盈利率的提升，各地方政府招标信息均显示，近年来参与大病医疗保险项目竞标的保险企业数量大幅度增加，供给市场竞争局面逐渐形成。

（二）政府购买大病医疗保险服务中存在的问题

1. 监管方面

目前，首要而突出的问题就是对政府购买大病医疗保险服务的效果缺乏科学有效的测量工具、评价机制和评价标准，进而导致政府对其实施监管的乏力甚至缺位。目前各地的实践表明，政府在购买大病保险的过程中，更多强调了自己“买家”的角色，而往往忽视了自己同时还是政策的制定者和项目的监督者的角色。我国地方政府购买大病医疗保险服务的实践迄今已施行 6 年有余，然而，无论从国家政策层面还是地方政府实践层面，都尚未建立起一套科学合理而具有可操作性的评价标准和指标体系对其运行实施效果进行客观的测量和评价。目前几乎很少有地方政府对其购买大病保险服务的服务质量、服务效果、服务效率和服务效益、参保人满意度等通过技术评定和定量分析进行科学的评估。事实上，即使在国外公共服务政府外包实践中，监督与评估也是一个关键点和难点问题。这也是本课题将要研究和探讨解决的核心问题之一。而评价工具和标准的缺失，则事实上导致在实际操作中，政府往往无法对合同的履行情况进行有效监督，尤其是缺乏专业人员对服务提供过程中的技术问题进行监管。监管不到位则容易违背市场经济公平竞争的原则，造成不公平的竞争，从而导致社会医疗保险服务在政府外包后出现服务质量下降的状况，有违政府购买服务的初衷。

2. 政策方面

从国家层面没有明确规定经办医疗保险服务的商业保险公司的资格条件，导致各地在招标过程中出现不少投标保险企业资质良莠不齐的现象。事实上，很多保险公司确实不具备承办大病医疗保险服务的资格与条件。一方面由于商业健康险在我国的商业保险市场中出现较晚，所占市场份额不大，所以很多保险公司并未将其作为自己的主营业务，因而在数据基础建设、人员配置、技术培训、运营管理、市场拓展等方面存在不规范、不成熟等现象；另一方面，有些商业健康保险公司对国家社会医疗保险政策理解和认识不够深入，专业化经营管理水平等有待提高；再者，有些保险公司本身市场影响力有限，难以具备与病源充足的大医院的谈判实力，因而很难建立可以影响医院医疗行为和医药费用的深层次合作机制。

二是缺少相关政策的支持。如商业保险参与新农合还缺少有关的税收、法律等方面的基础支持；保险监管机构对商业保险公司在参与社会医疗保险体系建设中的险种开发、精算技术标准、基金运营管理等方面的保险法规和监管政策还缺少规范和支持。

3. 技术方面

一是缺乏大病保险风险调节机制。尽管政府部门和经办大病保险业务的保险公司都认识到大病保险风险共担的重要性，并逐渐开始试行大病保险风险调节机制，但各地的执行情况却参差不齐：有的没有建立风险调节机制。例如内蒙古通辽市新农合大病保险项目，截至 2014 年 7 月末，该市大病保险预计赔付率为 172%，由于没有设置风险分担机制，导致该地区承办保险公司出现严重亏损；有的仅建立了单向调节机制，即仅对盈余返还或亏损补偿做出单方面规定。如内蒙古赤峰市城镇居民大病保险规定“乙方直接盈利率控制在 5% 以内，超出部分全部返还基金”，对于亏损之后医保基金如何补偿却没有做出明确规定；有的则是简单规定风险分担比例，但没有严格区分基金的业务性盈亏和政策性盈亏，这也是目前大多数地区普遍存在的问题；有的是没有建立动态调整机制，即没有在实施方案中明确规定由于政策调整或其他原因导致赔付成本变动的续保保费动态调整机制。可见，由于不能明确风险责任，大病保险风险调节机制难以发挥实质性作用，这也影响了大病保险政策的预期效果。

二是购买程序不规范，存在漏洞。一方面，政府在购买医疗保险服务时，财务支出不够公开透明，不够阳光化。在我国各级政府部门的财务预算中，政府的采购资金预算虽然已经单列了，但并不向全社会公开，商业健康保险公司对政府购买医疗保险服务的需求也并不了解。另一方面，购买过程缺少规范的程序，公开竞争还没有成为一般的原则。一般情况下，政府购买服务要求采用公开招标的方式来进行，但由于各种因素的影响，一些地方不能通过公开招标的方式来购买医疗保险服务。

三是经营过程中只注重病后赔付核查。大病保险业务不仅在定价、承保和理赔环节存在着较大风险，医疗服务过程中的各项风险也不容忽视。强化大病保险“全程管理”，针对参保者在疾病预防、就诊治疗以及出院康复等各阶段可能产生的风险采取对应管理措施，会产生不同效果。以阳光保险为例，公司通过对诊疗过程的全程管理，加强大病保险医疗费用支出的事前预防、事中控制和事后审核，通过对医患双方的严格管理，控制医疗费用不合理增长，防范和规避了相关风险①。但目前大部分保险公司仍沿用传统的寿险管理方式来经营大病保险业务，只注重事后理赔，缺少过程管理和事前风险预防，没有建立有效的风险防控机制。

① 冯娜娜．大病保险蕴藏风险亟待多重举措改善［N］．中国保险报：2015－5－26．

4. 市场方面

市场方面首先值得注意的问题是商业保险公司与定点医疗机构缺乏深层次合作。医疗机构直接决定着医疗费用的支出情况，在大病保险风险治理体系中扮演着重要角色①。保险公司通过介入医疗机构诊疗过程，可以加强医疗费用控制力度。以人保健康“平谷模式”为例，人保健康北京分公司和平谷区新农合经办机构联合办公，建立规范的操作标准，核查医院违规支出，拒付超支项目。公司经过加强对医疗服务过程的管控，使得基金支出增长率大幅降低。但在更多地区，保险公司与医疗机构的合作仍然停留在浅层次合作层面，即保险公司只能对参保人在定点合作机构的医疗费用进行补偿，无法真正行使支付方对医疗机构的监督权，保险公司与医疗机构之间的风险分担机制尚未真正形成。

商保自身发展不成熟引发较大风险。我国商保起步于20世纪80年代初，真正发展不过短短二三十年时间，从整体水平和社会认可度来看，商保在我国仍属于一个新兴产业，仍处于粗放型发展阶段。由于大部分保险公司精算技术、风险控制技术落后，保险从业人员素质良莠不齐，人员流动性大、专业程度不高，对医疗费用不合理上涨的监控能力弱。加上中国保监会成立不长，保险监管体系不完善，审计制度不健全，在信息不对称的情况下，政府很难了解商保公司真实的经营状况，将大病医疗保险基金交由商保公司也会遭遇“失误”。目前，有的地区因为基金经营亏损商保公司已经与大病医疗保险基金暂停合作②。

上述问题的存在严重影响了我国政府购买大病医疗保险政策的实施效果，也阻碍了其实现长期可持续发展的目标，因而，只有解决上述问题才能真正发挥我国大病医疗保险对我国医疗保障体系建设的重要作用，同时，这也是本研究尝试构建政府购买医疗保险服务效果评价指标体系并尝试探索其可持续发展路径的初衷。

---

① 王明慧，陆广春，曹乾. 城镇医保患者住院总费用及个人支付费用影响因素的通径分析［J］. 现代预防医学，2009，3（36）：457–460.

② 冷明祥，胡大洋，张建军，等. 商业保险公司介入社会医疗保险的可行性以及模式探讨［J］. 南京医科大学学报，2011，8：11–14.

第四章　政府购买公共服务效果评价的理论研究

上文提到，对政府购买公共服务实施效果进行评价是政府绩效评估的一个重要方面，同时也是保证其实现良性可持续发展的一项重要手段。政府通过合同方式将过去由其直接提供的社会公共服务向市场和 / 或社会组织购买，是政府转变职能的一种重要途径，于是，在这个背景下，一个地区社会公共服务供给水平的高低就直接取决于当地政府购买服务项目的实施效果。但是，虽然许多政府部门和专家学者都已经开始关注政府购买服务，但在理论研究和工作实践中，却很少涉及政府购买服务的效果评价问题，更遑论建立一整套科学合理而具有可操作性的评价指标体系。本课题旨在对政府购买大病医疗保险服务的效果进行测量和评价，因此，有必要首先对政府购买公共服务效果评价的内涵、意义、原则、方法等问题进行全面系统的梳理和界定，为接下来大病医疗保险服务外包效果的研究奠定基础。

第一节　政府购买公共服务效果评价的基本框架

一、政府购买公共服务效果评价的内涵与意义

（一）政府购买公共服务效果评价的内涵

政府购买公共服务效果评价则是指政府依据相应的原则、标准和方法，对向市场 / 社会组织购买公共服务的项目实施全过程和结果所进行的一项综合性评价。政府购买公共服务的效果评价不同于政府绩效评估，也不同于对社会组织的绩效评估，具有自身的特殊性：

一是评价对象的多元化，在政府购买公共服务的过程中，包含了买家（政府）、卖家（市场私人组织或社会组织）以及公共服务的接收者（公

众），因而，对公共服务外包的效果评价也必然涉及至少这样三方主体。二是评价指标的全面性，最突出的表现是要将政府与其他私人组织或社会组织放在平等的地位和层面上对整个政府服务外包行为进行评价，政府在这个过程中不再仅仅是规则的制定者和监督者，同时也是因服务外包合同的签订而与私人部门和/或社会组织处在平等法律地位上的公众利益受托人和买家。因而，政府购买公共服务效果的评价指标的建立应本着全面性的原则，将政府作为评价对象，将政府方的行为作为评价的重要内容之一。三是对政府购买公共服务的效果评价不同于对公共服务供给质量的评价。一般来说，对公共服务供给质量的评价要以服务外包合同的约定为基本标准。政府购买公共服务中，双方需要签订服务购买合同以明确彼此的权利和义务，因而对服务供给方是否按照合同约定完成了规定的任务，是否达到预期的目标，其提供服务的过程是否符合规定等一系列问题的评价是对公共服务质量评价的基本内容，但这显然不能构成政府购买公共服务效果评价的全部内容。四是评价指标的间接性，与政府直接从事的其他活动不同，政府购买公共服务中政府只是购买行为的一方，并不能亲身感受到公共服务的质量，也不能对提供的服务做出客观的评价，因而在对政府购买公共服务行为的效果评价中，公众对私人组织或社会组织所提供的公共服务的感受将是不可或缺的指标。

（二）政府购买公共服务效果评价的意义

通过对政府购买公共服务的效果评价，政府可以修正并完善购买公共服务的流程，检测此次购买行为是否达到预期目标和效益，还存在哪些问题，在以后的购买过程中可以进一步改进，提供更好的让人们满意的公共服务，对于政府公共服务的水平的提升具有促进作用。对于私人部门或社会组织而言，通过绩效评估可以明确自身的不足，反映出自身存在的问题，在后续的流程中进行提高和改进。对于接受公共服务的社会公众而言，直接说来，这种绩效评估可以提高服务的质量，满足公众的需求，提升公众的幸福指数。

政府购买公共服务作为一种新公共管理工具，其运行实施效果如何直接关系到政府职能转变、公共服务递送质量的最终结果。当前，虽然许多政府部门和专家学者都已经开始关注政府购买服务，但在理论研究和工作实践中却很少涉及政府购买公共服务的效果评价问题。

二、政府购买公共服务效果评价的原则

政府购买公共服务效果评价是一个带有价值导向性的综合管理过程，是政府根据社会公众的服务需求设定目标和评价指标体系，对政府购买服务项目的执行过程、结果及社会影响进行综合评价并提出改进建议的一系列过程。因而政府购买公共服务效果评价应该遵循以下原则：

（一）系统科学原则

政府购买公共服务效果评价的指标体系的构建需要遵循的首要原则就是系统科学的原则，即通过科学的方法和程序对整个政府购买服务项目的进行系统、全面和客观评价，具体原则包括以下几个方面：

第一，系统性原则。政府购买公共服务效果评价是一项非常复杂的系统工作，因此，在实际的评价过程中，需要设计和选择能够系统反映政府购买服务项目全过程的评价指标并建立完善的评估程序。首先，在评估指标选择上，需要结合政府购买服务项目的自身特点，具体设计一整套能够系统反映政府购买服务项目过程的评价指标体系。其次，在评估程序设计上，需要系统考虑政府购买服务项目的目标设定、过程评估和结果评估的相互关系，并系统设计各阶段工作的彼此衔接。

第二，全面性原则。在政府购买服务的过程中，存在着政府部门、服务供给机构和社会公众等不同参与者，需要投入大量的人力、物力、财力等。因此，政府购买公共服务效果评价需要遵循全面性的原则，准确反映政府购买服务所有参与者在活动过程中的意见和态度，全面反映各种资源的投入和使用效率。

第三，客观性原则。政府购买公共服务效果评价应当尊重客观实际，避免主观随意性。评估的方法和指标选择要因地制宜选择能够有效获取相

关信息的评估方法和指标。同时在评估过程中，要对政府购买服务项目进行客观的评价，如实地反映政府购买服务项目的运行过程和最终结果。

第四，科学性原则。要保证政府购买公共服务效果评价的系统性、全面性和客观性，就必须遵循科学的理论和方法。一方面，从科学的理论出发，明确政府购买服务的本质特点和全部过程，进而设计系统、全面的评估指标；另一方面，利用科学的方法收集和处理资料，明确各个评价指标之间的内在逻辑和相关权重。

（二）多元评价主体相结合原则

政府购买公共服务效果评价需要通过扩大评估主体范围并合理确定它们的相对重要性，形成以政府为主导、社会公众和第三方评估共同参与的多元主体结构。

首先，政府部门作为政府购买服务的主要管理者和出资方，在政府购买公共服务效果评价中的主要职责有两个方面：一是建立评价方案、制定和发布相关政策、实施指南和技术规范；二是组织评估，综合利用评估信息改进预算管理、提高决策能力。

其次，社会公众作为政府购买服务的受益者，对政府购买服务项目的最终结果具有最直接的感受。因此，在政府购买公共服务效果评价的过程中，社会公众对于服务供给满意度的信息是不可或缺的一个方面，检验购买服务效果是否符合公众需要。

最后，来自高等院校、科研机构、中介机构等技术人员组成的专家组，作为政府购买公共服务效果评价的第三方，主要负责解决技术上的难题，协同政府部门确定考评指标、考评标准，对政府购买服务效果进行分析评价。

然而，由于社会价值偏倚的存在，各评价主体间的利益偏好和认知是不同的，他们从各自自身利益角度对政府购买公共服务效果进行评价，可能会影响评价结果的客观性和科学性。因此，在政府购买公共服务效果评价过程中，还需要对各个评估主体意见的客观性进行甄别，并合理设置不同主体意见的影响权重。

（三）过程评价与结果评价并重原则

政府购买公共服务效果评价需坚持过程与结果并重的评价原则。过程评估是对政府购买服务的行为监督，监督的目的是为发现问题和解决问题，保证服务提供的数量和质量。科学、合理的政府购买公共服务效果评价要求对政府购买服务的全过程进行资料收集、加工和分析处理，全面、系统、客观、准确地反映政府购买服务的真实情况。而结果评价则是对政府购买公共服务最终成果的检验，将政府购买服务的过程监督与政府购买服务的结果评估结合起来，从而有效地控制政府购买服务的全过程，并在第一时间发现政府购买服务活动中存在的问题，有利于保证政府购买服务最终结果的实现。

（四）定性与定量评价相结合原则

政府购买公共服务效果评价既有定性的评估指标也有定量的评估指标。定性指标主要通过各个评估主体对政府购买服务项目的状况进行评定和判断，能够综合反映政府购买服务项目的本质和总体情况，而且容易获取相关的指标信息，但具有很强的主观随意性。定量指标则是通过一些实地的测量和调查，获取政府购买服务项目的相关数据，具有较强的客观性，但缺乏综合性，同时一些定量指标数据也很难获得。

在实际的评价过程中，更多是采取定性评估和定量评估相结合的原则。通过定性评估的方法确定政府购买服务项目的总体状况，同时利用定量评估方法对定性评估的结论进行验证和检验，进而获得对政府购买服务项目的全面而有效的评价结果。

（五）创新性原则

政府购买公共服务在我国尚属新兴事物，关于其运行效果的评价更不多见，特别是本研究将要对政府购买大病医疗保险服务效果进行实地评价，目前国内尚无相关先例可循，这就要求研究者要深入洞悉我国大病医疗保险服务外包的特殊性，创造性地研制能够反映其特征的评价指标体系。

三、政府购买公共服务效果评价的构成要素

（一）评价主体

在论及政府购买公共服务效果评价这个问题时，首先要考虑评估的主体，即“谁来评”的问题。

根据不同的角度，评价主体有内外之分。内部的评价主体可以是购买公共服务的政府部门，可以是政府内部的特定职能部门，也可以是承接公共服务的社会组织。相比而言，外部评价主体是指独立于政府购买行为之外的专业评估主体如第三方评估机构。随着政府购买公共服务绩效评估的发展，在实际操作中评估主体主要是发生购买行为的政府职能部门的上级政府或专业综合政府机构进行绩效评估，或是委托专业的第三方评估机构进行评估工作的开展。

（二）评价对象

评价对象即评价的客体，也就是“评价谁”的问题。如前文所述，由于政府购买公共服务是由政府提供资金，由市场和 / 或社会组织按照合同提供服务，社会公众感受公共服务的过程，因而评价的客体应该包括政府部门、服务供给者和公众。这是因为对于政府购买公共服务效果评价的终极目标在于保证和改善服务供给的质量。政府将公共服务外包给私人部门或社会组织以后，其供给效果究竟如何，是否达到了预期的目标，需要从政府购买行为所涉及的全部利益相关者出发给予全面评估。

（三）评价内容和评价模型

评价内容指对政府购买公共服务进行评价的维度。横向看，由于政府购买公共服务的实施涉及政府、市场 / 社会组织和公众至少三方主体，因而其评价内容的横向维度必然要包含和围绕这三个方面；纵向看，政府购买公共服务效果评价涉及整个项目活动实施的投入、过程、产出和成效等多个环节和方面，因而最终评价指标的内容势必要全面反映上述内容。

评价模型基于评价内容而建立，指的是对政府购买公共服务评价内容的具体测量维度的选择和建立。近年来随着学术界对政府购买公共服务绩效评价问题的不断增长的关注，相关的研究逐渐增多，例如基于经济性、效率性、成果性的“3E”评价模型；基于投入、产出、后果、效率与成本收益的美国政府会计标准委员会的评价模型；基于一致性、效率、效果、成本与收益分析的澳大利亚“计划评估”模型等。具体评价模型的介绍详见本章第二节。

（四）评价指标设计方法

政府购买公共服务效果评价指标设计的方法是在具体评价过程中应用的工具和评价技术规范，包括按照绩效要素结构进行设计指标设计的方法、运用关键指标进行指标设计的方法、运用标杆管理进行指标设计方法、围绕专题进行指标设计的方法、按照管理的因果关系进行指标设计的方法、QQTC 指标设计方法等。它是评价工作的基础环节。评价指标体系构建的科学性、合理性直接决定评价结果的优劣。如果没有科学、合理的评价指标体系，政府购买公共服务效果评价将失去现实意义。

我国目前还处于政府购买公共服务的探索阶段，对政府购买公共服务效果评价的研究较为欠缺，本研究根据我国国情与政府购买公共服务的各环节、各领域等特点，汲取国外绩效评估理论与实践经验，对政府购买公共服务效果评价的要素结构进行指标设计。这种指标设计方法的关键在于对绩效和效果内涵的理解，围绕绩效的要素结构展开。具体来说，根据要素结构进行指标设计需要注意两个方面：一是区分效率指标与效益指标；二是过程指标与结果指标相结合。

（五）评价方法

详见本章第二节。

（六）数据来源

政府公开数据、问卷调查、访谈调查等。

第二节　政府购买公共服务效果评价模型与方法

一、政府购买公共服务效果评价理论模型

价值取向是影响和制约政府绩效评估体系的一个极为重要的因素，鉴于目前政府购买公共服务效果评价的模型众多，且尚无具体分类方法，本研究将依据价值取向对政府购买公共服务效果评价模型进行分类，并在此基础上分析基于中国国情的政府购买公共服务效果评价模型的选择。

（一）以效率为主要价值取向的评价模型

自 20 世纪早期现代政府扩张以来，提高公共服务效率的概念就广为流传。自伍德罗·威尔逊开始，如何以更少的投入办更多的事情成为政府关心的目标。我国自 20 世纪 80 年代初行政管理学恢复重建以来，政府机构和组织的效率与效能就一直是学科研究的重要主题，具体来讲，以效率为主要价值取向的评价模型可分为以下几类：

1.“3E”评价模型

20 世纪 80 年代初，英国雷纳爵士带领的效率小组提出了“3E”评估模型，该理论指出，对政府部门的绩效评估主要考虑经济（Economy）、效率（Efficiency）和效益（Effectiveness）三个方面。

经济测评的目的是树立成本意识，节约开支，尽可能降低成本，实现资金的价值，可选择成本与投入的比率、行政开支与业务开支的比率、人均开支、资源浪费额等指标进行经济测定。效率表示投入与产出之间的比例关系，可选择平均个案处理时间、反应速度等指标进行测定。英国地方政府研究协会提出从三方面做效率评估：一是转化效率，即输入转化为产出的效率；二是分配效率，即使顾客利益最大化的产出分配效率；三是调整效率，即调整生产来满足顾客骗号的效率。效益通常以产出与结果之间的关系加以衡量，一般而言，效益测定具体包括对公共部门产出的质量测量、社会效果测量和结果反映测量等。“3E”评价模型旨在评估其经济性，重视投入产出比，纵然有其他的评价指标在里面，但其侧重点和着力点都

在效率上。

2. 360度效率评价法

该方法是在20世纪80年代由Edwords和Ewen等美国学者在对一些企业组织的研究中提出来的，它将被考评人看成圆心，被考评者的上级、下级、同事、自己和相关客户分布四周，对被考评者从不同的角度进行考评。360度考评体系对公共部门绩效评估的贡献主要体现在两个方面：一是公共部门组织的评估，二是人员的评估，包括公共部门和人员的自我评估、上级评估、外部专家评估及社会公众的评估，逐步实现官方评估与民间评估并重，形成公众监督和上级监督相结合的运行机制。

3. 美国政府会计标准委员会的评价模型

1994年，美国政府会计标准委员会设计出一个评估投入、产出、结果、效率与成本效益的评估模型：投入指标（input indicators）测量某一项目消耗的资源，诸如提供一项服务所需全部雇员支出的总费用。产出指标（output indicators）将报告产品数量，或为服务群体提供的服务单位（units of service），反映生产一个产品或提供一项服务所付出的努力。结果指标（outcome indicators）测评报告项目与服务结果，包括定量和定性方面的特性。效率与成本收益指标（efficiency and cost-effectiveness indicators），主要测量的是投入之后的产出成果，主要是用数字化的具体指标来衡量。该评价模型主要着力点在于投入之后的成果，关注的焦点在于经济性的效率指标。

4. 国内主要的趋于效率性的绩效评价模型

国内关于政府购买公共服务绩效评价模型的研究早期效率性倾向比较明显，如本研究在研究述评中提到的诸大建、卓越、邓国胜等人的研究中提出的评价模型均以效率为核心测量指标。实践方面，对政府购买公共服务效果进行评价比较典型的是青岛模式，青岛模式的突出之处在于施行目标责任制与绩效评估相结合，实现效率化考核。其模式的基本特点是：①建立起严密的目标层次体系和目标网络。青岛市目标管理绩效考核委员会通过目标的层层分解，把各项重要决策、工作目标和部署转化为具体的、可量化的考核指标，责任到人，构筑起自上而下的责任体系。②重视评估结果的利用，使绩效考核与干部考核紧密挂钩。

毫无疑问，国内外在构建政府购买公共服务效果评价模型时，效率都是一个不可忽视的价值取向。总结起来可从技术效率、配置效率和制度效率三方面进行考察。技术效率是投入与产出的比例，即政府用于购买公共服务所投入的公共资源与所获得的公共服务之间的比例。配置效率指公共服务承办方根据民众的需求提供公共服务的程度。制度效率则指是否存在激励政府减少成本并提高效率的制度基础。本研究在构建政府购买医疗保险服务效果评价模型时，仍将以效率作为重要的价值取向，并参考青岛模式的做法，拟构建一个目标层次清晰、逻辑严密的评价指标体系，并将在其可持续性研究中强调评价结果利用的重要性。

（二）以结果为主要价值取向的评价模型

20 世纪 70 年代西方国家的“新公共管理运动”引发的政府再造、内部管理的非规制化使得政府从过程与规则控制转向结果控制，让政府人员对结果和服务质量负责，而不仅仅追求效率的提高。相应地，对政府购买公共服务效果的评价也由重视效率测量代之以重视结果测量和以顾客（公众）满意为导向。以结果为价值取向的评价模型大致有以下两类：

1.“计划评估”模型

在澳大利亚，“计划评估”模型是一个对政府部门或项目从一致性、效率、效果、成本 - 收益分析四个维度进行系统评估的框架。适当性（appropriateness）指规划目标或预期城规符合政府政策优先性和民众需要的程序。效率（efficiency）要求对规划项目的投入和产出进行比较，可在项目规划的各个阶段进行。效果（effectiveness）或质量评估涉及的是取得的成果对政策目标的实现程度，这是评估的重点，反映的是该“计划”实现的程度，与刚开始投入之前的状态进行比较，采取“起点”与“终点”的评估模式。成本 - 效益分析（cost effectiveness analysis）主要分析取得实际成果所花费的成本及是否用较少的投入生产成果，即“成本与收益之比”，这里的成果不是指产出的数量，而是指实际效果，不能直接转换成数量。该模型以“结果”指标为最重要的点，其他指标都是为该结果指标服务。

2. 平衡计分卡评价模型

平衡计分卡（the Balanced Score Card，简称 BSC）概念是美国哈佛商学院的卡普兰（Kaplan）教授与诺顿（Norton）在《平衡计分卡——业绩衡量与驱动的新方法》一文中首先提出的。他们主张建立一种新的、平衡有效的、全面的业绩评估体系。其基本观点是：单纯追求财务指标不利于提高组织的综合竞争力，不利于创造股东价值，而平衡计分卡的基本思想就是通过财务状况、顾客服务、内部流程及学习与发展四个方面的指标之间的相互驱动的因果关系展现组织的战略轨迹，实现绩效考核—绩效改进以及战略实施—战略修正的战略目标过程。并且，这四方面指标都可以用“结果”的价值取向来衡量，平衡记分卡考察的是政府购买的结果、第三方提供服务的结果以及民众的反应结果。

综上，尽管这一模型是针对企业组织提出的，但它揭示了一般组织运作的逻辑特征和绩效评估的基本要素，对政府购买公共服务效果的评价具有重要借鉴意义。例如，美国得克萨斯州构建了由“外部效益、顾客满意度、雇员发展、内部过程优化”四个要素构成的政府绩效评估体系。我们在借鉴此模型用于政府购买公共服务效果的评价时，可评估政府购买服务的财务状况、市场 / 社会组织的顾客服务水平、整个内部流程以及在碰到问题时能否及时反省并懂得学习与发展的重要性。

目前，国内基于结果性价值取向的政府购买公共服务效果评价模型已并不少见，兰州、厦门等地都多有实践。本研究在构建政府购买医疗保险服务效果评价指标体系中，也将充分重视对方案实施“结果”的测量，将政策实施的“品质”和“成效”作为测量的重要维度以期全面反映政府购买医疗保险服务的效果。

（三）以民众为主要价值取向的评价模型

20 世纪 80 年代，随着全面质量管理（TQM）在公共部门中的运用，以及公民责任的推进，公共服务绩效评价从过去的效率价值取向转向了结果和公民取向。20 世纪 90 年代以后，随着顾客满意度测量技术的发展、成熟和运用，通过对公民满意度的测量来提升公共服务绩效的研究与实践开始获得进一步关注。

1. “总体绩效与间接绩效”结合模型

埃莉诺·奥斯特罗姆等将公共基础设施绩效概括为总体绩效和间接绩效，开发了一套系统的绩效评估系统。其中总体绩效标准包括①经济效率，是由于资源配置及再配置相关的净收益流量变化决定的，它主要指是否符合帕累托最优标准；②公平，一是项目服务的收益与提供该服务的成本之间的财务平衡，二是基础设施提供中的再分配，要求资源配置对象无差异；③责任，主要指政府官员对公共设施提供的责任，设施提供必须考虑最终使用者的愿望；④适应性，指基础设施提供对变化的环境做出反应，否则，基础设施的持续性可能遭到破坏。间接绩效指基础设施提供的成本，包括供给成本和生产成本，供给成本和生产成本又可分为转换成本和交易成本。

此绩效评估模型最初用于评估政府的公共设施水平，但该模型中所考虑的公平、责任、适应性等指标对政府购买公共服务效果评价具有重要参考价值。

2. 美国坎贝尔研究所的评价模型

坎贝尔研究所设计的绩效评估模型主要包括五个基本维度：①财政管理。主要包括政府的举债能力管理是否符合法律规定的比例；退休金管理是否得当；政府采购各个环节设计和管理是否得当；项目管理是否合法，工程招标是否公开公平等等。②人事管理。这个相对复杂，目前主要评估等级工资制度和公务员甄选即退休制度的完善性。③信息管理。主要考核计算机的梳理和质量，在政府工作中的应用率及所起的作用，计算机是否在最能服务于政府工作的人手中使用。④领导目标管理。主要评估领导者战略计划制定是否科学可行、完成情况、推进措施及正负面效应等。⑤基础设施管理。主要评估公益事业管理的政策法规制定和实施是否及时有效。

该模型主要针对政府及其工作人员的绩效，但是从最初的对人事管理及领导目标的重视可以延伸出其对民众及公民满意度的关注，因此也被归入以民众为主要价值取向的评价模型之列。

3. 国内典型的趋于民众性的绩效评价模型

杭州市政府从2000年开始做了一个公民导向的政府绩效评估实践——杭州模式。2000年杭州市54个市级单位全面展开满意不满意单位评选，评选的主要内容包括各单位的全局观念、服务宗旨、服务质量、办事效率、勤政廉洁、工作业绩六个方面。该模式以公民为主要导向，整合了“自上而下”和“自下而上”两种评估模式，体现了公民满意原则；推动了绩效评估从“重结果”向“过程与结果并重”转化；考评维度体现创新优化，是对公民导向政府绩效评估的肯定和重要实践，具有积极地借鉴意义。

（四）我国政府购买公共服务效果评价模型选择分析

随着我国政府治理进入新阶段，政府绩效评估逐渐融入公平、民主、民众满意等价值观念。政府购买公共服务绩效正是基于建设服务型政府的理论与实践背景，其绩效评价指标的设计不仅要考虑成本与效率，更重要的是要彰显公平和公民本位的价值取向。政府购买公共服务是政府采取向市场和/或社会组织购买的方式履行公共服务供给职责，考察的不仅是政府的行政绩效，还包括公共服务的产出和效果。

本研究结合国内外的研究成果和对中国国情的分析，认为对政府购买公共服务效果的评价可综合考虑上述三种价值取向，兼顾理论探讨和实践分析，考虑合理性与可操作性的平衡，可从效率、效益和价值三个维度着手建立指标，其中，效率包含投入、过程和产出三个方面，效益包含服务的品质和服务成效，而价值则包含社会公正度和公众满意度，当然，这三个横向维度中也包含了从过程到结果的纵向维度考虑。

1. 效率维度

效率维度主要衡量政府购买公共服务的投入–产出比，不管是在市场化政府时代还是服务型政府时代，效率都是一个至关重要的评价指标。如前文所述，政府购买公共服务的效率可从技术效率、配置效率和制度效率三方面进行考察，其中也蕴涵了对政策实施过程的测量。投入即成本，指的是在政府购买公共服务过程中所发生的各种费用和开支，以及由此引发的现今和未来一段时间的间接性负担，广义上来讲包括政府投入、市场和/或社会组织投入。市场和/或社会组织投入主要包括私人组织以及社会组织为他们所承接的公共服务供给项目投入的人、财、物等方面的实质性消费支出。产出是指生产过程中创造的各种有用的物品或劳务，它们可以用于消费或用于进一步生产。在政府购买公共服务过程中，所谓产出主要是指服务承接方即第三方组织为公众所直接提供的服务数量、直接收益和服务购买合同完成度等。

2. 效益

效益包含服务的品质和服务成效。品质即我们所说的政府购买公共服务的质量，如果说效率关注的重点是政府购买公共服务的投入产出比例，那么效益则更强调服务供给的质量和效果，关注的重点是预期目标与实际程度之间的关系。具体主要体现在公共服务种类与数量、服务水平方面，如服务提供种类与数量是否足够多，能否满足公众需求，服务水平如何，是否达到预期的标准等。

3. 价值

价值维度包含社会公正度和公众满意度。政府不论以哪种方式提供公共服务，直接提供或者购买第三方服务间接提供，保证公共服务的受众能够以同等的机会获得所需要的服务都是其追求的最终目标。因而，获取公共服务的途径、可及性、服务质量等将成为测量公共服务的社会公正度的重要指标。公众满意度是公众对服务质量特征的感知所做评估的一种度量。目前学界一般认为，满意度是指可感知效果和期望值之间的差异函数，会受到服务使用者个人特征、经济状况、个人需求、认知、经验等各方面因素影响，因而目前对公众满意度的测量多采用问卷抽样调查的方法。

二、政府购买公共服务效果评价指标体系构建方法

政府购买公共服务效果评价指标体系的构建包含两个重要步骤，即评价指标的确定和指标权重的确定。

（一）筛选评价指标

由于绩效评价本身具有“科学性”与“艺术性”的特点，所以并不

是所有问题都可以用运筹学、系统工程和系统动力学等这些“硬系统方法论”解决，因为有些问题很难构建模型，或者根本无法量化，因此评价指标的确定通常采用专家评估方法。专家评估是一种定性的评估方法，主要是通过获取专家知识对研究问题做出评价，依据众多专家的智慧和经验进行分析和预测。这种方法能够将定量与定性两种研究取向结合在一起，既可用于预测，也可用于评估，目前，在各类效果评价指标体系的构建中被广泛应用。国内外对专家评估方法的研究主要有：德尔菲法、头脑风暴法和交叉影响分析法等，且每种方法的评价机制和算法都各有侧重。本书将重点介绍德尔菲法，并将在构建政府购买医疗保险服务效果评价模型时实践这种方法。

德尔菲（Delphi）法是以古希腊城市德尔菲命名的规定程序专家评估方法，由美国兰德公司于 1964 年发明并首先将其应用于预测分析。德尔菲法是一种群体决策行为，具有匿名性、反馈性和统计性的特点，本质上是建立在众多专家的专业知识、经验和主观判断能力基础上的，因此，特别适用于缺少信息资料和历史数据，而又较多地受到其他因素影响的信息分析与预测。德尔菲法通过一个多次与专家交互的循环过程，使分散的意见逐次收敛在协调一致的结果上，充分发挥了信息反馈和信息控制的作用。

德尔菲法的流程：

1. 明确评估目标

明确进行效能评估的目标，借助人的逻辑思维和经验能对目标的评价收到很好的效果。

2. 选聘专家

专家的权威程度要高，有独到的见解，有丰富的经验和较高的理论水平，这样才能提供正确的意见和有价值的判断。

3. 发布问题

发布需要专家评估的问题，分几轮进行评估，直到达到预期的收敛效果。

4. 专家对问题进行评估

专家采用匿名或“背靠背”的形式进行评估，专家根据评估规则回答问题，并说明回答问题的依据，按照该程序完成对所有问题的回答。传统德尔菲法的调查程序，一般为 4 轮。系统将第 1 轮的调查结果生成报表或文档，调查结果包括每位专家对问题的回答以及回答问题的依据，将调查结果分发给每位专家，在此基础上再进行第 2 轮的调查，调查方法与第 1 轮相似，再完成第 3 轮和第 4 轮的调查。

5. 对获取的专家知识进行处理

以专家的原始意见为基础，建立专家意见集成的优化模型，综合考虑一致性和协调性因素，同时满足整体意见收敛性的要求，找到群体决策的最优解或满意解，获得具有可信度指标的结论，达到专家意见集成的目的。

德尔菲法的专家知识表示方法

1. 相关定义

定义 1　专家集合，$E=\{E_1,E_2,\cdots E_m\}$，$E_i(i=1,2,\cdots m)$ 为第 i 个专家。

定义 2　价集，$\mathrm{A}=\{(\mathrm{a}_1,r_1),(a_2,r_2),\cdots,(a_m,r_m)\}$，其中，$(\mathrm{a}_1,r_1)\ (i=1,2,\cdots m)$ 为第 i 个专家给出的原始评价值，a_i 为第 i 个专家给出的评价值 r_i 为评价值的最大允许调整范围，$r_i\geq 0$。

定义 3　最佳评价值集合，$x=\{x_1,\mathrm{x}_2,\cdots x_m\}$，它是在专家原始评价值基础上，经过优化搜索后得到的评价值集合，满足群体意见收敛性、多样性和可靠性要求，亦即用于计算群体意见集成结果的评价值，其中，$x_i(i=1,2,\cdots m)$ 是对第 i 个专家的原始意见在给定范围内进行最优调整后的评价意见值。

定义 4　评价值可靠性函数，$G(x)$ 为定义在 $(-\infty,+\infty)$ 上的连续函数，具有 4 个特性：

①有界性，$0\leqslant G(x)\leqslant 1$。

②对称性，$G(x)$ 的图形关于直线 $x=a$ 对称，$G(a-g)=G(a+g)$，其中，$G=|x-a|$。

③分段单调，$G(x)$ 在 $(-\infty,a)$ 上递增，在 $(a,+\infty)$ 上递减，在 $x=a$ 处有唯一极大值，$G(x=a)=1$，同时，1 $\lim\limits_{x\to-\infty}\mathrm{G}(x)=\lim\limits_{x\to+\infty}\mathrm{G}(x)=0$。

④光滑性，$G(x)$ 在 $(-\infty,+\infty)$ 上可微。

2. 专家群体知识集成结果表示

加权均值：$U(x)=\sum_{i=1}^{M}p_i.x_i$，其中，$p_i$ 为第 i 个专家的权重系数。

标准差：$\sigma(x)=\sqrt{D(x)}$，其中，$D(x)=\sum_{i=1}^{M}(x_i-U(x))^2p_i$。

群体意见可信度：$\psi(x)=\min_{i=1}^{M}G(x_i)$，其中，$G(x_i)$ 为第 i 个专家意见可信度。

K 阶中心距：$E\left|x-U(X)\right|^k=\sum_{i=1}^{M}(x_i-U(x))^k p_i$。

峰度：$E_k=\dfrac{\mu_4(x)}{(\sigma(x))^4}-3$，其中，$\mu_4(x)=\sum_{i=1}^{M}(x_i-U(x))^4p_i$ 为 4 阶中心距。峰度能够代表专家意见的一致性。

偏度：$S_k=\dfrac{\mu_3(x)}{(\sigma(x))^3}$，其中，$\mu_3(x)=\sum_{i=1}^{M}(x_i-U(x))^3p_i$ 为 3 阶中心距。偏度能够代表专家意见关于加权均值的对称性。

专家群体意见的变异系数：$V=\dfrac{\sigma(x)}{U(x)}$。变异系数是代表评价波动大小的重要指标，代表了群体评价值的协调性。

等级和：$M_j=\sum_{i=1}^{m_j}C_{ij}$。等级和是专家对每个指标排序的名次总和。

专家积极性系数：$K=\dfrac{m_j}{m}$，其中 m_j 为对 j 问题评价的专家数；m 为参加评定的专家总数。

3. 专家知识的可靠度描述

专家意见的可靠度是一个分布在专家给定评分值意见范围内的一个分布函数，该函数满足连续、有界、对称、分段单调等不同特点，不同专家意见的可靠性可以认为是独立同分布的。可以用正态分布函数的正态双侧分位数表示调整距离的可靠性。设正态分布的分布函数为：

$$F(x)=\phi\left(\frac{x-a}{\sigma}\right)=\int_{-\infty}^{x}\frac{1}{\sqrt{2\pi}\sigma}e^{\frac{(t-a)^2}{2\sigma^2}}dt$$

根据可靠性函数的定义，专家意见调整后的可靠度分布函数为：

$$G(x)=1-P\left[\left|x-a\right|<G\right]=1-\left\{F(a+G)-F(a-G)\right\}$$
$$=1-\int_{a-G}^{a+G}\frac{1}{\sqrt{2\pi}\sigma}e^{\frac{(t-a)^2}{2\sigma^2}}dt$$

德尔菲法专家知识集成方法

对专家知识的统计处理方法和表达形式，应根据答案的类型和具体要求而定。德尔菲法可以对未来事件实现的时间进行评估；可以对分值和数值进行评估；可以对不同方案进行排序和择优；可以对问题的相对重要程度进行评估；可以对某一问题在总体问题中所占的合理比重进行评估。

1. 选择最优方案的排序法

把每个方案的不同名次加起来求方案的名次总和，名次总和最低的方案，就是专家推崇的最好方案。专家意见的一致性程度可用“一致性系数”的指标表示，它是介于 0 到 1 之间的数，如果一致性系数接近于 1 则表示专家意见趋向一致。一致性系数计算方法为：

$$C.I.=\frac{12S}{M^2(N^3-N)}$$

其中，$C.I.$ 代表一致性系数；S 代表名次总和的方差和，且 $S=\sum_{i=1}^{N}X_i^2-\frac{(\sum_{i=1}^{N}X_i)^2}{N}$，$X_i$ 为专家对第 i 方案评定的名次总和；M 为专家数；N 为方案数。

2. 分值和数值评估方法

采取分值和数值评估方法对专家知识进行集成，均值越大，表示专家对该问题的认可度越高，方差越小，表示专家意见越集中，均值和方差计算方法如下：

$$E=\frac{\sum_{i=1}^{M}a_i}{M}$$

$$\delta^2=\frac{1}{M-1}\sum_{i=1}^{M}(a_i-E)^2$$

其中，M 为专家数；a_i 为第 i 位专家评估值。在此基础上还可采用三点估计法，三点估计法如下：$D=\frac{a_{\max}+(M-2)E+a_{\min}}{M}$，其中，$E$ 为均值；$a_{\max}$ 为专家评估最大值；$a_{\min}$ 为专家评估最小值；M 为专家数。

加权均值计算方法如下：

$E=\sum_{i=1}^{M}p_i.a_i$，其中，M 为专家数；a_i 为第 i 位专家评估值；p_i 为第 i 位专家的权重，且 $\sum_{i=1}^{M}p_i=1$。

3. 等级评估方法

主要针对某些问题的重要性进行排序，列出各个问题，规定重要程度的评分标准，采用均值或比重系数法来处理专家对问题相对重要性的评定。均值越大，问题的重要性就越高，均值计算方法如下：

$$M_j=\frac{1}{m}\sum_{i=1}^{m_j}c_{ij},j=1,2,\cdots n$$

其中，M_j 为 j 问题得分的均值；m_j 为对 j 问题评价的专家数；c_{ij} 为 i 专家对 j 问题的评分值。

比重系数法如下：

$$K_{wj}=\frac{\sum_{i=1}^{m_j}c_{ij}}{K_{aj}\sum_{j=1}^{n}\sum_{i=1}^{m_j}c_{ij}},j=1,2,\cdots n$$

其中，K_{wj} 代表问题得分占全部问题总得分的比重系数；n 为全部问题数；K_{aj} 为专家积极性系数，且 $K_{aj}=\frac{m_j}{m}$，m 为参加评定的专家总数。

4. 问题所占比重的知识集成方法

对于某问题在总体问题中合理比重的评价，专家的评分值分布在 0 ~ 100% 之间，可以用直方图 4.1 表示。把 0 ~ 100% 的评价值按 20% 的间距等分成 5 部分，用横坐标表示，纵坐标表示专家评价人数比。在计算某一区间的专家评价人数比时，如果不考虑专家的权威程度，则每一位专家都以1计算，如果考虑专家的权威程度，则要给每位专家乘以表示其权威程度的权数。专家评价人数的值越大的区间，其评价结果的可信性也越大。计算方法如下：

在不设置专家权重的情况下：

$$H=\frac{N}{M}\times 100\%$$

其中，M为专家数；N为落在某一区间的专家数。

在设置专家权重的情况下：

$$H=\frac{P}{Q}\times 100\%$$

其中，Q为所有专家权重总和；P为落在某一区间的专家权重总和。专家知识分布直方图如4.1所示。其中，a为专家的评分值，$0\le a<20\%$，$20\%\le a<40\%$，$40\%\le a<60\%$，$60\%\le a<80\%$，$80\%\le a\le 100\%$。

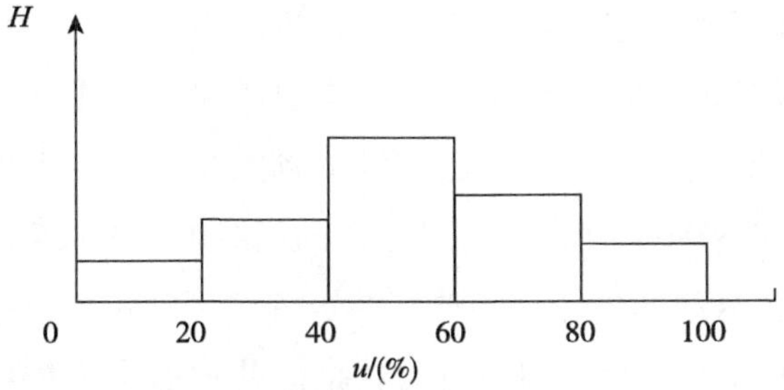

图4.1　专家知识分布直方图

（二）确定评价指标体系的权重

对于已经确定好的各个评价指标，其对研究目的的影响程度是不同的，这种不同就体现为重要性，将这种重要性以数值形式反映出来就称为赋权，这是对指标体系进行综合评价的前提。确定权重的方法很多，从大范围看，可分为主观赋权法和客观赋权法两种。

1. 主观赋权法

主观赋权法是指根据专业知识、实践经验通过主观分析研究后确定各个评价指标的重要性权数的方法。主要有两种类型：专家评判法和层次分析法。

（1）专家评判法

专家评判法是指通过收集整理专家学者对于备选的各个指标和因素的重要性程度给出主观判断信息来确定权数的赋权法。此法的关键是选择好专家。要选择出真正具有该领域和专业的专家、学者作为专家参与人。其基本思路类似德尔菲法：邀请一批对所研究问题有深入了解的专家，让他们各自独立地对每个评价指标赋予权数。然后将专家意见集中起来，求出每个指标权数的平均值和方差，观察专家意见的离散程度。如果第一次专家意见过于分散，可进行第二次直至第 n 次，目的要使专家意见接近一致，并以最后一次各专家权数的平均值为评价指标的权数。

（2）层次分析法

层次分析法（Analytic Hierarchy Process，AHP）由美国著名运筹学家 A.L.Satty 在 1977 年正式提出，是将决策有关的元素分解成目标、准则、方案等层次，在此基础上进行定量和定性分析的决策方法。AHP 用于评价指标赋权时有其独特的作用和优势。其基本思路是：首先建立有序的递阶指标系统，然后主观地将指标两两比较构造判断矩阵，再根据判断矩阵进行数字处理及一致性检验，即可获得各指标的相对重要性权数。具体步骤是：

1）对指标进行两两比较，构造判断矩阵。判断矩阵 B 是同一层次中的各评价指标的相对重要性的判断值，它是由若干专家根据一定客观事实所做的主观判断。一般采用九分位比例标度，使任何一对指标根据专家意见可形成一个判定值。

2）计算各指标的权数。层次分析法的原理表明，判断矩阵 B 的最大特征根所对应的特征向量就是各指标的权数向量。求解这一特征向量的常用方法是方根法，即行向几何平均数的归一化方法。

3）对判断矩阵进行一致性检验。用层次分析法给指标赋权的重要前提是专家对个指标的相对重要程度的判断要协调一致，不要出现相互矛盾的现象。判断矩阵 B 具有一致性的条件是矩阵 B 的最大特征根 λ_{max} 等于指标的个数。

4）综合各层次的权数，即可求出各指标的最终权数。

5）总的一致性检验。

2. 客观赋权法

客观赋权法是直接根据各个指标的原始信息经过一定数学处理后获得权数的一种方法。其基本思想是：指标权数应根据各指标间的相互关系或各指标提供的信息量来确定。客观赋权法主要有 4 种：变异系数法、相关系数法、熵值法、坎蒂雷方法，本书主要介绍应用较多的变异系数法和相关系数法，对于熵值法和坎蒂雷方法感兴趣的读者可参阅相关专业介绍。

（1）变异系数法

变异系数法是根据各个评价指标数值的变异程度来确定评价指标的权数值的方法。基本步骤是：

设有 n 个被评价对象，且被评价对象由 p 个指标 $x_1, x_2 \cdots, x_p$ 来描述。先求出各指标的均值 $\bar{x}_i$ 和方差 S_i^2。则各指标的变异系数 v_i 为：

$$V_i = S / \bar{x}_i \quad (i=1, 2, \cdots, p)$$

对 v_i 做归一化处理，便可得各指标的权数：

$$v_i = \frac{v_i}{\sum_{j=1}^{p} v_j} \quad (i=1, 2, \cdots, p)$$

（2）相关系数法

相关系数法是根据各指标之间的相关性程度来确定各个指标的重要性程度的方法。使用的基本计算工具是相关系数，最好使用多元相关系数进行，这种相关系数能消除多个指标间的共线性影响，能较准确地反映单指标与其他多指标间的总的重复信息量的大小。相关系数法的步骤：

1）计算各个指标之间的相关系数。先求出 p 个评价指标的相关系数矩阵 R：

$$R = \begin{bmatrix} 1, r_{12}, \cdots, r_{1p} \\ r_{21}, r_{22}, \cdots, r_{2p} \\ \cdots \\ r_{p1}, r_{p2}, \cdots, 1 \end{bmatrix}$$

2）构造分块矩阵。假定要求第 p 个指标 X_p 与其他 $p-1$ 个指标间的多远相关系数，则对 R 作如下分解：

$$R=\begin{pmatrix} R_{P-1}, r_p \\ r_p^{'}, 1 \end{pmatrix}$$

式中，R_{P-1} 是其他 p-1 个指标 $x_1, x_2 \cdots, x_{p-1}$ 之间的相关系数矩阵。

$r_p=(r_{1p}, r_{2p}, \cdots, r_{p-1,p})$ 是一个 $p-1$ 阶列向量。

3）计算多元相关系数。此时，X_p 对 $x_1, x_2 \cdots, x_{p-1}$ 的多元相关系数 $\rho_p=r_p^{'} \cdot R_{p-1}^{-1} \cdot r_p$，式中，$R_{p-1}^{-1}$ 是相关系数矩阵 R_{p-1} 的逆矩阵。

4）评价判断。依照上面的过程就可求出其他 $p-1$ 个多元相关系数 $\rho_i=(i=1,2,\cdots,p-1)$。

5）权数的确定。根据上述分析，可将多元相关系数 ρ 求倒数并做归一化处理，就能得到指标的权数 $\omega_i=\frac{1}{\rho_i} / \sum_{i=1}^{p} \frac{1}{\rho_i}$（$j$=1，2，…，$p$）。

三、政府购买公共服务效果评价方法

构建评价模型和指标是我们对政府购买公共服务效果进行评价的第一步，模型构建以后，就涉及采用什么样的具体方法来测量和评价其效果的问题。根据上述不同的效果评价模式，其评价方法大致也可分为三种：一是测算公共服务效率，其目的是计算成本收益；二是测算政府购买公共服务的效果，通常采用结构方程和多元回归的方法；三是计算公众满意度的方法。

（一）效率评价方法

1. 灰色关联分析

灰色系统理论提出了对各子系统进行灰色关联度分析的概念，意图透过一定的方法，去寻求系统中各子系统（或因素）之间的数值关系。灰色关联分析方法，就是根据因素之间发展趋势的相似或相异程度，亦即“灰色关联度”，作为衡量因素间关联程度的一种方法。具体是将研究对象及影响因素的因子值视为一条线上的点，与待识别对象及影响因素的因子值所绘制的曲线进行比较，比较它们之间的贴近度，并分别量化，计算出研究对象与待识别对象各影响因素之间的贴近程度的关联度，通过比较各关联度的大小来判断待识别对象对研究对象的影响程度。灰色关联度分析对于一个系统发展变化态势提供了量化的度量，非常适合动态历程分析。

此法适用于对某个地区一个纵向时间段内政府购买公共服务效果的测量和比较，可定量地刻画出某地政府购买公共服务效率的连续变化。

2. 层次分析法

详见第四章第二节层次分析法（Analytic Hierarchy Process，AHP）。AHP不仅可以用来给多层次指标赋权，而且最终能够通过对各指标权数的加总各备择方案对总目标的最终权重，此最终权重最大者即为最优方案。AHP法比较适合于具有分层交错评价指标的目标系统，而且目标值又难于定量描述的决策问题，是多指标、多方案优化决策的系统方法。

该方法自提出以来便被普遍应用于指标体系的构建研究中，也成为绩效考评领域的重要研究工具。

3. 数据包络分析（DEA）

数据包络分析（Data Envelopment Analysis，DEA）方法1978年由Charnes和Cooper创建，是一种计算多投入多产出的有效方法。它用一个线性规划模型表示产出对投入的比率。通过对一个特定单位的效率和一组提供相同服务的类似单位的绩效的比较，试图使服务单位的效率最大化。在这个过程中，获得100%效率的一些单位被称为相对有效率单位，而那些效率评分低于100%的单位被称为无效率单位。

DEA方法可以实现同质单位之间的横向效率比较，例如，桑帕约采用DEA方法对欧洲和巴西的一些城市公共交通服务进行效率分析。也可以对同一公共服务不同年份的效率进行纵向比较，例如，Odeck对挪威的城市公共交通服务合并前后提供的服务进行了对比分析。同时，国内也有研究者采用该方法来评价公共服务效率，如彭国甫运用DEA模型对湖南省11个地级州市政府的公共事业管理绩效进行了实证分析。王欢名、诸大建使用

DEA-Tobit 模型评价了长三角城市公交服务的相对效率及其影响因素。为了更加准确地衡量公共服务效率，一些学者还对 DEA 方法进行了改进，如龚锋采用四阶段 DEA 方法和 Bootstrapped DEA 方法对内地 70 个大中城市的公共安全服务进行了效率评价。刘海英等使用三阶段 DEA 法对中国城乡医疗卫生服务效率进行了对比研究。

（二）基于多元回归与结构方程模型的结果评价方法

衡量政府购买公共服务效果评价的结果，通常采用问卷调查方法收集相关数据，然后再对数据进行相关分析，所用到的评价方法常见的有多元回归分析、结构方程模型分析等。

1. 多元回归模型

Stipak 对于公共管理实践中的公众主观评价问题提出了一些建议，主张采用多元回归方法了解相关变量对公共服务评价的相关度，这需要调查者针对服务效果的具体维度向服务使用者采集绩效信息，而不是笼统的调查他们对某项服务的总体满意度。研究一个因变量与两个或两个以上自变量之间的依存关系的回归模型亦称为多元线性回归，它反映一种现象或事物的数量依多种现象或事物的数量变动而相应变动的规律，建立多个变量之间线性或非线性数学模型数量关系式的统计方法。应用此法，可加深对定性分析结论的认识，并得出各种要素间的数量依存关系。一般来说，多元回归过程能同时提供多个备选的函数关系式，并提供每个关系式对实验数据的理解能力，研究者可结合自己的理论假设做出选择。近年，多元回归模型在政府购买公共服务绩效评估中的应用逐渐增多，作为一种测量具体指标的方法，其对结果类指标的分析在绩效评估中起到重要作用，例如本书作者王明慧（2009）曾用此法研究农民工医疗保障制度实施效果[①]。

2. 结构方程模型

结构方程模型（Structural Equation Modeling，SEM）是一种建立、估计和检验因果关系模型的方法。模型中既包含有可观测的显变量，也可能包

① 王明慧，陆广春，曹乾，陶四海．农民工的医疗保障状况调查与研究——基于河北唐山市的分析［J］．农村经济，2009，7：75-78.

含无法直接观测的潜变量，如智力、学习动机、家庭社会经济地位等等。因此只能用一些外显指标（observable indicators），去间接测量这些潜变量。结构方程模型可以替代多重回归、通径分析、因子分析、协方差分析等方法，清晰分析单项指标对总体的作用和单项指标间的相互关系。简单而言，与传统的回归分析不同，结构方程分析能同时处理多个因变量，并可比较及评价不同的理论模型。与传统的探索性因子分析不同，在结构方程模型中，可以通过提出一个特定的因子结构，并检验它是否吻合数据。通过结构方程多组分析，我们可以了解不同组别内各变量的关系是否保持不变，各因子的均值是否有显著差异。此法在政府购买公共服务效果评价研究中多用于对公众满意度及其影响因素的分析，如埃博利对城市公交服务的满意度研究。

（三）基于 ACSI、ECSI 与 SCSB 等的公众满意度评价方法

以公众为价值导向的政府绩效评价观念使人们对政府购买公共服务的成效 / 效益愈加关注，应运而生的是各种评价顾客（公众）满意度的方法不断被创造，本书在此介绍几种应用较为广泛的方法。

1. 美国顾客满意度指数（ACSI）

ACSI 是对消费的产品或服务质量的一种测评，作为一种新的基于顾客的测评系统，可用于评价公司、行业、部门和国家经济的绩效。ACSI 模型结构如图 4.2 所示：

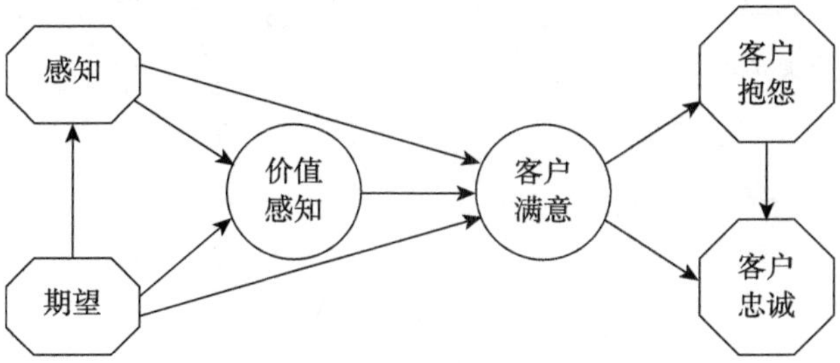

图 4.2　ACSI 模型结构图

在上述模型中，总体满意度被置于一个相互影响相互关联的因果互动系统中。其科学地利用了顾客的消费认知过程，将总体满意度置于一个相

互影响相互关联的因果互动系统中。该模型可解释消费经过与整体满意度之间的关系，并能指示出满意度高低将带来的后果，从而赋予了整体满意度前向预期的特性。ACSI 模型是由多个结构变量构成的因果关系模型，其数量关系通过多个方程的计算经济学模型进行估计。该模型共有 6 个结构变量，顾客满意度是最终所求的目标变量，顾客预期、感知质量和感知价值是顾客满意度的原因变量，顾客抱怨和顾客忠诚则是顾客满意度的结果变量。模型中 6 个结构变量的选取以顾客行为理论为基础，每个结构变量又包含一个或多个观测变量，而观测变量则通过实际调查收集数据得到。

2. 欧洲顾客满意度指数（ECSI）

ECSI 模型继承了 ACSI 模型的基本架构和一些核心概念，如顾客期望、感知质量、感知价值、顾客满意及顾客忠诚。ECSI 针对 ACSI 模型多了一个企业形象，少了顾客抱怨，另外，ECSI 模型在针对所有行业的测评中，都将感知质量统一地拆分为针对产品的质量评判和针对服务的质量评判。同时，ECSI 模型将顾客忠诚的标识变量转变为三个：顾客推荐该公司或该品牌的可能性、顾客保持的可能性、顾客重复购买时是否会增加购买量。其测量模型如图 4.3 所示：

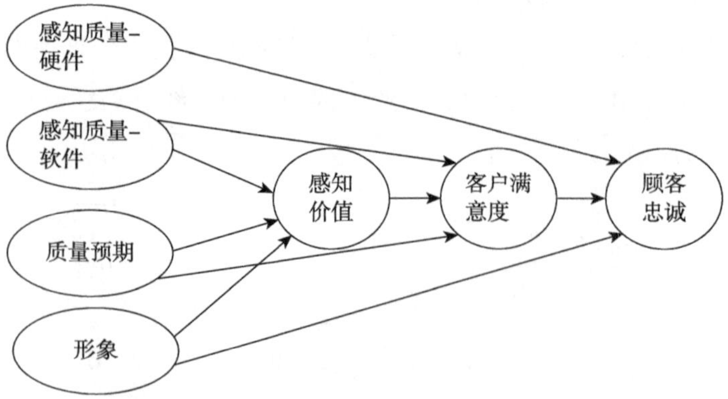

图 4.3　ECSI 模型图

3. 瑞典顾客满意度指数（SCSB）

SCSB 模型（Sweden Customer Satisfaction Barometer）是最早建立的全国性顾客满意指数模式。它提出了顾客满意弹性（Customer Satisfaction

Elasticity）的概念。顾客满意弹性是指顾客忠诚对顾客满意的敏感性，即顾客满意提高一个百分点，顾客忠诚将提高多少个百分点，这样就可以从量化的角度来研究不同程度的顾客满意对顾客忠诚的影响及其非线性关系。满意度的前导变量有两个：顾客对产品/服务的价值感知；顾客对产品/服务的期望。满意度的结果变量是顾客投诉和顾客忠诚度。忠诚度是模型中最终的因变量，可以作为顾客保留和企业利润的指示器。模型中的这些隐变量（Latent Variable，LV）都是通过显变量（Manifest Variable，MV）来间接衡量，如图4.4。

传统的政府绩效评价主要在政府机关内部进行，缺乏对政府公共服务职能的评估，而顾客满意度指数模型可用于对政府购买公共服务的满意度进行测量。公众满意是公共服务的价值导向，但单纯将公共服务的对象比喻为顾客，容易忽略

公民参与对公共服务产生的积极效果，具有一定局限性，因此许多研究的对象不局限于直接的顾客，也包括其他利益相关者，成为公众或公民满意度。当然，我们对政府购买公共服务的公众满意度不一定要严格基于上述三种满意度测量模型，而是要根据自己的研究对象、研究目标具体情况具体分析，在合理借鉴的基础上，建立适合自己研究的满意度测量模型。

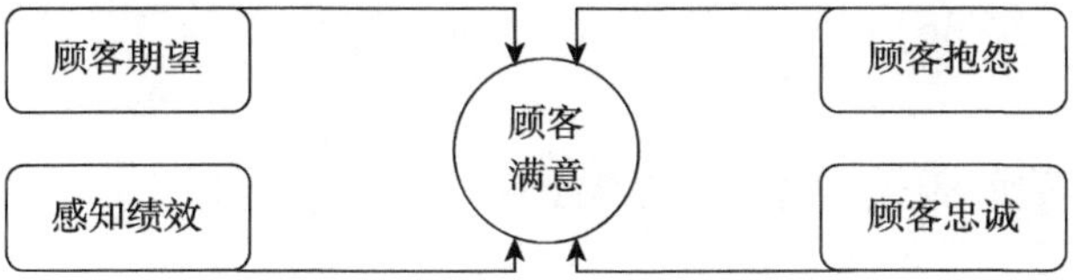

图4.4　SCSB模型图

第三节　政府购买公共服务效果评价的约束机制

评价约束机制是指制约政府购买公共服务评估活动开展的制度安排。一般来说，这些因素包括公共服务购买评估的制度环境、不同政府购买模式评估的内在要求、评估主体的专业水准等方面。

一、我国政府购买公共服务效果评价的制度环境

法律法规是影响政府购买公共服务效果的主要制度环境。总体上，当前我国相关的制度供给是不足的。但是在全国层面尚未出台政府购买公共服务及其绩效评价的法律法规之前，一些地方政府在探索中逐渐形成了一些地方性的规范文件，比如《广州市政府购买社会服务考核评估实施办法（试行）》，就考核评估方法提出了多样化的综合考核评估，对服务项目的考核评估包括审阅文件、面谈、观察、抽样等方法；考核评估的实施程序包括机构自评与政府考核评估。上海市质量技术监督局发布上海市地方标准《社区公益服务项目绩效评估导则》，规定了社区公益服务项目绩效评估的原则、内容与方法，但这主要针对的是公益服务类的社会组织。

政府购买公共服务的财政资金规范化也有很大的提升空间。各级地方政府购买社会组织公共服务的资金来源不固定，大多数并没有专项的公共财政用于政府购买，缺乏统一的预算科目，对于政府购买的评估不够重视。只有在公共预算体系中建立对公共服务购买与评估的制度，做到整体规划，才能使政府购买公共服务的资金得到切实保证。在这一点上上海浦东规范化的公共财政保障为浦东各级政府购买公共服务与评估提供了良好的制度环境。

二、政府购买公共服务效果评价的内在要求

（一）政府购买公共服务方式影响评价体系设计与评价方法选择

从地方政府与第三方服务承接者之间的关系角度来看，我国地方政府购买公共服务的方式主要有定向购买与招投标购买两种基本类型。定向购买一般有项目化形式、非项目化形式（购买岗位）与直接资助三种形式，招投标购买一般都是通过项目形式运作。项目形式是指公共服务本身能够进行项目化运作；非项目形式是指一些公共服务由于自身综合性与复杂性，政府只作原则性的规定，允许受委托主体发挥自己的主动性与创造性

去生产，这往往出现在定向购买的模式中。招投标模式一般是一种以项目化运作的购买服务方式，而且应该逐渐尝试第三方评价。对于定向购买来说一般不适合用第三方评价的方式。对于项目形式的政府购买来说一般是较容易通过项目化的规范评估来进行的。政府购买的非项目化形式评估往往涉及较为复杂的因素，具有主观随意性。但随着我国政府购买公共服务模式的不断发展和完善，第三方评价制度将成为政府部门完善其监督和管理制度的一种必然的理性选择。

（二）政府购买公共服务承接机构的不同类型影响评价体系的设计

社会组织与私人组织（商业企业）参与公共服务提供的动机与机制不同，前者是非营利性机构，主要功能在于参与协助实现社会制度、社会政策措施的完善；私人组织则不同，私人组织参与公共服务递送的最终目的仍是要获取利润，虽然这种利润的获取可能是直接的，也可能是间接的。从承接公共服务的内容来看，社会组织主要参与社区矫正等软服务，企业主要提供金融、保险、IT、网络护理维修等硬服务，因而对这两者的评价机制也应有各自的侧重点。

三、评价实施主体的专业化程度

专业化的评价队伍对于推进政府购买公共服务效果评价具有积极意义。政府购买公共服务的很多领域都具有相当的专业性。以我国政府购买大病医疗保险服务为例，项目评价主体（评估方）可以代替政府渗透到承接服务的私人保险组织大病医疗保险服务供给的过程中，把握信息，经办保险公司的具体大病保险服务供给行为客观判断。在委托执行一段时间之后，项目评估方对政策进行后续评估，从执行主体、受益主体、决策主体三个层面上对政府购买大病医疗保险服务行为进行全方位的调查和考核，检验其科学性、合理性，并在综合评价的基础上，为政府的再决策做出客观的判断和建议。专业的第三方评价机制对政府来说是极其重要的。从这个意义上说，政府应该确保发挥专业评估队伍的积极作用。

第五章　政府购买大病医疗保险服务效果评价模型的建立

第一节　概念化模型的构建与变量的测量

一、概念化模型的理论构建

本书第四章对政府购买公共服务效果评价理论和模型作了较为全面的梳理，我们认为政府购买公共服务绩效/效果评价至少包含了以下5种含义：作为效率的绩效，作为结果、效益的绩效，作为顾客服务的绩效，作为责任的绩效，作为公共价值创造的绩效。事实上，为兼顾对社会服务供给绩效评价的效率与结果取向，Carter、Day 和 Klein 运用系统论理念将公共服务绩效划分为投入、过程、产出和成效等四个层面，而 Talbot 进一步提出了公共绩效评估的四个焦点：投入的控制问题、过程的合法合理问题、效率问题（投入和产出之比）、成效问题（投入和成效之比）。在此基础上，Martin 提出一个著名的社会服务绩效评估模型，认为社会服务绩效评估需要涵盖投入、过程、产出、品质和成效等五个维度，并包括效率、质量和效能三个层面（见图5.1）。其中，效率指产出与投入之比，质量指品质与投入之比，效能指成效与投入之比[①]。这一模型基本上综合了前文所提到的以"效率"和以"结果"两种价值取向。

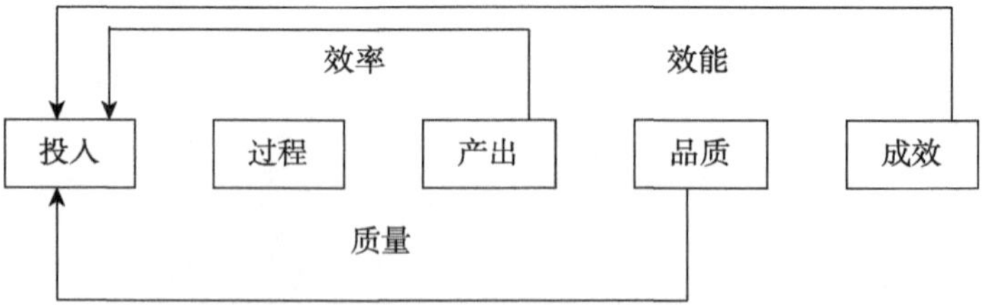

图 5.1　Martin 社会服务绩效评估一般模型

① L. Martin. Performance – Based Contracting for Human Services：Does It Work? [J] . Administration in Social Work，2005，(1) .

与此同时，政府购买社会公共服务不同于一般的企业采购，而是一项政治行为，因而必须恪守一些核心的现代政治价值，比如公平正义、公民参与、回应性、问责制和廉洁等。政府购买公共服务最大的特征是公平性，这种公平性首先体现在程序和过程上的公平，其次体现在结果的公平上，即受众选择的无差异性，确保服务范围内的每个公民都能平等享受。此外，公共服务使用者的反应也成为政府购买公共服务效果评价的重要考量，然而，这些维度的测量往往比较难以实现定量化。但为了保证测量指标体系的完整性，本研究在建立政府购买大病医疗保险服务效果评价模型时，仍充分考虑了上述诸因素，在Martin社会服务绩效评估模型的基础上，将政治价值因素纳入评价模型，以强调政府购买行为的特殊性，这一因素将以“价值”维度来反映，并主要以“社会公正度”和“公众满意度”两个维度来测量。政府购买医疗保险服务效果评价的一般模型见图 5.2。

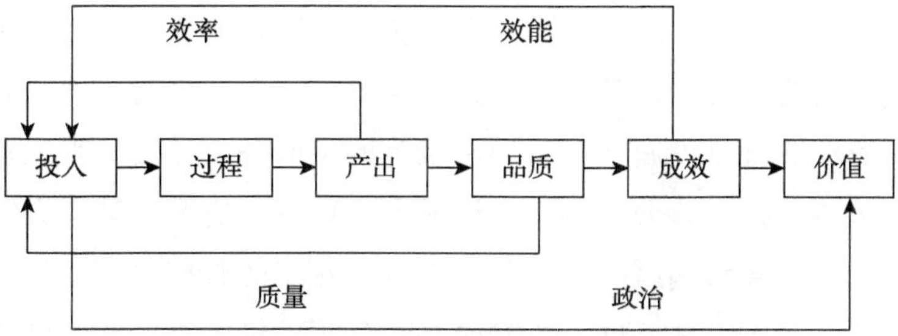

图 5.2　政府购买医疗保险服务效果评价模型

当然，我们仍然需要强调的是，在评价政府购买医疗保险服务的效果时，由于接受服务的个体对服务的感受是建立在自己的体验基础上，会有一定的主观性，评价指标会具有一定的局限性，无法全面而又客观地反映出公共服务的质量，只能说近似于描绘出大致的内容。美国学者谢夫利兹和罗森布卢姆曾经说过，用指标来衡量绩效容易受到批评，因为指标是尽力把抽象的模糊的东西具体化，而是否真正反映了客观实际，还存在很大的疑惑。本研究在对政府购买大病医疗保险服务个案进行实地效果评价时，为弥补量化指标测量的不足，将辅之以定性资料研究，力图对政府购买大病医疗保险服务效果进行全面客观的测量和评价。

二、变量的操作化

政府购买公共服务效果评价指标变量与其影响因素的测量绝大多数都是无法观测的潜在变量，将这些变量操作化是研制一个具有可操作性的评价测量工具的前提和关键。在政府购买医疗保险服务效果评价中，效率、质量、效能和政治价值等变量多是无法直接观测的抽象概念，需要由可以观测到的观察变量来反映，这里我们首先将上文概念化模型所涉及的主要维度变量的操作化路径加以明确阐释，为后文评价指标的筛选奠定基础。

（一）效率的测量

政府购买公共服务的效率可以解释为政府公共资源投入与产出的比例，涉及投入、过程和产出三个环节，基于上述三个环节，政府购买医疗保险服务能否取得良好的效率可以从三个方面进行考察：

第一，投入环节的测量。投入主要包括政府有形成本、交易成本及无形成本。政府购买公共服务的有形成本主要是指政府为购买公共服务所投入的公共资源或基础设施建设费用以及为购买服务所花费的直接费用。在政府购买大病医疗保险服务中，有形成本主要指政府为向第三方组织（商业保险公司）购买大病医疗保险公共服务所花费的直接费用。视政府向保险公司购买服务的方式不同，政府向保险公司支付的直接成本可能以保费的形式支出，也可以服务管理费的形式支出，具体支付标准由购买合同具体规定，这是政府购买医疗保险服务中最主要的有形成本支出。交易成本又称交易费用，指获取信息和签订契约的所有花费，由事前和事后交易费用组成，前者指签订契约的费用，后者指契约执行过程中，针对存在的问题采取补救措施所耗费的成本。在政府购买大病医疗保险服务中，交易成本主要是指围绕着政府购买大病医疗保险服务合同的订立、生效、履行过程中所耗费的全部费用支出，主要包括政府在购买大病医疗保险服务过程中所投入的管理费用成本和人力成本支出。无形成本主要指政府公信力。政府公信力或政府信用反映了政府在公众心目中的地位和公众对政府的信心。政府购买医疗保险服务的初衷是提高服务供给效率和质量，为公众谋福祉。但是在购买服务的交易过程中，由于公共服务质量本身评估难，使得服务承办方在服务生产中，偷工减料压缩承办，给服务承办方提供了投机的机会，同时为腐败滋生提供了土壤。政府购买医疗保险服务是否存在腐败行为影响着政府形象与公信力。因此政府公信力的测量题项为主要是监控成本和形象成本。

第二，过程环节的测量。首先涉及大病医疗保险服务供给市场竞争度，即是否存在竞争的市场，市场竞争的程度如何。政府购买公共服务的实质就是打破政府垄断，在公共服务生产领域引入竞争机制，利用市场优化配置社会资源的优越性，用同等的资源为公众提供更多数量和更高质量的公共服务，所以竞争是政府购买公共服务的核心要素，这里所指的竞争是指大病医疗保险服务提供方之间的竞争，存在一定数量的公共服务承办方是政府购买的前提条件。其次，过程环节的评价还要特别关注大病医疗保险服务供给流程的标准化、便捷度、透明度等实际操作问题。

第三，产出环节的测量。产出主要侧重医疗保险服务供给的数量的衡量。效率是指单位成本的产出，产出越多，效率越高。对于政府购买大病医疗保险服务而言，同等资金能为公众提供更多的服务就实现了高效率。其次，大病医疗保险服务供给的频率和服务对象受益率等也是测量“产出”的重要方面，公共资源能否被有效利用发挥其最大价值是衡量公共服务效率的重要标准。单位时间内能为公众提供更多的公共服务可以折射出服务提供的频率。

（二）质量的测量

如果说“效率”侧重于对政府购买医疗保险服务供给数量上的测量，那么，“质量”的测量则关注的是服务供给“质”的方面。为公众提供更好更优质的服务是政府向第三方组织购买公共服务的初衷，也是追求的最终目标，因而对公共服务递送质量的评价在测量政府购买公共服务效果时显得尤为重要。政府购买大病医疗保险服务的服务对象是所有大病保险参保人，因而参保人对服务递送的直观感受是最重要的衡量指标；其次，政府在购买公共服务时，不仅仅是买家和委托人，同时承担着监管人的角色，因而，对服务供应商即商业保险公司的发展和培育也应成为测量政府购买医疗保险服务效果的一个重要方面。

（三）效能的测量

效能更类似于我们在前文第四章分析中所提到的“成效”，与效率和质量不同，在对政府购买公共服务效果评价中，“效能”层面关注的是这一政策或方案实施给政府、社会和公众带来的直接影响。因而，我们在测量政府购买医疗保险服务效果时，“效能”方面的指标包含了大病医疗保险服务实行政府外包对政府相关部门、保险公司以及大病保险参保人三方面的影响。

（四）政治价值的测量

作为一项公共政策，政府向第三方购买医疗保险服务必然涉及整个社会对这一政策的政治价值判断的问题。本研究认为，政府购买大病医疗保险服务的政治价值主要体现在受众满意度、社会公正度和政府的作用等方面的测量。

满意度源自商业领域，指顾客通过服务质量的感知心理所产生的一种评价性度量。公众是公共服务的最终消费者，公众满意度直接反映出政府提供公共服务的绩效。公众对政府提供的公共服务是否满意主要取决于公众所感知的公共服务提供方的工作态度和公共服务的效果，这包括公共服务的质量、政府所提供公共服务的数量。本研究将公众满意度的测量可具体操作化为服务数量、服务质量、对政府工作人员工作态度、对承办方工作态度等方面。

政府代表的是公共利益，承担的是公共责任，运用的是公共资源，因此为公众提供公平、公正的公共服务应当是政府的核心价值观与最高目标。政府的价值取向决定了支配着公共资源的配置和公共服务的种类及质量标准。公正的实现需要多方面条件，单纯依靠市场并不能解决公正的问题，需要政府从制度设计、监管措施等方面综合考虑，有意识地维护公共服务递送的社会公正度。因此，我们将社会公正度作为测量政府购买医疗保险服务效果的政治价值的重要指标，意味着政府购买医疗保险服务应当有效选择合理的购买方式与范围，注重公众享受公共服务权利的均等，分配的合理，以及购买过程中出现问题后司法的公正。

在政府购买医疗保险服务中，政府的作用主要是指政府作为决策者和监管人的地位和角色的充分发挥。许多研究表明，当政府将公共服务外包给社会组织或私人组织以后，政府的主导地位容易主动或被动地被削弱，而疏于或者放松对整个公共服务供给活动的监管①。本研究将政府监管作用是否充分发挥作为测量整个服务购买效果的政治价值的重要方面。

第二节　评价指标的拟定与筛选

前文已有介绍，德尔菲法是一种著名的群体决策方法，它通过匿名问卷的方式反复征询多名专家的主观判断，直至意见趋于一致，从而获得一个相对客观的结论。由于遵循十分严格的步骤，传统的德尔菲法会产生成本过高、耗时太久、使用不便等弊端。为此，很多学者在研究中往往倾向于采用修正版的德尔菲法（Modified Delphi Method，MDM）。与传统做法不同，修正版的德尔菲法放弃了第一轮的开放式问卷调查，而改以文献梳理、研究规划或专家座谈的方式来发展出结构性问卷。这一修正不仅简化了德尔菲法的程序，也使专家的意见更具针对性。本研究运用修正版德尔菲法，先通过文献综述整理出最初的效果指标，然后运用专家打分法来收集专家的判断，并利用统计分析来整合他们的意见，进而获得政府购买医疗保险服务效果评价指标体系的共识。

一、评价指标的初步拟定

以前文构建的政府购买医疗保险服务效果评价概念化理论模型为指导，再根据对相关文献的整理和归纳分析，本研究初步拟定出政府购买大病医疗保险服务效果的评价指标，共包含有 6 个维度和 40 个指标（见表 5.1）。其中一级指标包含 6 个维度，分别是：投入维度，用以评估为实现政

① 杨安华. 政府购买服务还是回购服务？——基于 2000 年以来欧美国家政府回购公共服务的考察［J］. 公共管理学报，2014，11（3）：49-58.

府购买大病医疗保险服务方案而投入的资源；过程维度，用以评估将投入资源转化为产出的活动；产出维度，用以评估活动实际提供的大病医疗保险服务数量，及其与成本之比；品质维度，用以评估大病医疗保险服务供给的质量；成效维度，用以评估产出对服务对象即大病保险参保人所产生的影响；价值维度，用以评估整个政府购买大病保险服务活动的正当性和合理性。二级指标 40 个，其测量方式多样化，有些可以直接通过客观数据来衡量，如总保费支出、受益人数等；另一些能够使用态度量表来衡量，如对服务流程的标准化度、便捷度以及公众的总体满意度等；还有一些则需要借助中间变量进行间接衡量，如保险服务提供组织的成长情况等，表 5.2 详细列出了各二级指标的释义。此外，本研究在初步拟定指标时，已经考虑到了指标测量的难易程度，并将在下一章的实地测量中将最终选定的二级指标进一步操作化为具体的测量指标。

表 5.1　政府购买大病医疗保险服务效果评价指标专家咨询打分表（首轮）

一级指标	二级指标	专家咨询意见——指标得分 1 分　2 分　3 分　4 分　5 分 很不同意、不同意、没意见、同意、很同意	
		得分	修改建议
投入	①年总保费 / 服务费支出		
	②年管理费用成本支出		
	③年人力成本费用支出		
	④预算编制的合理性		
	⑤方案设计的合理性		
过程	①大病保险购买模式的选择		
	②服务供给市场竞争度		
	③政府购买合同的管理		
	④医疗费用风险控制技术的应用情况		
	⑤大病保险服务供给流程的标准化程度		
	⑥大病保险服务供给流程的便捷度		
	⑦大病保险服务供给流程的透明度		
	⑧大病保险服务档案的完整性和准确性		

续表

一级指标	二级指标	专家咨询意见——指标得分 1分　2分　3分　4分　5分 很不同意、不同意、没意见、同意、很同意 得分	修改建议
产出	①计划目标的完成度		
	②大病保险受益率		
	③大病保险年实际总补偿比		
	④医疗费用控制效率		
	⑤服务购买合同载明责任完成度		
	⑥保险公司大病保险项目年利润率		
	⑦违规医疗费用审出率		
	⑧预算超支情况		
	⑨经办公司得到的溢出收益		
品质	①单位服务成本的节省程度		
	②大病保险服务供给的专业性		
	③大病保险服务供给的公平性		
	④保险服务提供组织的培育		
	⑤大病医疗保险服务项目专业人才培养		
	⑥大病医疗保险服务供给的回应性		
	⑦大病医疗保险服务供给的个性化		
成效	①大病医疗保险服务需求满足度		
	②大病保险参保人生活质量改善		
	③政府规模的缩小情况		
	④政府的公信力提升情况		
	⑤政府服务成本的节省情况		
	⑥大病保险服务供给质量的改善		
价值	①大病保险服务公众满意度		
	②大病保险服务社会公正度		
	③问责制度的清晰性		
	④监督机制的有效性		
	⑤权力寻租状况		

表 5.2 政府购买大病医疗保险服务效果评价指标释义

指标	二级指标	释义
投入	①年总保费 / 服务费支出	政府医保部门每年拨付给经办保险公司的保费或服务费
	②年管理费用成本支出	政府医保部门每年为大病保险事务支出的管理费用
	③年人力成本费用支出	政府医保部门每年为大病保险事务支出的人力成本费用
	④预算编制的合理性	政府医保部门为购买大病医疗保险服务预算编制在总支出额、支出项目等方面是否合理
	⑤方案设计的合理性	政府购买大病医疗保险服务方案设计是否合理
过程	①大病保险购买模式的选择	该地选择了哪种大病医疗保险服务购买方式
	②服务供给市场竞争度	大病医疗保险服务招投标过程中供给市场的竞争程度
	③政府购买合同的管理	是否对大病保险服务购买合同进行管理、如何管理以及管理的结果
	④医疗费用风险控制技术的应用情况	经办保险公司对参保人医疗费用是否进行控制、采取何种控制技术和控制效果
	⑤大病保险服务供给流程的标准化程度	大病医疗保险服务供给流程的标准化程度
	⑥大病保险服务供给流程的便捷度	大病医疗保险服务供给流程的便捷程度
	⑦大病保险服务供给流程的透明度	大病医疗保险服务供给流程的透明程度
	⑧大病保险服务档案的完整性和准确性	大病保险服务档案的完整性和准确性
产出	①计划目标的完成度	政府购买大病医疗保险服务预期目标完成情况
	②大病保险受益率	当年大病保险报销人次 / 当年大病保险参保总人数
	③大病保险年实际总补偿比	大病保险金总支出 / 当年大病保险参保人总医疗费用支出
	④医疗费用控制效率	医院违规医疗费用 / 当年大病保险参保人总医疗费用支出
	⑤服务购买合同载明责任完成度	政府购买大病医疗保险服务合同完成情况
	⑥保险公司大病保险项目年利润率	经办保险公司大病保险项目年利润 / 当年经办此项目的全部成本支出
	⑦违规医疗费用审出率	医院违反医保部门规定的医疗费用 / 该医院当年全病种大病医疗总费用
	⑧预算超支情况	政府医保部门预算超支情况
	⑨经办公司得到的溢出收益	经办保险公司由经营大病医疗保险项目而带来的其他方面受益

续表

指标	二级指标	释义
品质	①单位服务成本的节省程度	与政府直接提供大病医疗保险服务相比单位服务成本的下降 / 上升幅度
	②大病保险服务供给的专业性	大病医疗保险服务供给方的专业性程度
	③大病保险服务供给的公平性	大病医疗保险服务供给的公平性
	④保险服务提供组织的培育	保险服务提供组织的数量、质量方面的成长情况
	⑤大病医疗保险服务项目专业人才培养	经办保险公司大病保险服务项目专业人才培养情况
	⑥大病医疗保险服务供给的回应性	为参保人提供必需的服务与提供立即服务的能力与意愿
	⑦大病医疗保险服务供给的个性化	响应参保人需求提供个性化服务的能力与意愿
成效	①大病医疗保险服务需求满足度	政府购买是否满足了参保人对大病医疗保险服务的多项需求
	②大病保险参保人生活质量改善	参保人生活质量是否因大病保险服务的提供而改善
	③政府规模的缩小情况	政府是否因向市场购买了大病医疗保险服务而获得政府规模的缩减
	④政府的公信力提升情况	政府因购买大病医疗保险服务后公信力的提升情况
	⑤政府服务成本的节省情况	政府因购买大病医疗保险服务而带来的成本节省情况
	⑥大病保险服务供给质量的改善	政府购买大病医疗保险服务方式给参保人带来的服务质量改善情况
价值	①大病保险服务公众满意度	参保人对大病医疗保险服务供给的满意度
	②大病保险服务社会公正度	大病医疗保险服务供给的社会公正度
	③问责制度的清晰性	政府购买大病医疗保险服务问责制度的清晰性
	④监督机制的有效性	政府购买大病医疗保险服务监督机制的有效性
	⑤权力寻租状况	政府购买大病医疗保险服务过程中的权力寻租情况

对于咨询专家的选择，我们考虑到政府购买医疗保险服务的特殊性，在实际操作中选择咨询专家时兼顾了理论研究和实践工作层面，既有来自高校和科研院所长期从事相关理论研究的学者，也有来自基层政府医疗保险管理部门的官员和一线工作人员，还包括提供大病医疗保险服务的保险公司相关项目负责人，上述咨询专家的比例大概参照 5 : 1 : 1 的比例选取，以此来充分保证参与咨询的专家既有深厚的理论研究基础，又具有丰富的

实践经验。实际操作中，首轮咨询我们邀请了 30 位专家，其中 25 位做了有效应答，次轮咨询中首轮 25 位专家中有 22 位做了有效应答。两轮德尔菲咨询专家积极系数（问卷回收率）分别为 83.33% 和 88.00%。参与两轮咨询的专家平均年龄 46.35 岁，80% 以上具有副高级以上职称。具体情况见表 5.3。

表 5.3　德尔菲咨询专家的基本情况

特征	第一轮咨询		第二轮咨询	
	人数	百分比	人数	百分比
行业				
高校 / 科研院所	15	60.00	14	63.64
政府部门	5	20.00	4	18.18
保险公司	5	20.00	4	18.18
专业				
社会保障	12	48.00	10	45.45
卫生管理	8	32.00	7	31.82
其他	5	20.00	5	22.73
职称				
中级	4	16.00	3	13.64
副高	9	36.00	9	40.91
正高	12	48.00	10	45.45
从业年限				
< 15 年	8	32.00	7	31.82
15 ~ 25 年	9	36.00	9	40.91
≥ 25	8	32.00	6	27.27

二、评价指标的首轮筛选

根据初步拟定的评估指标，我们设计出《“政府购买大病医疗保险服务效果评价指标”专家咨询问卷（首轮）》来收集专家对每一个评价指标的态度，以剔除那些支持率不高的指标。在问卷设计方面，为了提高问卷的填答率和填答质量，以及便于统计分析，我们采用了李克特五点量表（Likert five-point scale）来衡量专家的态度，以 1-5 分来表示“很不同意”“不同意”“没意见”“同意”和“很同意”五种态度。指标的筛选采取分值和数值评估方法对专家知识进行集成，均值越大，表示专家对该问题的认可度越高，方差越小，表示专家意见越集中。在第一轮的指标筛选中，为了保守起见，我们取平均分 3.5（处在“没有意见”和“同意”之间）作为专家对指标入选达成共识的临界分值。换言之，凡是平均得分超过 3.5 的指标将得以保留，而其余的指标将被淘汰。

按照这一研究设计，第一轮的咨询意见收集计划预计发放 30 份问卷，为了提高问卷的回收率和填答质量，第一轮意见咨询主要采取独立的面对面访问或填答方式，利用两次行业论坛和研讨会的时机，最终我们邀请到来自高校和研究所方面的共 15 位业内专家填答了问卷。另有 10 位咨询专家为政府医保部门的官员和保险公司政府购买大病医疗保险项目的负责人，分别以面访和电子邮件的方式填答了问卷。至此，从 2016 年 11 月至 2017 年 1 月，历时两个月的时间，我们完成了第一轮专家咨询意见的收集。回收问卷 25 份，专家积极系数为 83.33%。

通过对回收问卷的统计分析（见表 5.4），在 40 个初始指标中，有 11 个指标的平均得分没有达到 3.5 分，分别是“年人力成本费用支出”（3.1254）、“医疗费用风险控制技术的应用情况”（2.9425）、“大病保险服务档案的完整性和准确性”（2.4880）、“计划目标完成度”（3.4256）、“医疗费用控制效率”（3.4048）、“大病保险服务供给流程的透明度”（3.3014）、“预算超支情况”（3.3220）、“大病医疗保险服务项目专业人才培养”（2.8950）、“保险公司大病保险项目年利润率”（3.2727）、“政府的公信力提升情况”（2.9625）和“政府服务成本的节省情况”（3.0024），其中“医疗费用风险控制技术的应用情况”、“经办公司得到的溢出收益”和“政府的公信力提升情况”这 3 个指标的得分标准差均大于 1.5，提示咨询专家对这三个指标是否可以反映政府购买大病医疗保险服务的效果存在较大争议。另从标准差得分来看，对于“医疗费用控制效率”、“服务购买合同载明责任完成度”、“问责制度的清晰性”和“权力寻租状况”这 4 个指标，专家意见分歧也比较大，尽管它们都已经进入第二轮指标征询体系。除了这 7 个指标外，其余 33 个指标的得分标准差均小于 1，意味着专家的意见基本趋于一致和稳定。初步分析，平均得分未超过 3.5 分的 11 个指标，有的可能因为定量测量难度较大，如“医疗费用风险控制技术的应用情况”、“大病保险服务供给质量的改善”和“政府的公信力提升情况”等；有的则可能是由于与同一维度其他指标存在重复测量或相互包含的嫌疑，如产出指标中“计划目标的完成度”与同纬度其他指标之间可能存在涵盖关系。因此，我们在这一轮指标筛选过程中，删除了上述 11 个指标，而保留了其余 29 个指标。

此外，尚有两名专家在“修改意见栏”建议将“大病保险服务公众满意度”和“大病保险服务社会公正度”改为“大病保险服务供给公众满意度”和“大病保险服务供给社会公正度”，以突出和明确此指标是对政府购买行为的测量，而不是对大病医疗保险服务本身的测量。本研究采纳此建议，在第二轮意见征询中将使用修正后的指标。

表 5.4　首轮指标筛选结果

一级指标	二级指标	平均值	标准差
投入	①大病保险购买模式的选择	4.2380	0.6247
	②年总保费 / 服务费支出	4.0036	0.7059
	③年管理成本支出	4.2305	0.6238
	④年人力成本费用支出	3.1254	0.8502
	⑤预算编制的合理性	3.5521	0.8891
	⑥政府购买方案设计的合理性	4.1120	0.5593
过程	①服务供给市场竞争度	3.9214	0.8857
	②政府购买合同的管理	3.8879	1.0043
	③医疗费用风险控制技术的应用情况	2.9425	1.5064
	④大病保险服务供给流程的标准化程度	4.1152	0.7582
	⑤大病保险服务供给流程的便捷度	3.8800	0.7745
	⑥大病保险服务供给流程的透明度	3.3014	0.7569
	⑦大病保险服务档案的完整性和准确性	2.4880	0.9912

续表

一级指标	二级指标	平均值	标准差
产出	①计划目标的完成度	3.4256	0.6078
	②大病保险受益率	4.0303	0.7754
	③大病保险年实际总补偿比	4.3014	0.6990
	④医疗费用控制效率	3.4048	1.3324
	⑤服务购买合同载明责任完成度	3.9907	1.6361
	⑥保险公司大病保险项目年利润率	3.2727	0.9501
	⑦违规医疗费用审出率	4.2580	0.6210
	⑧预算超支情况	3.3220	1.0207
	⑨经办公司得到的溢出收益	3.6085	1.5703
品质	①单位服务成本的节省程度	4.0051	0.8806
	②大病保险服务供给的专业性	4.1247	0.7019
	③大病保险服务供给的公平性	3.9402	0.7427
	④保险服务提供组织的培育	3.8727	1.0020
	⑤大病医疗保险服务项目专业人才培养	2.8950	0.9702
	⑥大病医疗保险服务供给的回应性	4.0010	0.5884
	⑦大病医疗保险服务供给的个性化	4.0208	0.9505
成效	①大病医疗保险服务需求满足度	3.8620	1.0074
	②大病保险参保人生活质量改善	3.7748	1.2547
	③政府规模的缩小情况	3.8760	0.9520
	④政府的公信力提升情况	2.9625	1.6036
	⑤政府服务成本的节省情况	3.0024	0.8745
	⑥大病保险服务供给质量的改善	3.5430	0.7451
价值	①大病保险服务公众满意度	4.3020	0.6620
	②大病保险服务社会公正度	3.9126	0.7901
	③问责制度的清晰性	3.8520	1.4205
	④监督机制的有效性	4.0069	0.9720
	⑤权力寻租状况	3.8800	1.3329

同时，为了确保问卷结果的可靠性，我们对问卷结果进行了信度和效度检验。经验研究表明，对于问卷或量表而言，总体的信度系数最好在0.80

以上，如果在 0.70 ~ 0.80 之间也属于可接受的范围；而分维度的信度系数最好在 0.70 以上，如果在 0.60 ~ 0.70 之间也属于可接受的范围[①]。首先，我们运用 SPSS19.0 软件分别检验了本次问卷的克隆巴赫系数（Cronbanch's Alpha）和折半信度。统计分析结果表明，总体的克隆巴赫系数为 0.807，六个维度的克隆巴赫系数也均在可接受范围内（见表 5.5）；半个问卷的信度系数是 0.727，将该系数代入斯皮尔曼 – 布朗（Spearman–Brown）公式，可以计算出总问卷的信度系数为 0.805。由此可见，此次问卷的内部一致性比较高，具有良好的信度。我们还对问卷结果进行了两项效度检验。首先，由于问卷设计是以专业学术文献为基础的，因而可以认为具有一定的内容效度（content validity）。其次，运用 SPSS19.0 软件进行 KMO 和 Bartlett 的球形度检验，得到 KMO 值是 0.650，Bartlett 球形度检验的近似卡方值是 946.005，P 值为 0.000，累计解释变异量达到 71.43%，可见该问卷具有一定的建构效度（construct validity）。

表 5.5　Cronbanch's Alpha 内部一致性信度检验

	总体	投入	过程	产出	品质	成效	价值
α	0.807	0.725	0.687	0.707	0.760	0.624	0.700

三、评价指标的次轮筛选与最终确定

经过首轮的专家筛选，评估指标体系还包含 6 个维度和 31 个指标，以此设计出《"政府购买大病医疗保险服务效果评价"专家咨询问卷（次轮）》。本轮筛选的目的在于让专家对指标的态度趋于一致，以获得最终的评价指标，因此，问卷内容设计虽然依旧采用李克特五点量表，但是专家达成共识的判别分数却提高到 4 分，即只有平均得分在 4 分以上的指标才能入选政府购买医疗保险服务的效果评价指标体系。本轮调查对象仍然限定为首轮选定的 25 位专家，由于经过了首轮咨询，已与大部分专家建立了

① 叶托，胡税根．政府购买社会服务的绩效评估指标体系研究——基于德尔菲法和层次分析法的应用［J］．广东行政学院学报，2015，27（2）：5–13，45.

联系，所以本轮咨询主要采取邮寄方式，共发放问卷 25 份，在规定时间内（一个月）成功回收有效问卷 22 份，次轮咨询专家积极系数为 88%。通过对回收问卷的统计分析，有 3 个指标的得分小于 4.0，即“政府购买方案设计的合理性”（3.8720）、“大病保险服务供给流程的便捷度”（3.8210）以及“单位服务成本的节省程度”（3.7230），另外 26 个评估指标的平均得分均超过了 4.0 分，且所有指标得分的标准差都小于 1，提示参与咨询的专家对这 27 个指标入选政府购买大病医疗保险服务效果评价指标体系达成了相对一致的意见，至此，本轮专家咨询结束，该评价指标体系可以收敛，最终我们研制的政府购买大病医疗保险服务效果评价指标体系包含了 26 个指标。并仍采用首轮信度和效度检验方法检验次轮指标筛选问卷的信度和效度，结果表明均在可接受范围内。至此，政府购买大病医疗保险服务效果评价指标体系基本建立，可为实地测量和评价提供直接测量工具或测量指标选择的重要参考。

表 5.6　次轮指标筛选结果

一级指标	二级指标	平均值	标准差
投入	①大病保险购买模式的选择	4.2450	0.6435
	②年总保费 / 服务费支出	4.1112	0.7734
	③年管理成本支出	4.2258	0.6780
	④政府购买方案设计的合理性	3.8720	0.9934
	⑤预算编制的合理性	4.0023	0.5696
过程	①服务供给市场竞争度	4.0023	0.8120
	②政府购买合同的管理	4.2247	0.8990
	③大病保险服务供给流程的标准化程度	4.3325	0.6993
	④大病保险服务供给流程的便捷度	3.8210	0.6767
产出	①大病保险受益率	4.1457	0.7314
	②大病保险年实际总补偿比	4.4412	0.6884
	③服务购买合同载明责任完成度	4.0035	0.9011
	④违规医疗费用审出率	4.4413	0.5569
	⑤经办公司得到的溢出收益	4.0110	0.9001

续表

一级指标	二级指标	平均值	标准差
品质	①单位服务成本的节省程度	3.7230	0.8236
	②大病保险服务供给的专业性	4.2014	0.7001
	③大病保险服务供给的公平性	4.2059	0.6993
	④保险服务提供组织的培育	4.0505	0.8017
	⑤大病医疗保险服务供给的回应性	4.1113	0.5100
	⑥大病医疗保险服务供给的个性化	4.2071	0.7911
成效	①大病医疗保险服务需求满足度	4.1029	0.9327
	②大病保险参保人生活质量改善	4.0573	0.8990
	③政府规模的缩小情况	4.1029	0.8896
	④大病保险服务供给质量的改善	4.0045	0.9089
价值	①大病保险服务供给公众满意度	4.4950	0.5757
	②大病保险服务供给社会公正度	4.3232	0.7914
	③问责制度的清晰性	4.1135	0.8453
	④监督机制的有效性	4.2910	0.6565
	⑤权力寻租状况	4.0310	0.8324

第三节　评价指标的权重分配

在本研究中，政府购买大病医疗保险服务效果评价指标的权重将通过层次分析法（The analytic hierarchy process，AHP）来分配。层次分析法由美国运筹学家 Thome Saaty 最早提出，它把复杂无序的问题分解为多个组成元素，并根据隶属关系构造出一个简明有序的层次结构，再通过两两比较的方式获得每个层次中每个元素之间的相对重要性，最后通过层级串联，计算出最低层次中每一个元素的相对重要性排序。AHP 能对人的主观感觉进行客观描述，对非定量事件做定量分析，其中最关键的是以一定的标度把人的主观感觉数量化。一般要求以 Saaty 专门设计的 1 ~ 9 的比例标度作为比较的标准，通过构造两两比较的判断矩阵来计算被比较元素的相对权重，并对判断矩阵进行一致性检验。由于实用性强、有效性高和算法简单，层次分析法已经被广泛地应用于能源资源分配、企业生产决策、政治冲突分析、军事指挥等众多领域。本研究团队曾在对河北省门诊医保支付方式改革实施效果的测量中实践运用过此方法①，并取得了较为理想的效果，这为我们本次研究的实施奠定了良好的基础。

一、建立层次结构模型

运用层次分析法确定指标权重的首要工作是构建一个层次结构模型。层次结构模型必须建立在决策者对所研究问题的深刻理解基础之上，其好坏也直接关系到层次分析法应用的成败。前文中，我们已利用修正版德尔菲法获得了一个政府购买大病医疗保险服务效果评价的指标体系，其信度和效度均达到了较好的水平。根据这一体系，我们可以建立一个相对良好的层次结构模型，见图 5.3：第一层为目标层 A，即确定政府购买大病医疗保险服务效果评价指标的权重；第二层是准则层矩阵 B_i，主要包括投入、过程、产出、品质、成效、价值 6 个维度；第三层是方案层或指标层 C_{ij}，即各个维度下面的具体评估指标，共包含年总保费 / 服务费支出、年管理费用成本支出等 26 个指标，一般同系别下的指标应小于或等于 9 个，否则可能会给下面步骤中的两两比较判断带来一定的困难。

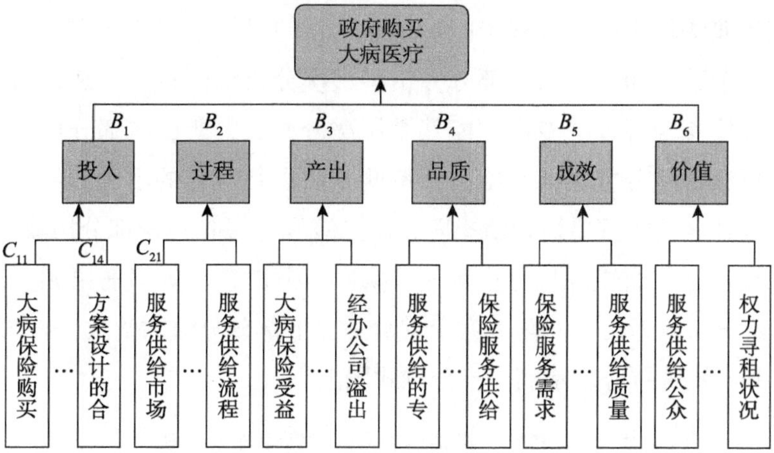

图 5.3　政府购买大病医疗保险服务效果评价指标层次结构图

① 王明慧，陆广春 . 门诊特殊疾病医保支付方式及补偿水平研究［J］. 卫生经济研究，2018.9（377）：46–51.

二、构造两两比较的判断矩阵

层次结构模型建立好了之后，从层次结构模型的第二层开始，就可以通过每一层中指标间的两两比较来构造判断矩阵。某一层次中的因素间重要性的两两比较，是以上一层次的因素作为参考标准的。根据图 5.3，我们设计出“政府购买大病保险服务效果评价指标权重专家打分表”，用以协助专家来判断评估指标的相对重要性程度。该调查问卷要求专家对同一层次的各个评估指标的重要性进行两两比较，采用 9 分位比例标度法，比较的衡量尺度划分为同等重要、稍微重要、明显重要、强烈重要、绝对重要 5 个等级，分别对应 1、3、5、7、9 的分值，如果比较态度介于相邻尺度之间，则可以选择 2、4、6、8，而上述分值的倒数则表示相应的不重要程度，具体参见分级比例表达参考表 5.7。

表 5.7　分级比例表达参考表

指标对比	同等重要	稍微重要	明显重要	强烈重要	绝对重要	介于两者中间
标度	1	3	5	7	9	2、4、6、8

权重咨询问卷的内容包括三部分，第一部分是打分依据，介绍了通过两轮德尔菲法得出的最终评价指标体系，目的是便于咨询专家对此评价指标体系有个整体印象；第二部分介绍了层次分析法的打分方法，由于并不能保证每位参与咨询的专家都能熟悉层次分析法，所以本部分详细介绍了层次分析法的打分方法，并给出了按此方法进行打分的示例；第三部分是分层次打分表，即重要性判断矩阵，由二级和三级指标两部分构成。表 5.8 即为二级指标判断矩阵打分表示例，实际打分时，专家只需给阴影对角线左下的部分打分即可，对角线右上部分为左下部分分值的倒数；表 5.9 为三级指标判断矩阵打分表示例，打分方式同上表。

表 5.8　二级指标相对重要性判断矩阵（$A-B_i$）

总目标	投入	过程	产出	品质	成效	价值
投入	1	1/a	1/b	1/d	1/g	1/k
过程	a	1	1/c	1/e	1/h	1/m

续表

总目标	投入	过程	产出	品质	成效	价值
产出	b	c	1	1/f	1/i	1/n
品质	d	e	f	1	1/j	1/p
成效	g	h	i	j	1	1/q
价值	k	m	n	p	q	1

表 5.9　三级指标重要性判断矩阵（$B_1 - C_{1j}$）

投入	购买模式的选择	年总保费 / 服务费支出	年管理费用成本支出	预算编制的合理性
购买模式的选择				
年总保费 / 服务费支出				
年管理成本支出				
预算编制的合理性				

我们将咨询问卷发放给参加过指标筛选的 25 位专家，一个月以后共有 18 位专家做了有效应答，其中包括面对面访问填答 5 份，邮寄 11 份，问卷回收率为 72.00%。其后，我们利用 yaahp（11.4）层次分析法软件对问卷结果进行统计分析。yaahp 可以提供方便的层次模型构造、判断矩阵数据录入、排序权重计算以及计算数据导出等功能。利用该款软件，我们根据 18 位专家的问卷结果建立了 153 个两两对比的判断矩阵，每个专家对应 8 个判断矩阵，剩余的 9 个判断矩阵是用几何平均数集结所有专家的判断矩阵之后得到的。需要说明的是，有 1 位专家的问卷结果由于没有通过一致性检验，而未能建立起相应的判别矩阵。

三、判断矩阵的一致性检验

用层次分析法给指标赋权的重要前提是专家对各指标的相对重要程度的判断要协调一致，不能出现相互矛盾的现象，所以在使用层次分析法确定指标的权数时，我们需要对由问卷结果所构造的判断矩阵进行一致性检验。只有通过了一致性检验，专家判断才具有逻辑上的合理性。按照 Saaty 的建议，一致性比例（CR）可以用来衡量判断矩阵的一致性，当 CR ≤ 0.1 时，一般认为该两两对比的判断矩阵具有可接受的一致性；否则，如果 CR ≥ 0.1 时，则表明专家判断在逻辑上极有可能违反了“传递律”（transitive law），即有可能发生 A > B，B > C，而 C > A 的矛盾状况。

本研究对 18 份回收问卷逐一进行一致性检验，其基本步骤为：第一步，用权数向量 $W=(\omega_1,\omega_2,\cdots,\omega_p)$ 右乘已经构造好的判断矩阵（用 B 表示），得到一个 p 阶列向量 BW，再按公式 $\lambda_{\max}=\frac{1}{p}\sum_{i=1}^{p}\frac{(BW)^i}{\omega_i}$ 可求得判断矩阵 B 的最大特征根 $\lambda_{\max}$。公式中 $(BW)^i$ 代表列向量 BW 的第 i 个分量；第二步，计算衡量判断矩阵偏离一致性的指标 CI，公式为 $CI=\frac{\lambda_{\max}-n}{n-1}$；第三步，从 CI 的计算公式可看出，一致性指标 CI 与指标个数 n 有关，为了得到不同指标个数均适用的检验一致性的标准，还需计算随机一致性比率 CR，$CR=\frac{CI}{RI}$，式中 RI 为随机一致性的标准，RI 的值则通过查询表 5.10 获得。当矩阵的阶为 1 或 2 时，该矩阵总是具有完全一致性，所以此时 RI 的值是形式上的。当矩阵阶数大于等于 3 时，本研究结果表明，18 份问卷的一致性比例均未超过 0.1，故而全部保留。将 18 份问卷结果用算术平均数法将各专家确定的权数综合平均，以得到反映各评价指标的相对重要性权数。对集结后的判断矩阵进行一致性检验，其结果表明，总体的一致性比例为 0.0034，每个维度的一致性比例也均小于 0.1，符合通行的信度要求。

表 5.10　随机一致性指标 RI 的取值

矩阵阶数	3	4	5	6	7	8	9
RI 的值	0.58	0.90	1.12	1.24	1.32	1.41	1.45

四、求取各评价指标的权重

对于每个判断矩阵 B，我们综合其各层次的权数，即可求出各指标的最终权数。假定中间层相对于最高目标有 m 个因素，它们的权数分别为 $a_1,a_2,\cdots,a_m$，而第 i 个中间层因素包含 p_i 个评价指标，它们的权数分别为

$\omega_{1i},\omega_{2i},\cdots,p=\sum_{i=1}^{m}p_i$，则指标体系中各评价指标相对于最高目标的权数为：$\omega_i=\sum_{j=1}^{m}\omega_{ij}$（$i$=1，2，…，$p$）。本研究中，我们利用算术平均数法集结所有专家的判断矩阵，获得集结后的判断矩阵，在这些矩阵通过一致性检验之后，便可以利用特征向量法求取各评价指标的权重值。通过 yaahp（11.4）软件的运算，我们直接获得了 6 个维度以及 26 个评价指标的维度内权重和全体权重（见表 5.11）。

表 5.11　二级指标相对重要性判断矩阵（A–B_i）

A	B_1	B_2	B_3	B_4	B_5	B_6	W_B
B_1	1	0.47	0.33	1.05	2.70	4.17	0.1477
B_2	2.14	1	0.21	0.32	0.54	0.49	0.1540
B_3	3.03	4.80	1	0.48	0.32	0.95	0.1710
B_4	0.95	3.15	2.07	1	0.25	1.82	0.2263
B_5	0.37	1.85	3.13	4.00	1	3.03	0.1765
B_6	0.24	2.06	1.05	0.55	0.33	1	0.1244
CR=0.0112 ＜ 0.1，通过一致性检验							

以政府购买大病医疗保险服务效果（A）为目标，通过一级指标体体系中投入（B_1）、过程（B_2）、产出（B_3）、品质（B_4）、成效（B_5）以及价值（B_6）六个指标间的两两比较，最终得出在大病医疗保险服务效果一级指标体系中产出指标（B_3）所占权重最高为 30.01%，品质（B_4）指标所占权重最低为 10.63%，而其余四项指标所占权重相当。这一结果比较符合目前常规逻辑，毕竟在过去的相当长时间内，以效率和结果为价值取向的绩效评价模式已为人们所广泛接受。同时，本研究所提出的“价值”目标在权重中也得到了比较合理的体现。

运用同样的方法和原理，我们分别以二级指标层中的各指标为判别标准，两两比较每一个二级指标体系下的三级指标的相对重要性，并运用 yaahp（11.4）层次分析法软件得出相应结果。其中“投入”（B_1）一级指标下，年管理费用成本支出（C_{12}）和年人力成本费用支出（C_{13}）占比略高且二者比例相当，其次是年总保费 / 服务费支出（C_{11}）、比重最低的是方案设计的合理性（C_{14}）。判断矩阵结果如表 5.12 所示。

表 5.12　三级指标重要性判断矩阵（B_1-C_{1j}）

投入（B_1）	购买模式的选择（C_{11}）	年总保费 / 服务费支出（C_{12}）	年管理成本支出（C_{13}）	预算编制的合理性（C_{14}）	W_{C1}
购买模式的选择（C_{11}）	1	0.49	1	1.33	0.2429
年总保费 / 服务费支出（C_{12}）	2.05	1	0.30	1.82	0.2538
年管理成本支出（C_{13}）	1	3.33	1	1.05	0.3147
预算编制的合理性（C_{14}）	0.75	0.55	0.95	1	0.1986

过程（B_2）二级指标下，大病医疗保险服务供给流程的标准化程度（C_{24}）显得尤其重要，其次是政府购买大病医疗保险服务时的招投标程序标准化程度（C_{22}），相对来讲，政府购买合同的管理（C_{23}）以及政府购买模式的选择（C_{21}）所占权重较小（见表 5.13）。

表 5.13　三级指标重要性判断矩阵（B_2-C_{2j}）

过程（B_2）	服务供给市场竞争度（C_{21}）	政府购买合同的管理（C_{22}）	服务供给流程的标准化程度（C_{23}）	W_{C2}
服务供给市场竞争度（C_{21}）	1	4.58	3.05	0.3509
政府购买合同的管理（C_{22}）	0.22	1	0.33	0.2573
服务供给流程的标准化程度（C_{23}）	0.33	3.03	1	0.3918

产出（B_3）二级指标下，违规医疗费用审出率 C_{35} 所占权重最大，达到 25.18%，其次是大病保险年实际总补偿比 C_{32} 和大病保险受益率 C_{31}，保险公司大病保险项目年利润率 C_{34} 和经办公司溢出收益 C_{36} 占比较小，提示参与咨询的专家普遍将产出指标的衡量重点放在了政府和参保人这两个主体上，而认为保险公司的产出指标不那么重要（见表 5.14）。

表 5.14　三级指标重要性判断矩阵（B_3-C_{3j}）

产出（B_3）	大病保险受益率 C_{31}	大病保险年实际总补偿比 C_{32}	服务购买合同载明责任完成度 C_{33}	违规医疗费用审出率 C_{34}	经办公司溢出收益 C_{35}	W_{C3}
大病保险受益率 C_{31}	1	0.47	0.86	0.34	3.03	0.1833
大病保险年实际总补偿比 C_{32}	2.15	1	2.86	0.51	1.85	0.2415
服务购买合同载明责任完成度 C_{33}	1.16	0.35	1	0.49	3.70	0.1639
违规医疗费用审出率 C_{34}	2.95	1.95	2.04	1	4.17	0.3023
经办公司溢出收益 C_{35}	0.33	0.54	0.27	0.24	1	0.1089
CR=0.0104 ＜ 0.1，通过一致性检验						

品质（B_4）二级指标下，咨询专家认为服务供给的回应性 C_{44} 最为重要，占到 30.47%，这与我们对大病患者满意度的调查结果相符，后者表明，患者在接受大病医疗保险服务时最关注的就是一旦发生费用，是否能够及时报销，有了问题能否方便地找到解决途径；相比之下，保险服务提供组织培育 C_{46} 在诸多反映品质的指标中占比最小，仍然反映出咨询专家似乎对增强服务提供方品质的重视不足。（见表 5.15）

表 5.15　三级指标重要性判断矩阵（B_4-C_{4j}）

品质 B_4	服务供给的专业性 C_{41}	服务供给的公平性 C_{42}	服务供给的回应性 C_{43}	服务供给的个性化 C_{44}	服务提供组织培育 C_{45}	W_{C4}
服务供给的专业性 C_{41}	1	0.51	0.29	0.65	0.89	0.1829
服务供给的公平性 C_{42}	1.95	1	0.50	1.05	1.15	0.1635
服务供给的回应性 C_{43}	3.45	2.00	1	2.04	4.17	0.3647

续表

品质 B_4	服务供给的专业性 C_{41}	服务供给的公平性 C_{42}	服务供给的回应性 C_{43}	服务供给的个性化 C_{44}	服务提供组织培育 C_{45}	W_{C4}
服务供给的个性化 C_{44}	1.55	0.95	0.49	1	0.95	0.1851
服务提供组织培育 C_{45}	1.12	0.87	0.24	1.05	1	0.1037
CR=0.0310 ＜ 0.1，通过一致性检验						

成效（ B_5 ）二级指标下，服务供给质量的改善 C_{54} 所占权重最大，其次是政府规模的缩小情况 C_{53} ，参保人生活质量改善 C_{52} 占比最小。（见表 5.16）

表 5.16　三级指标重要性判断矩阵（ B_5 － C_{5j} ）

成效 B_5	服务需求满足度 C_{51}	参保人生活质量改善 C_{52}	政府规模的缩小情况 C_{53}	服务供给质量的改善 C_{54}	W_{C5}
服务需求满足度 C_{51}	1	1.25	0.94	0.53	0.2037
参保人生活质量改善 C_{52}	0.80	1	0.40	0.69	0.1743
政府规模的缩小情况 C_{53}	1.06	2.47	1	0.48	0.2805
服务供给质量的改善 C_{54}	1.87	1.45	2.08	1	0.3414
CR=0.0306 ＜ 0.1，通过一致性检验					

价值（ B_6 ）二级指标下，大病医疗保险服务供给公众满意度 C_{61} 显得尤为关键，权重占比 43.05%，这与我们的大多数文献的观点相符，大病医疗保险服务供给社会公正度 C_{62} 权重最低，其他三个指标权重相当。（见表 5.17）

所有的判断矩阵都经过了一致性检验，说明专家评判结果可信，可以予以采纳。最后，通过合成上述二级和三级指标体系中各指标的权重，得出政府购买大病医疗保险服务效果评价指标的综合权重，如表 5.18 所示。通过对各指标的综合权重的排序分析，我们发现，在政府购买大病医疗保险服务效果评价指标体系构成中，相对综合权重占前五位的指标分别是大病保险服务供给的回应性 C_{43}、服务供给流程的标准化程度 C_{24}、大病保险服务供给质量的改善 C_{54}、大病保险服务供给公众满意度 C_{61} 以及违规医疗费用审出率 C_{34}，这一结果与目前人们的主流认识是一致的，表明人们对于公共服务政府外包的绩效评价的重心已经不再单一地关注结果和效率，而是增强了对品质与成效的关注，同时，服务受众满意度业已成为人们衡量政府购买公共服务效果的关键指标。

表 5.17　三级指标重要性判断矩阵（ B_6 － C_{6j} ）

价值 B_6	服务供给公众满意度 C_{61}	服务供给社会公正度 C_{62}	问责制度的清晰性 C_{63}	监督机制的有效性 C_{64}	权力寻租状况 C_{65}	W_{C6}
服务供给公众满意度 C_{61}	1	3.03	3.70	2.22	4.55	0.4305
服务供给社会公正度 C_{62}	0.33	1	0.89	0.68	0.95	0.1028
问责制度的清晰性 C_{63}	0.27	1.12	1	0.97	1.35	0.1340
监督机制的有效性 C_{64}	0.45	1.47	1.03	1	2.04	0.1725
权力寻租状况 C_{65}	0.22	1.05	0.74	0.49	1	0.1601
CR=0.0200 ＜ 0.1，通过一致性检验						

表 5.18　指标体系综合权重

	二级指标 B	三级指标 C	综合权重 W	排序
政府购买大病医疗保险服务效果 A	投入 B_1（0.1477）	购买模式的选择 C_{21}（0.2429）	0.036	15
政府购买大病医疗保险服务效果 A	投入 B_1（0.1477）	年总保费 / 服务费支出 C_{11}（0.2538）	0.037	13
政府购买大病医疗保险服务效果 A	投入 B_1（0.1477）	年管理成本支出 C_{12}（0.3147）	0.046	8
政府购买大病医疗保险服务效果 A	投入 B_1（0.1477）	预算编制的合理性 C_{13}（0.1986）	0.029	19
政府购买大病医疗保险服务效果 A	过程 B_2（0.1540）	服务供给市场竞争度 C_{21}（0.3509）	0.054	3
政府购买大病医疗保险服务效果 A	过程 B_2（0.1540）	政府购买合同的管理 C_{22}（0.2573）	0.039	12
政府购买大病医疗保险服务效果 A	过程 B_2（0.1540）	大病保险服务供给流程的标准化程度 C_{23}（0.3918）	0.060	2

续表

	二级指标 B	三级指标 C	综合权重 W	排序
	产出 B_3（0.1710）	大病保险受益率 C_{31}（0.1833）	0.031	17
		大病保险年实际总补偿比 C_{32}（0.2415）	0.041	10
		服务购买合同载明责任完成度 C_{33}（0.1639）	0.028	20
		违规医疗费用审出率 C_{34}（0.3023）	0.052	6
		经办公司溢出收益 C_{35}（0.1089）	0.019	24
	品质 B_4（0.2263）	大病保险服务供给的专业性 C_{41}（0.1829）	0.041	10
		大病保险服务供给的公平性 C_{42}（0.1635）	0.037	13
		大病保险服务供给的回应性 C_{43}（0.3647）	0.083	1
		大病保险服务供给的个性化 C_{44}（0.1851）	0.042	9
		大病保险服务提供组织培育 C_{45}（0.1037）	0.023	21
	成效 B_5（0.1765）	大病保险服务需求满足度 C_{51}（0.2037）	0.036	15
		参保人生活质量改善 C_{52}（0.1743）	0.031	17
		政府规模的缩小情况 C_{53}（0.2805）	0.050	7
		大病保险服务供给质量的改善 C_{54}（0.3414）	0.060	2
	价值 B_6（0.1244）	大病保险服务供给公众满意度 C_{61}（0.4305）	0.054	3
		大病保险服务供给社会公正度 C_{62}（0.1028）	0.013	26
		问责制度的清晰性 C_{63}（0.1340）	0.017	25
		监督机制的有效性 C_{64}（0.1725）	0.021	22
		权力寻租状况 C_{65}（0.1601）	0.020	23

本研究严格地运用文献法、修正德尔菲法和层次分析法技术，历经概念化模型建立、指标筛选和权重赋值三个主要步骤，最终发展出了一套包含了 6 个维度和 26 个具体指标的政府购买医疗保险服务效果评价指标体系。这套指标体系具有两个重要的特征：其一，评价内容涵盖面广泛，过程与结果并重，效率导向与政治价值导向并重；其二，评价内容的侧重点突出，“品质”和“成效”维度的权重高于其他维度。既可为实践层面对政府购买大病医疗保险服务实施效果进行评价提供重要的测量工具或参考，也可为国内外相关研究提供现实依据和研究借鉴。

当然，需要指出的是，本研究也有其明显的局限性。第一，本研究对政府购买大病医疗保险服务效果评价指标体系的研制尚处于探索阶段。一般而言，完整的社会测量包括观察、推测、测试、修正、发展等多个步骤。本指标体系的研制尚处在测量的推测阶段，之后还需要进行测试和修正等阶段，才能进一步提高评价指标的鉴别力和可操作性。其二，时间和空间上的限制。从方法论上讲，评价指标的筛选和赋权属于一个价值判断的问题，也就是说，专家们的价值判断通常会因时空情景和个人背景的转移而改变。然而，即便如此，研制政府购买社会公共服务的绩效评价工具仍具有重要意义，作为一项极其重要的管理工具，特定的评价工具在测量公共服务外包的绩效水平的同时可以推动其向更好的方向发展，或者，敦促政府改善甚至考虑回购公共服务。

第六章　政府购买医疗保险服务效果评价个案分析

本章将应用第五章所研制的测量工具，以个案研究的形式对S市政府购买大病医疗保险服务效果进行实地测量与评价，一方面对研制出的测量工具进行测试和修正，另一方面将以个案为切入点，深入剖析和探究我国政府购买大病医疗保险服务的实际效果、存在的问题并探索产生这些问题的根源，为完善这一制度方案提供现实依据和参考。

当然，选择一个合适的个案是本研究的一个关键前提，因为它决定了我们的研究结论的可推广性（generalization）问题。Gerring依据定性研究理论外推的推理方式，提出三种指导构建非概率样本的原则，即演绎推理原则、比较推理原则和代表性个案（emblematic case）原则①。其中，演绎推理是指导选择关键个案（critical case）和异常个案（deviant case）的原则。根据该原则，研究始于一个公认的现有理论，依据理论选择个案，将理论预测与对个案进行观察的结果作比较，目的是要证明或反驳该理论，这是演绎推理原则最突出的特征，正因如此，该原则特别适用于将个案研究结论进行理论外推。关键个案是具有能够支撑或反驳某理论的最重要的条件或特征的个案。运用关键个案能开展两种外推：第一类是“如果某理论在这个个案条件下成立，则它在其他所有或很多个案条件下也都成立”，这样的关键个案称为“最不可能”个案；第二类是“如果某理论在这个个案条件下不成立，则它在其他所有或很多个案条件下也都不成立”，此种类型的关键个案被称为“最可能”个案。前者最有可能支撑某理论，后者则最有可能反驳某理论。

依据上述理论，本研究认为，国家推行政府购买大病医疗保险服务是在“公共服务外包能够改进公共服务供给效率”的理论前提下进行的，然而，虽然中央政府层面对政府购买大病医疗保险服务已有理论指导，但具

① Gerring J. 2004. What is a case study and what is it good for? *American Political Science Review* 98：341–54.

体施行方案仍要由各地自行设计，其实际运行效果如何并未可知，因而，本研究拟选择一个“最可能”的关键个案，通过对个案的描述和评价期望能够为读者展示和描绘我国政府购买大病医疗保险服务运行现状和施行效果的一个详尽范本。

第一节　S 市政府购买大病医疗保险：现状、实践困境及原因阐释

此部分研究尝试以科尔曼的理性选择理论和思想为指导构建分析框架，以河北省 S 市政府购买大病医疗保险服务为关键个案进行实证研究，对政府与私人组织（商业保险公司）在理性选择支配下的法人行动进行分析和论证，对我国政府购买大病医疗保险服务的现状、实践困境和原因进行阐释。

一、案例描述

（一）样本地的选择和研究方法

依据演绎推理原则，我们选择河北 S 市作为“最可能个案”来深描政府购买大病医疗保险服务的运行现状与问题，并阐释其原因。S 市为河北省首批施行政府购买大病保险试点城市之一，当地政府对医疗保险改革工作一向十分重视，与此同时，该地商业健康保险市场繁荣，具有竞标资格的保险公司 20 余家，可以认为其是较具备实现大病医疗保险供给效率优化的城市之一。于是，我们认为 S 市是较具备实现政府购买大病保险的政策目标的条件的，因而从逻辑上可以认为，S 市政府购买大病医疗保险服务的运行效果和存在的问题应该是比较典型的，特别是在那些尚不具备较成熟的条件施行政府购买大病医疗保险服务的地区，我们从逻辑上有理由认为 S 市存在的问题在这些地区也有较大可能存在，其整体运行效果可能会逊于 S 市。此外，由于与 S 市医保部门保持了多年良好的合作关系，我们能够通

过多方渠道了解到较为真实的情况。

由于研究问题的类型（着重于政府外包问题如何产生和演变）、研究目的（通过对个别事物的详细和动态的调查获得丰富的描述）和数据特征（鉴于中国目前的财政和统计安排，很难直接获得关于政府外包的数据），定性方法被确认为最适合本研究的方法。数据和信息收集方法以结构式访谈调查为主，既有统计资料分析为辅。2016 年 12 月—2017 年 6 月，我们对 S 市政府医保部门相关负责人、已承接政府大病保险业务的 P 公司和 Z 公司以及未参与该项目投标的 T 保险公司的项目负责人进行了多次深度访谈和交流，本文实证研究部分的个案考察则正是建立在这些第一手的访谈资料与调查数据的基础上。

（二）样本地政策背景介绍

本研究样本地 S 市，大病医疗保险虽然都采取政府购买服务的形式，但根据保障人群不同，城镇职工大病医疗保险采取的是“保险合同模式”，即由政府（S 市人社局）作为投保人，以当地全体城镇职工为被保险人，向 S 市 P 保险公司投保，双方以签订保险合同的方式实现政府向私人部门购买服务。保险费由参保职工或其单位代为缴纳，每人每月 11 元，由投保人统一征缴，并按月划入保险人指定账户；P 公司自负盈亏，自担经营风险。与之不同的是，S 市城乡居民大病医疗保险（2016 年 11 月始新农合与之合并实施）采取的是“第三方委托代理模式”，由当地人社局作为委托人，将城乡居民大病保险补偿事宜交由受托人——Z 保险公司来处理，Z 公司收取服务费用，不承担大病保险经营风险，大病保险费由基本医疗保险费按每人每年 40 元列支，居民个人不另行缴纳。

上述两种模式都采取“分段补偿”的方式，即参保人在基本医疗保险统筹支付限额以内的住院医疗费用由医保中心支付（目前已基本实现定点医院即时结算），超出统筹支付限额的住院医疗费用则大病医疗保险就开始发挥补偿作用。目前，“保险合同模式”下的参保人，即城镇职工的大病费用采取的是先由参保人垫付，然后再去保险人 P 保险公司报销的方式；“委托代理模式”下的参保人，即城镇居民和农民的大病费用采取的方式是：

统筹支付范围内的费用先由受托人Z保险公司垫付，然后医保中心审核后将其垫付的款项按月拨付，统筹支付范围以外的费用由医疗机构直接向参保人收取。

二、政府购买大病医疗保险服务的实践困境与问题

在该部分我们将结合调研材料，从政府购买大病医疗保险服务所涉及的各个主体出发，向大家呈现出S市在政府购买大病医疗保险实践中所面临的困境与问题，希望由此可以折射出政府购买公共服务的一些不足或是需要改进的地方。

（一）政府购买大病医疗保险服务的价值目标冲突

政府购买公共服务的理想目标应当是通过这种方式提高公共服务效率，而在这个过程中政府的目标应当是“成为一个精明买家，为公众做个好交易”（Kettl，1993）①。然而实践中，卖方受理性的法人行动的支配，会采取使买方满意的行动（科尔曼，1990）②，从而导致政府购买公共服务价值目标冲突的情形并不少见。

我们对S市的实地调查表明，价值目标冲突非常具体地体现在了政府购买大病医疗保险服务中，即卖家（保险公司）仅考虑买家（政府医保部门）的需求和偏好，而作为“买家”的政府也似乎仅仅关注自身的责任和负担是否减轻，买卖双方不约而同地忽略了政府购买大病保险服务的对象，即参保人的利益和需求。调查中，S市城镇职工政府大病保险项目的负责人谈道：

“我们承接政府这个项目的首要目标是对政府负责，控制医保基金不流失才是我们的主要目标，所以我们的主要工作是稽核私立医院挂床、冒名顶替、虚假治疗等问题，公立医院医保基金流失现象很少，我们一般不

① Kettl. Donald F.Sharing Power：Public Governance and Private Markets［M］.Washington，DC：Brookings Institution Press，1993：55-200.

② 科尔曼.社会理论的基础［M］.邓方，译.北京：社会科学文献出版社，1990.

查。控制病人的医疗费用不是我们的目标，我们也做不到，我们只能尽量建议病人使用医保范围内的诊疗措施和药品，其他的，比如对医生和医院如何治疗病人我们没有办法干预。”（受访者编号：161226X）

与此同时，我们对医保部门相关负责人的访谈也涉及政府购买大病保险服务的目标问题，当问及“您觉得大病保险采取政府购买保险公司服务的方式有什么好处？”时，该负责人答复：

“减轻了我们的工作压力，节省了人力，弥补了我们对医院医保稽核的人力不足，并且这方面（指医保费用稽核）保险公司更有经验。对参保人来说，政府采取哪种方式提供服务在医疗费用控制上应该没什么区别，费用控制也不是我们医保一家的事情。”（受访者编号：170323L）

显然，不论采取哪种模式购买大病保险服务，大病医疗保险参保人的利益和需求均未受到重视，甚至不在政府的考虑范围之内，这也为政府购买大病保险服务的负外部效应埋下了隐患。

（二）政府购买大病医疗保险服务的竞争性市场尚未形成，政府招标难

理论上来讲，政府只有在一个具备了竞争性的市场中购买公共服务才能够实现促进服务效率提高的目标。然而，“为社会服务寻找供应商，特别是合格的非营利组织，常常不是一件容易的事情”（Kettl，1993）[①]。

我国推行政府购买大病医疗保险服务的时间虽然不算太短，但从各地的实践来看，一个成熟的服务供给市场远未形成，我们对样本地的调查研究也进一步证实了上述观点。调查表明，S 市城镇职工大病补充医疗保险自 2001 年始，多年来一直由 P 保险公司经营，其历史原因在于当时具备竞标资格的供给主体太少，无法公开招标，因而最初只能被迫采取定向购买（直接协商）的方式。与此同时，P 公司在经营这项政府项目的过程中，也建立和发展起了自己的一支较为专业化的队伍和操作规范，在大病医疗保险服务提供上逐渐形成了垄断性的优势。时至 2014 年，随着 S 市商业保险市场的繁荣发展，市场上具有竞标资格的商业保险企业已达到 20 余家，因

① Kettl. Donald F.Sharing Power：Public Governance and Private Markets［M］.Washington，DC：Brookings Institution Press，1993：55-200.

此本着程序公平的原则，政府购买大病保险服务开始面向市场公开招标，但尴尬的局面还是未能避免，2014 年因参与竞标的保险企业不足 3 家而流标，2015 年勉强达到 3 家，2016 年共有 6 家公司参与竞标，经过一番并不激烈的角逐，最终城镇职工大病补充医疗保险仍由 P 公司竞得，仍采取“保险合同模式”经营，城乡居民大病保险由 Z 公司竞得，为降低经营风险，采取“委托代理模式”提供服务，并且据我们的调查了解，Z 公司是首次承接这项政府项目，私下里是邀请了 P 公司为其做业务顾问和技术指导的，这实际上蕴含了二公司日后形成价格联盟进而发展成为寡头垄断商的巨大风险。

面对这种状况，我们的直觉就是想要进一步了解那些未参与竞标的保险企业究竟因何不参与这项在我们看来名利双收的项目。于是，我们约请了 S 市一家实力雄厚、市场占有率很高但却并未参与竞标的 T 保险公司的负责人就这一问题做了面访。该负责人表示：

“主要是我们没有现成的人力来做这个事情，要参与竞标的话，核保和理赔都要重新组建团队。作为中支公司我们的团险业务都是省公司派下来的，省公司不考核我们业务拓展这块，我们也没必要自己揽这个业务。竞标需要自己做预算，这个我们总公司审核很严，多了不批，少了赔钱啊！”（受访者编号：170616W）

调查表明，由于人力、考核机制、管理体制等限制，一些具有实力的保险公司并未投入到为政府提供大病医疗保险服务的市场中来，从而最有可能的结果是政府最终还是要向已经形成垄断优势的提供商（在 S 市是 T 保险公司）定向购买服务，然而从理论上说，定向购买当然不是一种理想的服务购买方式，它偏离了服务购买中一贯倡导和强调的竞争机制，往往会使政府在服务合同的谈判中陷入被动局面，难以保证产品的低价格和高质量。

（三）缺乏对政府购买大病保险服务效果的综合评价机制，可能存在监管失灵

科尔曼认为，控制法人行动，使其履行社会责任的手段主要是加强

外部管理、建立奖惩机制（科尔曼，1990）①。因而建立起一套能够对政府购买公共服务的效果进行全面综合测量和评价的评价机制和指标体系至关重要，否则政府可能面临监管失灵的局面。然而，在政府购买大病医疗保险服务的具体实践中，这种能够站在第三方的客观角度，对政府购买公共服务的买卖双方和委托人的利益进行全面评价的机制远未建立，而且关键是由谁来建立的问题还没有明确。目前的现实是，即使仅仅对卖方（这里指保险公司），政府也几乎只依靠私法合同机制的约束，而并无其他监管措施。

我们对S市的调查表明，卖方（保险公司）并不认为买方（政府医保部门）具有对其进行监管的权力，其负责人表示，“我认为我们与政府之间的关系是合作关系，不存在接受他的监管的问题”（受访者编号161226Z）。而我们在对政府医保部门相关负责人的访谈中也了解到，除了与保险公司签订的“保险合同”或者“委托代理合同”（即私法合同）上规定的双方权利和义务以外，医保中心并未制定其他方案和措施对保险公司所提供的大病医疗保险服务进行评价和监督，该负责人表示：

“只要这些保险公司履行合同，保证参保人医保支付范围内的费用按照合同上规定的标准给报销，我们基本不过问保险公司怎么经营管理的事。”（受访者编号：170323J）

显然，政府部门也并未意识到自己对私人部门公共服务的提供负有监督和评价的权利和义务。在政府购买大病保险服务的过程中，地方政府将自己的身份和地位仅仅定位为一个单纯的买家，乐得做一个“甩手掌柜”，而忽略了当政府部门退出公共服务的直接供给市场以后，更重要的任务是制定更好的医疗保险服务方案、制定维护参保人利益的服务购买合同以及监督和评价保险公司提供服务的效果。

（四）政府购买大病保险服务的负外部性问题不容忽视

受政治目的驱使而被仓促使用的治理工具将不可避免的产生负外部性

① 科尔曼．社会理论的基础［M］．邓方，译．北京：社会科学文献出版社，1990.

（Negative Externality）问题，这在法人行动中是不可避免的困境之一（科尔曼，1990）[①]。在S市，这些负外部性具体体现在：①政府购买大病保险的方式在医疗费用控制上的作用仍然有限。S市的调查数据显示，2016年度共有12256人次接受了大病医疗保险费用补偿服务，其中城镇职工占31.25%，城乡居民占68.75%。城镇职工大病患者扣除基本医保支付与大病保险支付以后的总自付费用比例为49.04%，城乡居民这一比例为45.37%，下表6.1统计了2016年S市市本级大病保险补偿情况，显示两种大病保险模式下参保人个人自付比例均较高。②参保患者满意度不高。对随机抽取的813名"大病"患者进行电话问卷访问结果表明，参保人对政府购买大病保险模式总体满意度均不高，城镇职工大病保险满意度总体得分低于城乡居民（前者总平均分为3.18，后者为3.67）[②]。

表6.1　2016年S市城镇职工与城乡居民大病保险住院人员费用基本情况

单位：万元

城镇职工	住院总费用	基本医保支付费用	基本医保后全部费用	大病保险支付费用	大病保险后全部自付费用
总费用	42283.20	17426.50	15478.41	8358.34	16507.30
平均费用	11.04	4.55	4.04	2.18	4.31
城乡居民					
总费用	82659.06	42972.60	39686.46	12126.18	37560.28
平均费用	9.81	5.10	4.71	1.25	4.46

此外，尚有82.24%的被访者表示，如果对提供大病保险服务的保险公司服务产生不满，不知有何途径可以投诉和解决。问卷调查进一步显示了政府购买公共服务中监督和评价机制的缺位，而这也正在加剧着政府购买的负外部性。③基层政府医保管理者谨慎但略显保守的心态。在我们对政府医保部门相关负责人的访谈中，该负责人不止一次地表示：

① 科尔曼．社会理论的基础［M］．邓方，译．北京：社会科学文献出版社，1990.

② 王明慧，陆广春．不同政府外包模式下大病医疗保险服务满意度比较研究［J］．中国全科医学，2019.4：27-31.

“国家政策都是大框架，具体操作方案还是要地方自己拿。但我们没有能力制定评价工具，只能参考学习情况类似的兄弟城市，别人怎么做我们怎么做，争取不落后于人，但也不冒尖。”（受访者编号170412L）

基层医保管理者的无所适从和无奈溢于言表。众所周知，鉴于我国各地区经济发展水平的不平衡，国家层面推出的医疗保险政策（包括大病医疗保险）往往是指导性的，各地需结合自身实际情况因地制宜出台适合自己地区的具体方案。然而，实践中，基层政府医保部门往往囿于专业技术水平的限制、地方领导的重视程度、改革的风险承受能力等各种原因而不能制定出适合自己的具体方案，能够保证“拿来”的方案在自己这里不出问题就是基层医保管理人员的实际目标。

三、政府购买大病医疗保险实践困境的原因阐释

（一）政府的双重角色易于导致政府购买的价值目标冲突

前文第二部分关于政府购买大病医疗保险服务所涉各主体之间的关系分析已经充分说明了政府在购买大病保险服务中既是“买家”又是“受托人”的双重角色地位，正因如此，在这一过程中蕴涵了复杂的多重代理关系。与简单代理关系中价值目标的单一性不同，这种多重代理关系由于各参与主体之间合作与冲突的多重利益关系而具有了多重目标（科尔曼，1990）[①]，因为“合同的激励机制驱使承包商不仅要迎合合同所设定的目标，而且要迎合确定承包商是否完成目标的政府官员。虽然公民是服务的终端消费者，但承包关系中的‘顾客’却更多地倾向于合同的管理人员而非公民”[②]。前文的分析已经充分证实这一点，在这个复杂的系统中，“卖方”对“买方”负责，而买方却未充分考虑他的委托人（即参保人）的利益和需求。

① 科尔曼．社会理论的基础［M］．邓方，译．北京：社会科学文献出版社，1990.

② 唐纳德．凯特尔．权力共享：公共治理与私人市场［M］．孙迎春，译．北京：北京大学出版社，2009：166.

此外，政府角色的复杂性还体现在，地方政府部门同时也是一个需要遵从上级长官意识的下属，这导致地方政府医保部门运用政府购买这一治理工具的动因是复杂的，不仅仅在于追求公共服务效率的改善，更多的时候可能是出于对上级长官意识的贯彻和满足，而这种政治因素作用下的购买行为使得政府购买本身成为目标，而不再是手段，于是距离政府购买的理想目标——“公平的竞争过程、服务提供成本的降低、服务质量的改善、公众满意度的提高”等等——的距离也就渐行渐远了。

（二）供给缺陷导致政府购买大病保险服务的竞争性市场难以形成

从供给方角度看，首先是大病保险服务供给主体数量有限，且真正参与供给竞争的企业不多。我国商业保险企业开办重大疾病保险业务的时间并不长，现有数据资料显示［中国保监会官网］，自2003年开始，中国平安、新华人寿、中国人寿等保险公司才陆续推出重大疾病保险业务，而且就保险公司分险种保费收入来看，在过去的10年当中，虽然持续增长，但截至2016年底健康险（包括重疾险）保费收入仍不足寿险保费收入的1/5，而在健康险市场份额上，国寿、太保、新华、平安等6家寿险公司占据绝对优势，特别是在省级以下分支机构，大病保险的经营几乎仅由这几家公司垄断，因此首先从供给主体的数量上，就为政府购买所需要的竞争性环境增添了障碍。就S市而言，自2001年开办职工大病补充医疗保险以来直至2012年，这项业务一直以政府定向购买的方式由P保险公司提供，2013年始，方才与城镇居民大病医疗保险一起向全社会招标（见表6.2）。但2013年因参与竞标的保险企业不足3家而流标，最终仍采取了定向购买的方式由P公司和Z公司经营，2014年起招标企业逐年增多，市场竞争显著增强，但我们对政府部门负责人的访谈也表明，实际参与竞标的企业中真正具有竞争力的并不多，甚至有个别保险公司是来“陪标”的。

其次，供给主体之间竞争性较低，寡头垄断商极易形成。如前文实地调查所述，由于历史原因，地方政府医保部门最初选择的大病保险服务提供者很有可能是通过定向购买的方式确定的，而在这个过程中，其他供给者由于人力资源配置、管理体制等原因则逐渐退出了该市场，结果将出现某供应商独家垄断市场的格局，潜在的替代者和竞争的压力将不复存在，这无疑又使政府购买工作的开展、监督和评价供应商等工作变得更加困难。

表 6.2　S 市参与大病医疗保险服务竞标企业数量列表

年份	竞标企业数量
2013	2
2014	3
2015	6
2016	10
2017	12

资料来源：S 市政府招标公告。

再次，竞争主体的数量不足和寡头商家的形成还可能导致供应商之间形成价格联盟，结果是政府需要支付较高的费用才能购买到公共服务。前文提到，我们对 S 市的实地调查也反映了这样一个问题，自 2014 年始，S 市的城乡居民大病保险虽然是以委托代理的方式交给 Z 保险公司来做，但是由于 P 公司在大病保险服务上所形成的技术优势，使得 Z 公司对 P 公司形成了技术上的依赖，二者极易形成价格联盟。访谈中，P 公司的负责人也曾明确表示："我们并不害怕其他公司参与竞标，因为他们对我们的竞争优势构不成威胁"（受访者编号 161226X）。最后一个不能回避的缺陷是政治因素。由于政策限制，保险公司提供大病保险服务应本着"保本微利"的原则，而事实上，我们了解到在 S 市，即使是已经形成垄断优势的 P 保险公司，其负责人仍声称"只有近三年才不亏本"（受访者编号 161226X）。于是，私人组织的趋利性必然使其在面对可能会出现的"赔本赚吆喝"的风险时选择"用脚投票"，退出或观望该供给市场。而上述种种原因则使政府购买公共服务面临着没有现成的竞争市场的尴尬局面。

（三）政府购买过程中政府的角色定位转换使其主权地位被削弱

在政府购买公共服务的过程中，传统的具有纵向权威和控制力的等级官僚体系被倡导横向平等合作的网络体系所取代，政府由具有行政命令权的公共服务递送者变为与私人部门具有平等私法意义上的合同当事人之一，在这种转变中，政府的绝对主权地位被大大削弱，从而给政府在公共服务递送上的管理带来了严峻挑战。科尔曼认为，传统的科层制官僚体系“由于其明确的技术化、理性化和非人格化而表现出它的合理性”、“现代科层制表现为一整套持续一致的程序化的命令——服从关系，因而更稳定和易于管理”（科尔曼，1990）①。而在政府购买过程中，政府不再是绝对的中心，权力结构是扁平的网络结构，“更加强调参与主体之间的平等关系，主张通过协商、谈判、合作方式解决问题”（Ostrom，1999）②。因此，在这样的转变中，凸显了引入第三方评价机制的必要性和重要性。比如，在政府购买大病医疗保险服务中，我们冀望能够建立一套第三方评价机制来实现对整个政府购买行为的监管，然而实践中，由于公共服务购买过程中政府角色定位的多重性转换、委托代理环节的增加导致各方主体的利益冲突加大、终极价值目标冲突，这些都使得对政府购买公共服务的效果进行全面评价颇为困难，从而对其监管提出了极大挑战，不仅使监管难度增加，甚至会导致监管失灵。更值得关注的是，这种出现在政府购买公共服务过程中的对私人部门的依赖性日益增长的态势还有可能导致私人部门提高服务供给价格、提供选择性服务，甚至要挟政府、俘获政府（杨安华，2014）③。

（四）政府购买的机制和动因决定了其负外部性难以避免

前文已提到，地方政府部门采取政府购买公共服务的方式并不主要出于追求公共服务绩效的改善，或许是地方管理者遵从或取悦上级的结果。因此，这种受政治因素主导而展开的活动很容易带有盲目性。而政府购买公共服务本身复杂的代理关系及其扁平化的管理机制、市场的先天不足等因素都使其降低服务成本、改善服务质量、增强市场竞争等理想目标大打折扣甚至难以达成。

---

① 科尔曼．社会理论的基础［M］．邓方，译．北京：社会科学文献出版社，1990.

② 文森特·奥斯特罗姆．美国公共行政的思想危机［M］．毛寿龙，译．上海：三联书店，1999：48.

③ 杨安华．政府购买服务还是回购服务？——基于2000年以来欧美国家政府回购公共服务的考察［J］．公共管理学报，2014，11（3）：49-58.

因此，人们在长时间、大范围的观察后发现，政府购买不是公共服务供给制度改革的灵丹妙药，政府购买大病保险服务的负外部性问题的存在有其必然性。与S市大病参保人对政府购买大病保险服务的满意度不高巧合的是，近年来，人们对政府购买能够改善公共服务质量的质疑声音最大，国际资本市场协会（ICMA）2002年与2007年两次对美国地方政府购买公共服务满意度情况做了调查，结果显示，两次调查排名第一位的就是对政府购买的服务质量不满意（73%、61.2%），而这种不满甚至引起了美、英、法、德等发达国家较大规模的反民营化运动（Roland，2011）①。

四、建议：政府应努力成为遵循理性行动的法人

我们对S市政府购买大病医疗保险服务的实地调查虽不能说具有普遍的代表性，但其典型意义不可忽视，至少部分地折射出当今公共服务供给市场化、民营化改革中许多共性的困境与问题。实际上，至20世纪末，公共服务民营化在其最早盛行的欧美地区国家已经呈下降趋势，政府回购公共服务已成为民营化发展的新取向（杨安华，2014）②。可见，政府购买并非改善公共服务供给效率的灵丹妙药，在这种模式下，政府要承担的责任甚至比以往更多、更难，因此，政府要努力成为一个遵循理性行动的法人才能实现政府购买的理想目标。本文以政府购买大病医疗保险服务为例，对此提出若干建议以供参考。

首先，作为“买家”的政府需要找准自身的定位，明确政府购买的目标。在政府购买大病医疗保险服务中，政府实际上扮演着双重角色——既是购买保险服务的“买家”，又是肩负着公众（参保人）利益的受托人，并且关键的是，政府应当是以受托人的身份去充当“买家”的，所以应当时刻关注委托人的利益和需求，以实现委托人的利益最大化为终极目标。而目前的实践表明，政府似乎只意识到自己“买家”的身份，而撇开了受托

① 热拉尔·罗兰．私有化：成功与失败［M］．张宏胜，等译．北京：中国人民大学出版社，2011：47-48.

② 杨安华．政府购买服务还是回购服务？——基于2000年以来欧美国家政府回购公共服务的考察[J].公共管理学报，2014,11（3）：49-58.

人的身份，把减轻政府自身的业务负担作为购买服务的目标，这也就直接造成了“卖方”（保险公司）仅对“买方”负责，而并不关注服务对象即参保人的利益和需求。因而只有“买方”强调自己是广大参保人的利益代言人，一切购买活动只为以最低的成本获取大病医疗保险服务绩效的最大改善，那么，“卖方”才会产生危机意识，才会审视自己所提供的服务质量是否满足买方的需求、所提出的购买价格买方是否能够接受、是否会有其他能够提供更高性价比服务的竞争者出现等等。

其次，重视培育大病保险服务供给市场，激发市场竞争。缺乏竞争或者竞争不足是阻碍政府购买实现其服务绩效改善的理想目标的重要因素。比很多垄断性公共服务供给幸运的是，大病医疗保险服务的提供商相对来讲更具备实现市场竞争的条件，因为其本身就是一个已经具备了某种竞争度的私人市场。面对目前竞争不足的状况，政府需要做的首先是要破除或者防止可能会出现的垄断供应。为此，政府需要加大对保险公司经营该大病保险服务项目的政策扶持力度，推出一些优惠政策吸引更多保险企业参加竞标，比如对该项业务减免所得税、承诺对其他政府购买的保险服务具有优先权、政府对参与竞标的企业承担公共责任予以表彰和宣传等等。与此同时，政府要成为一个理性行动者，还必须洞悉公共服务购买市场行情，防范卖家形成价格联盟。我们对S市的实地研究已经表明，特别是在市场竞争不足的情况下，少数参与竞标的保险企业为了维护自己的行业利益，极易形成价格联盟，而一旦出现这种情况，最终损害的是参保人的利益。对此，政府应当谨慎防范，必要时宁可冒着回购大病医疗保险服务的政治风险，以坚决地维护政府权威和公众利益。

第三，建立第三方评价机制，引入服务购买问责制度。我们的实地研究表明，政府医保部门以合同形式购买了保险公司的大病保险服务以后似乎就高枕无忧了，这样看似减轻了政府的业务负担，但实际上可能正蕴涵着更大的风险，因为政府购买大病保险服务的资金是由参保人缴纳的，一旦这种方式不能实现“降低服务成本、提高服务质量”等目标，参保人对大病保险服务的不满会逐渐累积，直至最终，要接受问责的仍然是政府。因此，政府购买公共服务以后，不是要甩掉自己对公共事务所应该承担的责任，而是要加强对整个购买行为的评价和监督，为公众做一个精明买家。具体到政府购买大病医疗保险服务，我们认为，应该首先建立起一套第三方评价机制，站在第三方角度（而不是政府角度），将政府（买家）和保险公司（卖家）都作为评价对象，从政府购买大病保险服务行为的投入、过程、产出和成效四个层面对整个政府购买大病保险服务效果进行全面评价，特别强调在“成效”层面要将政府购买的服务对象即参保人的满意度作为重要指标。当然，具体评价测量工具的研制需要由医保部门的上级主管部门（一般是人社厅 / 局）主导或牵头，聘请和组建一支由业内专家学者、业务骨干构成的研究团队来完成，或者直接面向各科研机构公开招标，总之要确保评价工具的科学性、客观性和适用性。评价机制建立以后，对政府购买大病保险服务的绩效评价就有了客观的标准，从而依据可循，与此同时，对服务购买的问责机制也可相应建立，一旦政府购买大病保险服务效果的综合评价偏离理想目标，政府医保部门就要逆向反思和追溯究竟哪个环节出了问题，并应当有人为此担责，这应该能够有效地激励管理者以更加积极审慎、负责任的态度推动这些工作，更重要的是激发政府医保部门加强对服务供应商（保险公司）的监督和管理。

最后，增强政府议程设定能力、合同管理能力和意识。在我国，政府购买公共服务尚属新鲜事物，我们所调查的 S 市，政府购买大病保险服务几乎是该市唯一一项采取政府购买方式提供的公共服务，因此地方政府经验欠缺在所难免。正因如此，增强政府的学习能力建设至关重要，出现困难并不可怕，可怕的是面对困难故步自封。肩负着公众利益的政府应时刻提醒自己要成为一个精明买家，“知己知彼，百战不殆”，以政府购买大病医疗保险服务为例，政府应增强在服务购买过程中的议程设定能力，在购买服务之前首先对该地区潜在的大病保险服务供给者的数量、服务供给能力、市场占有率、口碑和信誉等情况做好调查摸排工作，然后根据掌握的情况确定服务购买采取哪种模式更为符合当时当地的实际情况、聘请专业团队设计招标方案、规范购买大病保险服务的程序和标准、引导和动员符合资质要求的保险企业积极参与政府大病保险服务项目竞标等等。

一旦政府购买合同签订，政府的工作重心就要进入下一个环节，即服务购买合同的管理阶段。政府从公共服务生产的环节中退出，不再直接提供服务，但其监管责任反而变大，因为政府需要代替公众监督服务提供商的服务质量。但我们对S市的实地调查已经具体地反映了目前政府在购买大病医疗保险服务中合同管理意识和能力的双重欠缺，“做好合同管理是政府购买公共服务能否实现其预定目标的核心。”（Miranda，1994）①，故此，仍以政府购买大病保险服务为例，在整个政府购买过程中，从大病保险服务供应商的选择到合同的签订、合同的履行直至合同的终结，整个过程的每一个环节都不能缺少政府（买家）的评价和监督。因而，政府部门唯有提高自身的合同管理意识和合同管理能力才有望成为遵循理性行动的法人。

第二节 S市政府购买大病医疗保险服务效果实地测量与评价

一、研究思路与方法

（一）研究思路

1. 总体流程

首先利用第五章设计的政府购买大病医疗保险服务效果评价指标体系，设计调查问卷和访谈表（见附录1）；然后以S市所辖区/市/县作为分析单位，分别选择11个区/市/县的医保局、经办保险公司和辖区内大病患者作为调查对象，通过结构式访谈、结构式问卷调查等方式收集信息；再对所收集的信息和收据进行定量和定性分析；最后，根据数据分析结果，对政府购买大病医疗保险服务供给效率的改善提出改进策略。

2. 数据来源与方法

本研究对政府购买大病医疗保险服务效果实施的评价，其评价主体为独立第三方组织（华北理工大学“理性选择视野下政府购买医疗保险服务

① Miranda .R. Privatization and the Budget-Maximizing Bureaucrat [J]. Public Productivity and Management Review，1994，17（4）：355-369.

效果测量与可持续性研究（16YJCZH099）”项目课题组），评价客体或者评价对象指的是S市各个独立进行的政府购买大病医疗保险服务活动本身。S市的社会医疗保险因参保人群的不同而分为城镇职工基本医疗保险和城乡居民基本医疗保险[①]，相应地，大病医疗保险也依医保类型的不同而分为城镇职工大病补充医疗保险和城乡居民大病医疗保险，分别由S市医保局下属的不同部门负责其具体业务，因而，在S市医保局的大力支持与协助下，我们将S市市本级及其下辖5个县（市）的11个医保相关部门作为评价活动承载单位，这11个单位包含了分别分管城镇职工大病补充医疗保险和城乡居民大病医疗保险的市本级2个主管部门以及5个县（市）的9个主管部门（其中C县政府购买城镇职工大病医疗保险数据缺失，故只有9个评价单位）。

在对政府购买大病医疗保险服务活动进行评价的时候，我们的调查对象不仅涉及政府医保相关决策部门，还涉及经办保险公司和服务接受者即大病保险参保人。关于政府购买大病医疗保险服务“投入”“过程”和“产出”方面的数据和信息主要由当地医保局相关主管部门提供，此外，还采用了既有统计资料分析法和结构式访谈；与这些医保部门合作的商业保险公司方面的信息主要采取访谈法获得；而参保大病患者方面的信息主要采取问卷调查法收集，具体抽样方法：以S市医保局大病医疗保险数据库中的全部大病患者构成抽样框，参考同期城镇职工与城乡居民大病患者人数比，按照3∶7的比例，采取单纯随机抽样方法，利用随机数字生成表在上述数据库中随机抽取。评价工具采用本课题组在第五章所展示的自行研制的评价指标体系。

（二）分析和评价方法

1. 描述统计

本研究将从“投入”“过程”“产出”“品质”“成效”和“价值”六个维度分别对S市政府购买大病医疗保险服务运行效果进行描述性分析和评

① 2016年底S市城镇居民基本医疗保险与新型农村合作医疗合并，此后称为城乡居民基本医疗保险。

价。描述统计是通过图表或数学方法，对数据资料进行整理、分析，并对数据的分布状态、数字特征和随机变量之间关系进行估计和描述的方法。描述统计分为集中趋势分析和离散趋势分析和相关分析三大部分。集中趋势分析主要靠平均数、中数、众数等统计指标来表示。离散趋势分析主要靠全距、四分差、平均差、方差、标准差等统计指标来表示。相关分析则是探讨数据之间是否具有统计学上的关联性。在本研究中，对于“政府购买大病医疗保险服务运行效果评价”这一问题，我们将使用描述统计方法进行分析，详细展示S市政府购买大病医疗保险服务各环节的状况。

2. 灰色综合评价法

本研究将应用灰色综合评价法对S市2016年1月—2016年12月间11个医保管理单位的政府购买大病医疗保险服务运行效果进行综合评价。

灰色系统理论是我国著名学者邓聚龙教授于1982年提出的，它的研究对象是“部分信息已知，部分信息未知”的“贫信息”不确定性系统，它通过对部分已知信息的生成、开发实现对现实世界的确切描述和认识，其最大特点是对样本量没有严格的要求，不要求服从任何分布①。考虑到本研究要测量的系统具有明显的层次复杂性、结构关系的模糊性、动态变化的随机性、指标数据的不完全性和不确定性，并且被评价单位性质相同但样本量较小的现实，我们决定采用灰色综合评价法来测量和评价S市11个被评价单位政府购买大病医疗保险服务的实施效果。

灰色综合评价法，首先要进行关联度分析，进行关联度分析首先要找准数据序列，即用什么数据才能反映系统的行为特征。当有了系统行为的数据列后，根据关联度计算公式便可算出关联程度。关联程度反映各评价对象对理想（标准）对象的接近次序，即评价对象的优劣次序，其中灰色关联度最大的评价对象为最佳。其基本思路是：根据各比较数列集构成的曲线族，与参考数列构成的曲线间的几何相似程度来确定比较数列集与参考数列间的关联度。比较数列构成的曲线与参考数列构成的曲线的几何形状越相似，其关联度越大，反之越小。对于政策效果的灰色系统评价问

① 杜栋，庞庆华，吴炎．现代综合评价方法与案例精选（第2版）[M]．北京：清华大学出版社，2008.6.

题，每个评价年度的所有指标值就构成了一个比较数列，记作

$$X_i(j)=\{X_i(1),X_i(2),\cdots,X_i(m)\}$$

其中，i=1，2，…，n 表示方案的个数；j=1，2，…，m 表示每个年度中的指标数。

灰色关联度分析具体步骤如下：

①确定参考数列

关联度分析是灰色系统分析、评价和决策的基础。而关联分析首先要制定参考数据列，即评价标准，标准的选取必须遵循可比性和先进性原则。用灰色关联方法进行综合评价时，评价标准通常是各指标中的最优值，即当指标属于“效益型”指标时，则取各方案中的最大值；当指标属于“成本型”指标时，则取各方案中的最小值，也可取被评行业工人的“理想值”作为标准。参考数列记为：

$$x_0=\{x_0(1),x_0(2),\cdots,X_0(n)\}$$

②指标值的无量纲化处理

由于各评价指标的含义和目的不同，因而指标值通常具有不同的量纲和数量级，为了进行比较，须对最优指标集和各方案指标集按下式进行无量纲化处理，以减少随机因素的干扰。无量纲化处理的常用方法有初值化与均值化。本研究采取均值化法处理：

$$C_i(j)=\frac{X_i(j)}{X(j)}$$

其中 $X(j)=\dfrac{1}{n+1}\sum_{i=0}^{n}X_i(j),\ j=1,2,\cdots,m$

③计算关联系数

关联系数只表示各时刻数据间的关联度，由于关联系数的数很多，信息过于分散，不便于比较，为此有必要将各个时刻的关联系数集中为一个值，求平均值便是这种信息集中处理的一种方法。于是，绝对关联度的一般表达式为：

$$r_i = \frac{1}{n}\sum_{k=1}^{n}\xi_i(k)$$

表示曲线X_i对参考曲线X_0的绝对关联度。

④综合评判

灰色综合评判主要依据以下模型：$R = E \times W$

式中，$R = [r_1, r_2, \cdots, r_m]^T$为$m$个被评对象的综合评判结果向量；

$W = [w_1, \mathrm{w}_2, \cdots, w_n]^T$为$n$个评价指标的权重分配向量，其中$\sum_{j=1}^{n} w_j = 1$

E为各指标的评判矩阵：

$$E = \begin{bmatrix} \xi_1(1)\xi_1(2)\cdots & \xi_1(n) \\ \xi_2(1)\xi_2(2)\cdots & \xi_2(n) \\ \vdots & \vdots \\ \xi_m(1)\xi_m(2)\cdots\xi_m(n) & \end{bmatrix}$$

式中，$\xi_i(k)$为第i种方案的第k个指标与第k个最优指标的关联系数。

$$\xi_i(k) = \frac{\min\limits_i \min\limits_k \left|C_k^* - C_k^i\right| + \rho \max\limits_i \max\limits_k \left|C_k^* - C_k^i\right|}{\left|C_k^* - C_k^i\right| + \rho \max\limits_i \max\limits_k \left|C_k^* - C_k^i\right|}$$

式中，$\rho \in [0,1]$，一般取ρ =0.5。由$\xi_i(k)$，即得E，这样综合评判结果为：$R = E \times W$，即$r_i = \sum_{k=1}^{n} W(k) \times \xi_i(k)$，若关联度$r_i$最大，这说明$\left\{C^i\right\}$与最优指标$\left\{C^*\right\}$最接近，亦即第$i$个方案优于其他方案，据此可以排出各方案的优劣次序。

3. 定性资料分析

如前文所述，在对政府购买公共服务效果进行评价的时候，有些指标仅靠量化数据测量不足以全面准确地反映这一维度的真实情况，因此，本研究在对测量指标进行量化分析的同时，会结合对访谈资料的内容分析、语义分析等定性资料分析方法，以期从不同角度反映政府购买大病医疗保险服务的真实效果。

二、测量与评价结果

（一）政府购买大病医疗保险服务效果描述性分析与评价

对S市11个被评价单位政府购买大病医疗保险服务运行效果所做的描述性分析与评价将围绕“投入”“过程”“产出”“品质”“成效”和“价值”六个维度展开。我们将政府购买大病医疗保险服务效果评价指标体系进行了操作化（详见附表1），并采用不同方式收集到了11个被评价单位的相关数据和信息，除指标“权力寻租状况 C_{65}”难以量化衡量且权重占比较低而被舍弃以外，其他26个三级指标被操作化为29个具体指标，来反映每个被评价单位的政策施行效果。

1. 投入

“投入”维度包含4个三级指标，被操作化为5个具体指标（见附录1）。表6.3显示被评价的11个单位中，B02、Z02、Y02和C02在政府购买大病医疗保险的模式上，采取的是“委托代理模式”，2016年当地中标企业是中国人民财产保险股份公司S市分公司（以下简称人保），以经办城乡居民大病医疗保险为主；其余7个单位采取的是“保险合同模式”，2016年当地中标企业是中国太平洋人寿保险股份有限公司S市中心支公司（以下简称太保），以经办城镇职工大病医疗保险为主。

表6.3 投入维度原始数据

被评价单位编码和序号 ID/ X_i	购买模式的选择 C_{11}	年总保费 / 服务费支出 C_{12} 万元 / 年	年管理成本支出 C_{13} 万元 / 年	预算编制的合理性 C_{14} /%
B01（X_1）	1	12211.00	80.00	102.00
B02（X_2）	2	1116.00	50.00	95.00
Z01（X_3）	1	1204.00	30.00	106.00
Z02（X_4）	2	106.00	30.00	94.00
Q01（X_5）	1	1196.00	25.00	98.00
Q02（X_6）	1	110.80	30.00	104.00
Y01（X_7）	1	1106.00	25.00	105.00
Y02（X_8）	2	110.00	30.00	94.00

续表

被评价单位编码和序号 ID/ X_i	购买模式的选择 C_{11}	年总保费 / 服务费支出 C_{12} 万元 / 年	年管理成本支出 C_{13} 万元 / 年	预算编制的合理性 C_{14} /%
L01（X_9）	1	900.00	25.00	106.00
L02（X_{10}）	1	89.80	30.00	94.00
C02（X_{11}）	2	46.22	30.00	96.00

注：被评价单位编码中字母代表被评价市、县，01 代表政府购买城镇职工大病医疗保险，02 代表政府购买城乡居民大病医疗保险（下表 6.4 ~ 6.8 同）。

如前文所述，地方政府采取“保险合同模式”购买大病医疗保险服务时，政府充当了投保人的角色，为全体大病保险参保人向太保投保大病医疗保险，因而其主要支出为“保费”，保险公司的毛利润则将由保费中扣除当年的赔付额而获得，保险公司自担风险，自负盈亏。甚至有些研究表明，在国家层面“保本微利”的原则指导下，保险公司承保这项政府业务是“赔本赚吆喝”。[①]我们的调查中，S 市太保公司大病项目负责人也表示，“自该公司 2002 年开始承办这项政府项目以来直到 2010 年才逐渐实现收支平衡，2013 年起才开始略有结余”。而采取“委托代理”模式购买服务时，政府需要支付的是委托代理服务费，根据竞标结果，各被评价单位大约是按照当地当年总大病医疗保险基金的 3% 左右收取服务费，医保基金的盈亏由政府负责。

大病医疗保险服务政府购买活动的“年管理成本支出”主要由“大病保险主管部门工作人员工资福利总支出”和“大病保险主管部门办公费用支出”两部分构成（见附录 1）。表 6.3 显示，除市本级（B01、B02）以外，其余各县市该项支出大体持平。“预算编制的合理性”通过“政府购买大病医疗保险实际投入占调整后预算百分比”来测量，总体来看，采取“保险合同”模式购买大病保险服务的地区超预算编制的比例略高。

2. 过程

“过程”维度包含了 3 个具体指标，其中“服务供给流程的标准化程度”和“服务供给市场竞争度”在整个评价指标体系中非常重要，所占权

① 马伟玲，孙婷，王建华 . 我国大病医疗保险制度公私合作路径研究［J］. 苏州大学学报 . 哲学社会科学版，2016.4：34–40.

重分列第2和第3位。

"服务供给市场竞争度"由当年参与竞标企业数来反映，横向看，市本级参与竞标企业数量最多，县市地区相对较少，多数刚刚达到企标标准。"政府购买合同的管理次数"通过"每年政府部门对大病医疗保险服务外包合同的履行状况督查过几次"来测量，调查表明，多数被评价单位政府将大病保险业务外包给保险公司基本不再会关注购买合同的履行状况（见表6.4），这种情况在县市地区表现得更为明显。关于大病医疗保险"服务供给流程的标准化程度"我们是通过每个被评价地区对参保大病患者的抽样调查结果来测量的，表6.4显示，两种模式下参保患者对大病服务供给流程的标准化程度打分都较高，但"委托代理"模式下的大病患者对其流程标准程度打分更高，为4.88分，显著高于"保险合同"模式（后者为4.21分，T=–6.598，P=0.000）。我们对市本级两家经办保险公司的走访和观察也表明，两家公司都在醒目的位置展示了城镇职工或城乡居民大病医疗保险报销流程示意图，参保患者只需按照流程排队办理即可。我们对前往太保公司报销城镇职工大病保险的患者办理时间进行随机计时，大约每位患者的办理时间为20分钟左右，审核过程并不烦琐。而中保健康经办大病保险服务采取的是"委托代理"模式，市本级及其下辖的Z市、Y市 和C市政府购买城乡居民大病保险采取该模式，其中，市本级和Z市目前大病保险已实现出院即报，大大减轻了患者或其家属来往奔波报销的负担，因而患者对其流程标准化程度打分较高。

表6.4　过程维度原始数据

被评价单位编码和序号 ID/ X_i	服务供给市场竞争度 C_{21} 个/年	政府购买合同的管理次数 C_{22} 次/年	服务供给流程的标准化程度打分 C_{23} 分
B01（X_1）	10	2	4.55
B02（X_2）	8	1	4.86
Z01（X_3）	5	1	4.27
Z02（X_4）	3	1	4.90
Q01（X_5）	6	1	4.19
Q02（X_6）	3	0	4.28
Y01（X_7）	5	1	4.25

续表

被评价单位编码和序号 ID/ X_i	服务供给市场竞争度 C_{21} 个 / 年	政府购买合同的管理次数 C_{22} 次 / 年	服务供给流程的标准化程度打分 C_{23} 分
Y02（X_8）	4	0	4.87
L01（X_9）	4	1	3.95
L02（X_{10}）	3	0	4.02
C02（X_{11}）	3	0	4.88

注：其中代码为 B02、Z02、Y02、C02 的地区采取委托代理方式购买大病医疗保险服务，其余地区采取保险合同模式。

3. 产出

产出维度包含了 5 个具体指标，其中“大病保险受益率”由当年大病保险报销人次与当年大病保险参保总人数来表示。图 6.1 显示，11 个被评价单位中，城乡居民大病医疗保险受益率均高于城镇职工，这可能与城乡居民中包含了较大比例的 12 岁以下儿童与 60 岁以上老人有关，相对来讲，这一人群是各类重大疾病发病率较高的群体。“大病保险年实际总补偿比”由当地当年大病保险金总支出与当地当年大病保险参保人总医疗费用支出比来表示。表 6.5 显示，各地大病保险年实际总补偿比均为 20% 左右，需要注意的是，这个数字是不包含当地基本医疗保险基金的补偿的，由于 S 市及其下辖县市大病医疗保险均施行“分段补偿”的政策，因此，我们通过 S 市市本级大病医疗保险患者数据库可以统计得知，对于一个单次医疗支出超过 7 万元的城镇职工大病患者而言，其总的个人自付比例大约为 40% 左右，而一个单次医疗支出超过 6.5 万元的城乡居民大病患者其个人总自付比例则约为 45.39%，可见大病医疗保险在减轻患者医疗经济负担方面发挥了重要作用。

“服务购买合同载明责任完成度”由我们对当地医保部门相关负责人的结构式访谈而获得，这一数字出自被评价单位大病保险业务负责人根据当地服务购买合同的履行情况主观估计给出。表 6.5 显示，经办公司对于与政府签订的大病保险服务购买合同中的载明责任其完成度被认为还是比较高的，他们的主要判断依据是根据当地大病保险年实际总补偿比以及参保人投诉情况。“违规金额审出率”在整个评价指标体系中所占权重较高，指的是经办公司对定点医疗机构住院医疗费用结算额中不符合该市住院医疗费用相关管理规定的费用的审出率，不符合规定的费用一般包括违规用药、分解收费、重复收费、超标收费、登记信息不全的患者所发生的住院医疗费用。该指标越高，说明经办公司对医疗机构医疗费用的审核越细致严格，有利于加强对医保基金的管理，减少医保基金的流失。“经办公司溢出收益”指的是经办保险公司在经办此项政府项目中所能得到的额外收益，比如，获得对其他政府外包服务项目的优先权以及经办保险公司自感是否因经办大病保险项目而获得企业形象提升。调查显示，超过50%的经办公司负责人表示，由于与政府相关部门合作较多，确实在政府外包其他保险相关项目中有一定优势。而只有27.27%的经办公司表示会因为经办政府大病医疗保险项目而获得企业形象提升，而这些负责人所在公司均为采取委托代理模式提供保险服务的中保健康公司。

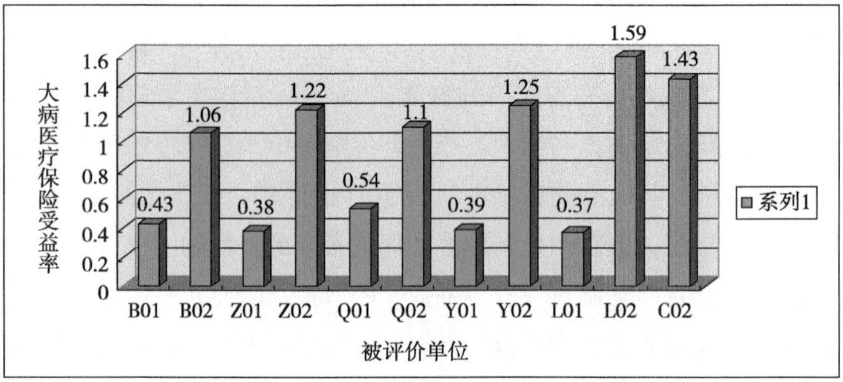

图6.1　S市11个被评价单位大病医疗保险受益率

表6.5　产出维度原始数据

被评价单位编码和序号ID/ X_i	大病保险受益率 C_{31} %	大病保险年实际总补偿比 C_{32} %	服务购买合同载明责任完成度 C_{33} %	违规医疗费用审出率 C_{34} %	经办公司溢出收益 C_{35}	
B01（X_1）	0.43	23.54	95	20.29	1	1
B02（X_2）	1.06	20.19	98	4.88	2	2
Z01（X_3）	0.38	24.01	92	12.35	1	1
Z02（X_4）	1.22	18.85	95	5.23	2	1
Q01（X_5）	0.54	24.24	92	8.85	2	1

续表

被评价单位编码和序号 ID/ X_i	大病保险受益率 C_{31} %	大病保险年实际总补偿比 C_{32} %	服务购买合同载明责任完成度 C_{33} %	违规医疗费用审出率 C_{34} %	经办公司溢出收益 C_{35}	
Q02（X_6）	1.10	21.01	92	3.29	2	1
Y01（X_7）	0.39	21.85	90	10.17	1	1
Y02（X_8）	1.25	19.23	95	4.45	2	2
L01（X_9）	0.37	22.45	90	11.36	1	1
L02（X_{10}）	1.59	20.31	95	5.84	1	1
C02（X_{11}）	1.43	23.56	95	4.95	1	2

注：其中代码为 B02、Z02、Y02、C02 的地区采取委托代理方式购买大病医疗保险服务，其余地区采取保险合同模式。

4. 品质

品质维度包含 5 个具体指标，其中“大病保险服务供给的专业性、公平性、回应性和个性化”度量的是大病保险供给服务的质量，由于其客观测量难度较大，本研究采取的是主观测量法，即由概率所选取的大病患者或其家属对整个大病保险服务供给进行满意度打分获得。而“大病保险服务提供组织的培育”则关注的是整个政府向市场购买医疗保险服务活动对市场组织的培育，本研究采用“与上年相比大病医疗保险服务供给组织参与竞标增长率”来具体测量这一指标。表 6.6 表明，与 2015 年相比，除 C02 以外，各被评价单位参与竞标的保险服务供给组织均有不同程度的增长，显示政府购买医疗保险服务政策的施行正在不断吸引更多的保险企业参与到服务供给的竞争中来，这样不仅有利于降低政府购买医疗保险服务的成本，客观上也促进了整个医疗保障市场的繁荣。

从大病保险服务供给的专业性看，11 个被评价单位的满意度得分都超过了 3.5 分，其中采取委托代理模式的地区得分更高，均超过了 4.0 分，可见参保患者对经办保险公司所提供服务的专业性还是比较认可的。“大病保险服务供给的公平性”得分略低于专业性，特别是城镇职工大病医疗保险服务供给的公平性得分显著低于城乡居民，我们对得分情况进行多元回归分析表明，这种判断与被访者的文化程度和职业等个人特征有关，文化程度越高者、职业为公务员、教师、医生等专业技术人员者相对于文化程度较低者和农民来说，对公共服务供给的公平性更为敏感。“大病保险服务供给的回应性”在我们所研制的测量指标体系中权重排序为第 1 个，可见人们对政府购买大病医疗保险服务质量特别是服务的回应性要求非常高。抽样调查显示，“大病保险服务供给的回应性”整体满意度得分较高，显示经办保险公司整体来看对“客户”的各种需求回应性较好，相对而言，“委托代理”模式下的被访者的满意度更高，这可能与人保健康在提供大病保险相关服务时实现了“出院即报”有关，患者或其家属可以很便捷地解决报销中出现的各种问题。关于“大病保险服务供给的个性化”问题，整体来看 11 个被评价单位满意度得分都不高，其中得分最高的是编码为 C02 的单位，C02 为 S 市下辖范围内最小的一个评价单位，由人保健康以委托代理的方式为当地城乡居民提供大病保险服务，由于参保患者相对较少，所以经办公司对患者或其家属的一些个人化的具体要求可能回应性较强。

表 6.6　品质维度原始数据

被评价单位编码和序号 ID/ X_i	大病保险服务供给的专业性 C_{41} 分	大病保险服务供给的公平性 C_{42} 分	大病保险服务供给的回应性 C_{43} 分	大病保险服务供给的个性化 C_{44} 分	大病保险服务提供组织培育 C_{45} %
B01（X_1）	4.24	3.13	4.00	2.05	40.00
B02（X_2）	4.25	4.08	4.23	3.05	40.00
Z01（X_3）	3.51	3.44	3.80	2.87	50.00
Z02（X_4）	4.08	3.85	3.95	3.23	50.00
Q01（X_5）	3.94	3.24	3.92	2.85	33.00
Q02（X_6）	3.85	3.02	3.78	2.97	33.33
Y01（X_7）	3.99	3.17	3.86	2.59	40.00
Y02（X_8）	4.23	3.84	4.11	3.15	40.00
L01（X_9）	3.95	3.17	4.02	3.30	25.00
L02（X_{10}）	4.05	3.08	4.13	3.58	25.00
C02（X_{11}）	4.25	4.12	4.25	3.64	0.00

注：其中代码为 B02、Z02、Y02、C02 的地区采取委托代理方式购买大病医疗保险服务，其余地区采取保险合同模式。

5. 成效

成效维度包含了 4 个操作化指标，其中，大病保险服务需求满足度由“大病患者自感大病保险服务需求满足度得分”来测量。由于服务需求满足度需要到参保人根据自身经济状况、医疗费用支出情况、对大病保险服务供给质量的主观感受等做出综合评判，很难客观测量，因而本研究仍采用邀请被访者打分的方式来获得这方面信息。表 6.7 表明，11 个被评价单位参保患者或其家属对大病保险服务需求满足度的评分均不太高，其中 Z01、Q01 等地政府购买城镇职工大病医疗保险得分略高于其他地区。“参保人生活质量改善”被操作化为“大病患者大病保险平均补偿金占当地当年居民个人可支配收入的比例”，所涉数据由被评价单位提供和当地 2016 社会发展统计公报获得。世界卫生组织（WHO）定义，一个家庭的个人自付医疗费用支出超过了这个家庭年总可支配收入的 30% 以上，可被认为其面临了灾难性卫生支出。由表 6.7 可见，大病医疗保险的实施对参保人生活质量的改善、防止其发生灾难性卫生支出起到了非常重要的作用。“政府规模的缩小情况”是测量政府购买公共服务效果的一个重要指标，在本研究中其权重排序位列第 7，我们用“过去五年中政府大病医疗保险主管部门人员增加比例”来测量这一指标。由表 6.7 可见，市本级两个评价单位 B01、B02 以及县市 L01 在过去五年中，政府负责大病医疗保险事务管理的工作人员实现了缩减，Z02、L02 和 C02 过去五年相关工作人员没有增减，其他地区工作人员数量略有增加。服务供给质量是否得到改善是政府购买公共服务关注的焦点之一，本研究中“大病保险服务供给质量的改善”在整个评价指标体系中所占权重位列第 2，也充分体现了这一指标的重要性。实地评价中，我们将其操作化为被评价单位“比上年大病医疗保险服务投诉增长率”来测量。表 6.7 显示，被评价单位 Y01，即 Y 地区政府购买城镇职工大病医疗保险投诉率较高，为 11.14%；采取“委托代理模式”的政府购买大病医疗保险服务投诉增长率普遍低于“保险合同模式”，提示政府应加强对这一模式下经办保险公司服务质量的监督。

表 6.7　成效维度原始数据

被评价单位编码和序号 ID/ X_i	大病保险服务需求满足度 C_{51} %	参保人生活质量改善 C_{52} %	政府规模的缩小情况 C_{53} %	大病保险服务供给质量的改善 C_{54} %
B01（X_1）	3.55	64.73	−16.67	11.14
B02（X_2）	3.02	79.88	−16.67	3.52
Z01（X_3）	3.78	69.26	25.00	10.45
Z02（X_4）	2.85	80.52	0.00	2.87
Q01（X_5）	3.61	62.21	50.00	6.82
Q02（X_6）	3.14	70.34	25.00	5.25
Y01（X_7）	3.25	69.22	16.67	11.78
Y02（X_8）	2.87	83.46	16.67	3.15
L01（X_9）	3.42	66.59	−33.33	8.99
L02（X_{10}）	2.95	82.98	0.00	10.50
C02（X_{11}）	2.83	79.26	0.00	2.55

注：其中代码为 B02、Z02、Y02、C02 的地区采取委托代理方式购买大病医疗保险服务，其余地区采取保险合同模式。

6. 价值

价值维度包含了 5 个三级指标，其中"大病保险服务供给公众满意度"在整个评价指标体系中的权重位列第 3，显示人们对这一问题的重视程度。关于"监督机制的有效性"和"问责机制的清晰性"，由于很难进行量化测量，因此我们在调查问卷中仅设置了 3 个是非型问题，询问被评价单位是否建立和执行相关制度。而"权力寻租状况"这一指标则更不适合定量分析，再加之被访者社会价值判断的影响，问卷调查很难了解真实情况，因此，关于这个问题我们在对相关关键知情人的非结构式深度访谈中有意识地涉及，并在对访谈资料的分析中给予了定性研究。

实地测量和评价中，我们采用自制问卷测量公众对政府购买大病医疗保险服务的满意度①，问卷内容围绕大病保险"筹资标准""报销流

① 王明慧，陆广春 . 不同政府外包模式下大病医疗保险服务满意度比较研究［J］. 中国全科医学，2019.4：27-31.

程”“报销比例”以及“经办保险公司服务”满意度四个维度，每个维度又操作化为 3 ~ 5 个反映其具体方面的指标。所有问题的答案均采用李克特（Likert）选项的形式，按照“非常不满意，不太满意，一般，比较满意，满意”5 个选项分别赋值 1—5 分，分数具有实际意义，分数越高表示满意度越高。其中，由于城乡居民大病保险采取的是“出院即时结算”的方式，参保患者不需与经办该业务的人保健康保险公司直接接触，因而对“经办保险公司服务”满意度这一项目未询问城乡居民大病患者。在本部分效果评价中，每个被评价单位的“大病保险服务供给公众满意度”采用的是上述四个维度的算术平均值纳入分析模型。表 6.8 显示，11 个被评价单位中该满意度得分最高的是 Y02，其次是 B02 和 C02，并且也呈现出“委托代理模式”满意度得分总体显著高于“保险合同模式”的现象。

关于“大病保险服务供给社会公正度”我们是用“2016 年当地大病医疗保险参保人数 /2016 年基本医疗保险参保人数”来衡量的，调查显示，11 个被评价单位职工和居民大病医疗保险参保率均较高，其中城乡居民大病医疗保险由于不需要个人和单位另行缴费，而是直接在基本医疗保险费中划拨资金建立大病保险基金，因而参保率达到 100%。

表 6.8 显示，11 个被评价政府部门均尚未建立对大病医疗保险政府购买活动的明确的监督机制，更均未将对大病医疗保险政府购买活动的监管责任明确到人，仅有市本级 B01、B02 以及县市中的 Z01 和 Y01 被评价单位表示曾对经办保险公司大病保险服务供给情况进行过监督。调查表明，政府在将大病医疗保险服务外包给商业保险公司以后，其“监督人”的角色缺位或者尚未充分发挥，而这正是提高政府购买公共服务效率的重要环节和措施，提示政府相关部门应对这一问题引起足够重视。

表 6.8　价值维度原始数据

被评价单位编码和序号 ID/ X_i	大病保险服务供给公众满意度 C_{61} 分	大病保险服务供给社会公正度 C_{62} %	问责制度的清晰性 C_{63}	监督机制的有效性 C_{64}	
B01（X_1）	3.41	95.73	2	2	1
B02（X_2）	4.07	100.00	2	2	1

续表

被评价单位编码和序号 ID/ X_i	大病保险服务供给公众满意度 C_{61} 分	大病保险服务供给社会公正度 C_{62} %	问责制度的清晰性 C_{63}	监督机制的有效性 C_{64}	
Z01（X_3）	3.55	93.55	2	2	1
Z02（X_4）	3.94	100.00	2	2	2
Q01（X_5）	3.86	95.25	2	2	2
Q02（X_6）	3.75	100.00	2	2	2
Y01（X_7）	3.45	93.47	2	2	1
Y02（X_8）	4.11	100.00	2	2	2
L01（X_9）	3.37	94.56	2	2	2
L02（X_{10}）	3.46	100.00	2	2	2
C02（X_{11}）	4.01	100.00	2	2	2

注：其中代码为 B02、Z02、Y02、C02 的地区采取委托代理方式购买大病医疗保险服务，其余地区采取保险合同模式

（二）政府购买大病医疗保险服务效果灰色综合评价

本研究应用灰色综合评价法对 S 市 2016 年 1 月 1 日至 12 月 31 日 11 个被评价单位的政府购买大病医疗保险服务运行效果进行综合评价，评价之前的准备工作包括评价指标体系的构建，这在本书第 5 章中已经完成。接下来进入灰色系统评价实际应用阶段：

第一步，确定被评价单位政府购买大病医疗保险服务运行效果的指标值数列和参考数据列。根据上文所确定的评价指标体系各指标测算方法及最优标准，将 S 市 2006 年度 11 个被评价单位包含了投入、过程、产出、品质、成效和价值六个维度的指标值数列和参考数据列列于表 6.9。为了满足灰色关联系数的计算具有实际意义，我们舍弃了投入维度中的“购买模式的选择 C_{21}”、产出维度中的“经办公司溢出收益 C_{35}”以及价值维度中的“问责制度的清晰性 C_{63}”、“监督机制的有效性 C_{64}”和“权力寻租状况 C_{65}”这 5 个指标，此 5 项指标在综合评价体系中所占权重比例均较低，共占 11.3%，剔除这 5 项指标对整个综合评价结果的影响不大。

表 6.9　政府购买大病医疗保险服务运行效果指标值及参考数列（Ⅰ）

被评价单位编码和序号 ID	年总保费 / 服务费支出 C_{12} 万元 / 年	年管理成本支出 C_{13} 万元 / 年	预算编制的合理性 C_{14} %	服务供给市场竞争度 C_{21} 个 / 年	政府购买合同的管理次数 C_{22} 次 / 年	服务供给流程的标准化程度打分 C_{23} 分	大病保险受益率 C_{31} %	大病保险年实际总补偿比 C_{32} %
B01	12211.00	80.00	102.00	10	2	4.55	0.43	23.54
B02	1116.00	50.00	95.00	8	1	4.86	1.06	20.19
Z01	1204.00	30.00	106.00	5	1	4.27	0.38	24.01
Z02	106.00	30.00	94.00	3	1	4.90	1.22	18.85
Q01	1196.00	25.00	98.00	6	1	4.19	0.54	24.24
Q02	110.80	30.00	104.00	3	0	4.28	1.10	21.01
Y01	1106.00	25.00	105.00	5	1	4.25	0.39	21.85
Y02	110.00	30.00	94.00	4	0	4.87	1.25	19.23
L01	900.00	25.00	106.00	4	1	3.95	0.37	22.45
L02	89.80	30.00	94.00	3	0	4.02	1.59	20.31
C02	46.22	30.00	96.00	3	0	4.88	1.43	23.56
标准	46.22	25.00	94.00	10	2	4.90	1.59	24.24

表 6.9 （续）政府购买大病医疗保险服务运行效果指标值及参考数列（Ⅱ）

被评价单位编码和序号 ID	服务购买合同载明责任完成度 C_{33} %	违规医疗费用审出率 C_{34} %	大病保险服务供给的专业性 C_{41} 分	大病保险服务供给的公平性 C_{42} 分	大病保险服务供给的回应性 C_{43} 分	大病保险服务供给的个性化 C_{44} 分	大病保险服务提供组织培育 C_{45} %	大病保险服务需求满足度 C_{51} %
B01	95	20.29	4.24	3.13	4.00	2.05	40.00	3.55
B02	98	4.88	4.25	4.08	4.23	3.05	40.00	3.02
Z01	92	12.35	3.51	3.44	3.80	2.87	50.00	3.78
Z02	95	5.23	4.08	3.85	3.95	3.23	50.00	2.85
Q01	92	8.85	3.94	3.24	3.92	2.85	33.00	3.61
Q02	92	3.29	3.85	3.02	3.78	2.97	33.33	3.14
Y01	90	10.17	3.99	3.17	3.86	2.59	40.00	3.25
Y02	95	4.45	4.23	3.84	4.11	3.15	40.00	2.87

续表

被评价单位编码和序号 ID	服务购买合同载明责任完成度 C_{33} %	违规医疗费用审出率 C_{34} %	大病保险服务供给的专业性 C_{41} 分	大病保险服务供给的公平性 C_{42} 分	大病保险服务供给的回应性 C_{43} 分	大病保险服务供给的个性化 C_{44} 分	大病保险服务提供组织培育 C_{45} %	大病保险服务需求满足度 C_{51} %
L01	90	11.36	3.95	3.17	4.02	3.30	25.00	3.42
L02	95	5.84	4.05	3.08	4.13	3.58	25.00	2.95
C02	95	4.95	4.25	4.12	4.25	3.64	0.00	2.83
标准	98	20.29	4.25	4.12	4.25	3.64	50.00	3.78

表 6.9 （续）政府购买大病医疗保险服务运行效果指标值及参考数列（III）

被评价单位编码和序号 ID	参保人生活质量改善 C_{52} %	政府规模的缩小情况 C_{53} %	大病保险服务供给质量的改善 C_{54} %	大病保险服务供给公众满意度 C_{61} 分	大病保险服务供给社会公正度 C_{62} %
B01	64.73	−16.67	11.14	3.41	95.73
B02	79.88	−16.67	3.52	4.07	100.00
Z01	69.26	25.00	10.45	3.55	93.55
Z02	80.52	0.00	2.87	3.94	100.00
Q01	62.21	50.00	6.82	3.86	95.25
Q02	70.34	25.00	5.25	3.75	100.00
Y01	69.22	16.67	11.78	3.45	93.47
Y02	83.46	16.67	3.15	4.11	100.00
L01	66.59	−33.33	8.99	3.37	94.56
L02	82.98	0.00	10.50	3.46	100.00
C02	79.26	0.00	2.55	4.01	100.00
标准	83.46	−33.33	2.55	4.11	100.00

第二步，将表 6.9 做归一化处理，其方法按照上文提到的均值化处理方法，得到政府购买大病医疗保险服务运行效果评价指标及参考数列的归一化数据列（见 6.10）。

表 6.10　政府购买大病医疗保险服务运行效果评价指标归一化数据列（I）

被评价单位编码和序号 ID	年总保费 / 服务费支出 C_{12} 万元 / 年	年管理成本支出 C_{13} 万元 / 年	预算编制的合理性 C_{14} %	服务供给市场竞争度 C_{21} 个 / 年	政府购买合同的管理次数 C_{22} 次 / 年	服务供给流程的标准化程度打分 C_{23} 分	大病保险受益率 C_{31} %	大病保险年实际总补偿比 C_{32} %
B01	0.96	0.68	0.25	1.00	0.73	0.82	1.00	0.42
B02	0.84	0.68	0.25	0.57	0.84	0.88	0.89	0.37
Z01	1.00	0.68	0.22	0.28	0.98	1.00	0.86	0.37
Z02	0.98	0.68	0.20	0.31	1.00	0.95	0.83	0.01
Q01	0.94	0.55	0.28	0.24	0.83	0.57	0.83	1.00
Q02	0.94	0.95	0.25	0.20	0.57	0.40	0.92	0.07
Y01	0.95	0.55	0.18	0.21	0.58	0.42	0.92	0.05
Y02	0.92	0.95	0.25	0.17	0.56	0.38	0.94	0.16
L01	0.92	0.55	0.15	0.05	0.57	0.37	0.94	0.13
L02	0.95	0.85	0.00	0.22	0.60	0.37	0.86	0.12
C02	0.00	0.80	0.18	0.00	1.00	1.00	0.83	1.00
标准	0.00	0.55	0.00	1.00	1.00	1.00	1.00	1.00

表 6.10（续）政府购买大病医疗保险服务运行效果评价指标归一化数据列（II）

被评价单位编码和序号 ID	服务购买合同载明责任完成度 C_{33} %	违规医疗费用审出率 C_{34} %	大病保险服务供给的专业性 C_{41} 分	大病保险服务供给的公平性 C_{42} 分	大病保险服务供给的回应性 C_{43} 分	大病保险服务供给的个性化 C_{44} 分	大病保险服务提供组织培育 C_{45} %	大病保险服务需求满足度 C_{51} %
B01	0.54	1.00	0.84	0.88	0.85	0.84	0.92	0.87
B02	0.49	0.91	0.92	0.91	0.88	0.82	0.92	0.85
Z01	0.49	0.95	0.85	0.87	0.86	0.83	0.94	0.86
Z02	0.52	0.87	0.90	0.85	0.87	0.83	0.94	0.83
Q01	0.53	0.93	0.88	0.92	0.87	0.84	0.92	0.87
Q02	0.49	0.91	0.87	0.91	0.88	0.82	0.92	0.85
Y01	0.49	0.90	0.88	0.87	0.86	0.81	0.94	0.86
Y02	0.52	0.95	0.85	0.90	0.92	0.80	0.92	0.80

续表

被评价单位编码和序号 ID	服务购买合同载明责任完成度 C_{33} %	违规医疗费用审出率 C_{34} %	大病保险服务供给的专业性 C_{41} 分	大病保险服务供给的公平性 C_{42} 分	大病保险服务供给的回应性 C_{43} 分	大病保险服务供给的个性化 C_{44} 分	大病保险服务提供组织培育 C_{45} %	大病保险服务需求满足度 C_{51} %
L01	0.46	0.86	0.89	0.87	0.91	0.82	0.90	0.88
L02	0.45	0.84	0.84	0.83	0.93	0.85	0.90	0.84
C02	0.50	0.95	0.95	0.95	0.96	0.86	0.90	0.83
标准	1.00	1.00	1.00	1.00	1.00	1.00	1.00	1.00

表 6.10 （续）政府购买大病医疗保险服务运行效果评价指标归一化数据列（III）

被评价单位编码和序号 ID	参保人生活质量改善 C_{52} %	政府规模的缩小情况 C_{53} %	大病保险服务供给质量的改善 C_{54} %	大病保险服务供给公众满意度 C_{61} 分	大病保险服务供给社会公正度 C_{62} %
B01	0.87	0.16	0.98	0.84	0.95
B02	0.92	0.16	0.54	0.90	1.00
Z01	0.83	0.68	0.92	0.85	0.94
Z02	0.95	0.00	0.35	0.83	1.00
Q01	0.81	0.95	0.49	0.82	0.95
Q02	0.84	0.80	0.55	0.83	1.00
Y01	0.82	0.68	1.00	0.89	0.93
Y02	1.00	0.68	0.40	1.00	1.00
L01	0.80	0.33	0.78	0.90	0.94
L02	0.95	0.33	0.90	0.89	1.00
C02	0.90	0.33	0.37	0.91	1.00
标准	1.00	0.00	1.00	1.00	1.00

第三步，确定各评价指标的权重。此步骤已在上一节采用专家咨询结合层次分析法得以确定（参见表 5.18（指标权重表））。按照表 5.18 所列顺序，指标体系中剩余的 21 个指标排列的权重从大到小依次为：

W=（0.083，0.060，0.060，0.054，0.054，0.052，0.050，0.046，0.042，0.041，0.041，0.039，0.037，0.037，0.036，0.031，0.031，0.029，

0.028，0.023，0.013）

第四步，计算灰色关联系数，如表 6.11 所示。

$$\zeta_{0i}(j)=\frac{\min\Delta_{0i}(j)+\rho\max\Delta_{0i}(j)}{\Delta_{0i}(j)+\rho\max\Delta_{0i}(j)}\quad 0<\rho<1$$

表 6.11　政府购买大病医疗保险服务运行效果评价指标灰色关联系数（I）

被评价单位编码和序号 ID	年总保费 / 服务费支出 C_{12} 万元 / 年	年管理成本支出 C_{13} 万元 / 年	预算编制的合理性 C_{14} %	服务供给市场竞争度 C_{21} 个 / 年	政府购买合同的管理次数 C_{22} 次 / 年	服务供给流程的标准化程度打分 C_{23} 分	大病保险受益率 C_{31} %	大病保险年实际总补偿比 C_{32} %
B01	0.92	0.61	0.95	1.00	1.00	0.33	0.65	0.73
B02	0.72	0.61	0.94	0.95	0.95	0.47	0.76	0.80
Z01	0.58	0.61	0.92	0.91	0.96	0.64	0.96	1.00
Z02	0.59	0.61	0.94	0.85	0.94	0.62	1.00	0.91
Q01	0.63	0.90	0.95	0.86	0.90	0.67	0.75	0.54
Q02	0.83	0.90	0.67	0.82	0.90	0.72	0.54	0.45
Y01	0.77	0.90	0.67	0.66	0.94	0.71	0.54	0.46
Y02	0.77	0.90	0.95	0.66	0.90	0.74	0.53	0.45
L01	0.80	0.33	0.95	0.68	0.88	0.92	0.54	0.44
L02	0.88	0.91	1.00	0.68	0.85	0.70	0.55	0.44
C02	0.55	0.82	0.92	0.33	0.80	0.75	0.55	0.92
标准	1.00	1.00	1.00	1.00	1.00	1.00	1.00	1.00

表 6.11（续）政府购买大病医疗保险服务运行效果评价指标灰色关联系数（II）

被评价单位编码和序号 ID	服务购买合同载明责任完成度 C_{33} %	违规医疗费用审出率 C_{34} %	大病保险服务供给的专业性 C_{41} 分	大病保险服务供给的公平性 C_{42} 分	大病保险服务供给的回应性 C_{43} 分	大病保险服务供给的个性化 C_{44} 分	大病保险服务提供组织培育 C_{45} %	大病保险服务需求满足度 C_{51} %
B01	0.95	1.00	0.88	0.75	0.59	0.85	0.83	0.82
B02	0.92	0.91	0.82	0.85	0.68	0.82	0.83	0.83
Z01	0.89	0.85	0.85	0.74	0.68	0.85	0.83	0.83

续表

被评价单位编码和序号 ID	服务购买合同载明责任完成度 C_{33} %	违规医疗费用审出率 C_{34} %	大病保险服务供给的专业性 C_{41} 分	大病保险服务供给的公平性 C_{42} 分	大病保险服务供给的回应性 C_{43} 分	大病保险服务供给的个性化 C_{44} 分	大病保险服务提供组织培育 C_{45} %	大病保险服务需求满足度 C_{51} %
Z02	0.82	0.87	0.80	0.78	0.65	0.68	0.83	0.80
Q01	0.93	0.83	0.78	0.78	0.67	0.69	0.82	0.81
Q02	0.89	0.81	0.78	0.80	0.69	0.72	0.85	0.82
Y01	0.79	0.79	0.88	0.77	0.78	0.87	0.83	0.81
Y02	0.82	0.85	0.85	0.80	0.71	0.77	0.80	0.77
L01	0.86	0.86	0.79	0.78	0.74	0.68	0.85	0.78
L02	0.75	0.88	0.74	0.73	0.86	0.75	0.85	0.72
C02	0.59	0.95	0.65	0.79	0.69	0.66	0.90	0.69
标准	1.00	1.00	1.00	1.00	1.00	1.00	1.00	1.00

表 6.11 （续）政府购买大病医疗保险服务运行效果评价指标归一化数据列（III）

被评价单位编码和序号 ID	参保人生活质量改善 C_{52} %	政府规模的缩小情况 C_{53} %	大病保险服务供给质量的改善 C_{54} %	大病保险服务供给公众满意度 C_{61} 分	大病保险服务供给社会公正度 C_{62} %
B01	0.72	0.54	0.86	0.74	0.90
B02	0.88	0.54	0.47	0.85	0.95
Z01	0.83	0.82	0.84	0.78	0.93
Z02	0.90	0.95	0.79	0.76	0.95
Q01	0.81	0.94	0.83	0.75	0.90
Q02	0.85	0.85	0.89	0.76	0.95
Y01	0.82	0.82	0.95	0.74	0.89
Y02	0.95	0.82	0.68	0.95	0.68
L01	0.66	0.67	0.85	0.90	0.64
L02	0.88	0.67	0.92	0.88	0.95
C02	0.82	0.67	0.67	0.90	0.88
标准	1.00	0.00	1.00	1.00	1.00

第五步，计算灰色关联度。以上步骤采用 MATLAB5.0 计算各年度指标数据列与标准数据列之间的灰色关联系数，得到指标加权关联度如表 6.12 所示。

$$r_{0i}=\sum_{j=1}^{p}\omega_j\zeta_{0i}(j)\qquad i=1,\cdots,n$$

表 6.12 政府购买大病医疗保险服务运行效果评价指标灰色关联系数

被评价单位	B01	B02	Z01	Z02	Q01	Q02	Y01	Y02	L01	L02	C02
灰色关联度	0.73	0.75	0.69	0.70	0.73	0.68	0.60	0.65	0.64	0.65	0.69

结果与讨论：

首先，由综合评价结果可见（见表 6.12），11 个被评价单位灰色关联系数均达到 0.60 以上，提示 S 市及其所辖县市的政府购买大病医疗保险服务活动总体运行效果较好。其中，B02 即市本级政府购买城乡居民大病医疗保险服务运行效果最佳，其次是市本级政府购买城镇职工大病医疗保险以及县市 Q01 地区政府购买城镇职工大病医疗保险服务。相对而言，被评单位 Y01、L01 大病医疗保险服务外包整体运行效果欠佳。我们分析其可能的原因有二：一是市本级地区是 S 市各项医保政策施行的先行地区，无论是在对政策方案的具体解读和执行力上，还是在政策推行中的人力、财力投入和硬件配套措施的安排上都要比其下辖的县市地区具有先天优势；二是市本级地区的大病医疗保险服务供给市场环境要优于县市地区，市本级地区拥有更多的招标竞争主体，并且，市本级地区的经办保险公司无论在人员素质还是技术服务能力等方面都要优于县市地区，从而形成了其后天优势。当然，这也就给这些地区的大病医疗保险服务供给效率的改进提供了明确的方向，并为提出具体改革措施提供了可能的参考。

其次，综合评价结果还显示，被评价单位 B02、Z02、Q02、Y02、L02 和 C02 整体灰色关联系数要高于 B01、Z01、Q01、Y01 和 L01，这意味着政府购买城乡居民大病保险服务运行效果评价整体上要高于政府购买城镇职工大病保险服务，特别是采取“委托代理模式”购买大病保险服务的被评价单位 Z02、Y02、L02 和 C02，其灰色关联系数均高于当地采取“保险合同模式”购买大病保险服务的情形。我们综合前文对两种大病保险制度的政策方案的解读、对政府购买大病医疗保险服务模式的分析以及对此项政府购买活动的投入、过程、产出、品质、成效和价值的详细描述，大体可知，采取“委托代理模式”购买服务的城乡居民大病保险整体运行效果普遍优于采取“保险合同模式”购买服务的城镇职工大病保险，这不仅与两种公共服务外包形式及其政府责任有关，也与不同的大病保险方案以及参保人群的个人特征有关。政府购买大病医疗保险服务效率的改进必须着眼于上述多个方面，提出全面的综合改进措施方能收到效果。

当然，我们还需注意表6.12的结果是一个相对比较结果，不能反映每个被评价单位的绝对状况。具体到每个被评价单位的具体改进措施，尚需结合定性资料研究的结果做出综合判断。

（三）S市政府购买大病医疗保险服务居民满意度研究

公众对政府购买公共服务的满意度是测量这项制度或项目实施的政治价值的一项重要指标，也是衡量政府购买公共服务运行绩效的一个重要方面。我们在前文的灰色综合评价中，直接利用了S市参保患者对政府购买大病医疗保险服务的满意度综合得分数据，但并未具体分析综合满意度得分的构成及其影响因素，然而，我们认为深入分析公众满意度并探讨其影响因素有助于体现这项政策的政治价值层面的改进，并直接改善其实施效果。本研究对S市大病情况及参保人大病医疗保险满意度进行的深入调查和分析，希望能够折射出我国在实施政府外包大病医疗保险服务中存在的一些典型现象和问题，作为对我国政府购买医疗保险服务实施效果测量和评价的一个重要补充，为改革和完善这一制度方案提供现实依据和参考。

1. 资料与方法

（1）调查对象与方法

根据S市政府外包大病医疗保险的具体模式，本研究的调查对象为该市所有大病医疗保险参保人。在明确了调查对象以后，我们在当地人力资源与社会保障部门的大力协助下，获得了2014—2016年城镇职工与城乡居民大病医疗保险结算数据，收集到患者的个人基本信息、医疗费用信息与医疗保险报销信息。随后，以此数据库中的全部大病患者构成抽样框，参考同期城镇职工与城乡居民大病患者人数比，按照 3：7 的比例，采取单纯随机抽样方法，利用随机数字生成表在上述数据库中共随机抽取了 1000 名参保患者；然后使用事先设计好的问卷对这 1000 名参保患者（或其家属）进行电话或微信访问，访问的内容主要是关于参保患者对该市大病医疗保险实施状况满意度方面的指标，访问时长一般不超过 3 分钟。最后剔除“无应答”以及“拒答”个案，收集到有效问卷 813 份，问卷有效应答率为 81.3%。问卷信息导入 epidata3.0，本文所有统计分析采用 SPSS19.0 完成。

本研究采用自制问卷测量参保人大病医疗保险满意度，问卷内容围绕政府外包大病保险的“投入”“过程”“产出”“成效”四个维度，分别选取了大病保险“筹资标准”“报销流程”“报销比例”以及“经办保险公司服务”满意度四个指标。其中，由于城乡居民大病保险采取的是“出院即时结算”的方式，参保患者不需与经办该业务的 Z 保险公司直接接触，因而对“经办保险公司服务”满意度这一项目未询问城乡居民大病患者。四个问题的答案均采用李克特（Likert）选项的形式，按照“非常不满意，不太满意，一般，比较满意，满意”5 个选项分别赋值 1—5 分，分数具有实际意义，分数越高表示满意度越高。

此外，尚需说明的问题是，由于新农合与城乡居民医疗保险合并之前，执行县 / 市级属地管理，大病医疗保险单独实施，是以本次调查市本级数据库中原新农合参保人数据信息非常少，为了避免数据偏倚，此次制定抽样框时剔除了各县 / 市数据，只保留了市本级数据。

（2）政策背景

如前文所述，S 市大病医疗保险根据保障人群不同，城镇职工大病医疗保险采取的是“保险合同模式”，合同投保人为当地人力资源与社会保障局；保险人是 P 保险公司；被保险人为当地城镇参保职工；保险费由参保职工或其单位代为缴纳，每人每月 11 元，由投保人统一征缴，并按月划入保险人指定账户；P 公司自负盈亏，自担经营风险。城乡居民大病医疗保险（2016 年 11 月始新农合与之合并实施）采取的是“第三方委托代理模式”，由当地人力资源与社会保障局作为委托人，将参保城乡居民大病保险补偿事宜交由受托人——Z 保险公司来处理，Z 公司收取服务费用，不承担大病保险经营风险，大病保险费医保基金中按每人每年 40 元列支，居民个人不另行缴纳。具体补偿和报销事宜的差别见表 6.13.

表 6.13　S 市城镇职工和城乡居民大病医疗保险实施方案比较

项目	城镇职工大病医疗保险	城乡居民大病医疗保险
政府外包模式	保险合同模式	委托代理模式
筹资	11 元 / 人 / 月	40 元 / 人 / 年
起付线	7 万元	15 万元（18 周岁以下学生类 30 万元）
补偿方式与待遇标准	医保支付范围内费用按不低于 92% 的比例支付，年度最高赔付限额 50 万元	医保支付范围内费用按 60% 至 90% 比例分段补偿，年度最高赔付限额 30 万元
报销方式	参保人先垫付后到保险公司报销	出院即时结算

资料来源：根据 S 市人社局官网相关政策法规整理。

2. 结果

（1）大病患者基本情况比较

本次调查 813 个有效样本中，城镇职工与城乡居民大病医疗保险参保人分别为 244 人和 569 人。其中，两种大病保险模式下，大病患者男女性别比例分别为 1.93：1.00 以及 1.52：1.00，与全国大病发病情况相符①，且均接近样本所来自的总体比例，提示样本代表性较强。从年龄上看，城镇职工大病患者平均年龄 63.14 岁，城乡居民大病患者平均年龄 52.25 岁，两类人群发病率最高的年龄段均为 45 ~ 65 岁，也与全国大病发病情况相符②。2014—2016 年 S 市城镇职工和城乡居民大病患者数据库分病种统计信息显示，两种外包模式下各年龄组发病率最高的病种都是“尿毒症”，全部“尿毒症”患者平均年龄 49.32 岁，最小值为 7 岁。

（2）大病保险补偿情况比较

关于大病保险补偿情况，2014—2016 年 S 市城镇职工和城乡居民大病

① 国家卫生和计划生育委员会 . 2016 中国卫生和计划生育统计年鉴 [M]. 北京：中国协和医科大学出版社，2016.

② 同上。

患者数据库数据显示，2014—2016 年两种模式下大病保险实际补偿额均呈增长趋势，其中城镇职工平均增长率为 10.72%，城乡居民平均增长率为 7.15%。2016 年度共有 12256 人次接受了大病医疗保险费用补偿服务，其中城镇职工占 31.25%，城乡居民占 68.75%。城镇职工大病患者扣除基本医保支付与大病保险支付以后的总自付费用比例为 39.04%，城乡居民这一比例为 45.46%，提示基本医保和大病保险的实施已在相当大程度上减轻了参保患者的经济负担，特别是“尿毒症”和“肾移植”两病种，2014—2016 年城镇职工与城乡居民大病保险补偿总金额达到 8420.00 万元，占同期大病保险总补偿额 12.30%。但由于“大病”患者总医疗费用高企，参保人个人自付费用部分仍是不小的负担。考虑原因可能与两个因素有关，一是总医疗费用中仍有相当部分费用不属于医疗保险基金统筹支付范围，二是统筹支付范围内不合规医疗费用较高。因为 S 市政府外包大病保险协议表明，两种服务外包模式下医疗保险统筹支付范围内医疗费用补偿 / 报销比例并不低，尤其是城镇职工。经办保险公司的项目负责人亦表示：

“保险公司是按照与政府医保部门一致的诊疗目录来审核参保患者的医疗费用的，理赔的时候我们会首先剔除不符合医保规定的费用……对于符合的费用主要是审核诊疗项目和药品的使用量……特别是私立医院，过度医疗的情况比较多”（受访者编号 161226Z）。

（3）大病保险满意度及其影响因素分析与比较

①满意度单因素分析

两种政府外包模式下，大病患者对大病医疗保险各个维度的满意度平均得分见表 6.14。城镇职工大病保险满意度总得分显著低于城乡居民，对每个维度的指标分别进行两独立样本 T 检验，结果显示，在“筹资标准”“报销流程”与“补偿比例”满意度上，城镇职工与城乡居民二者之间的差异均具有统计学意义，提示城乡居民对大病保险筹资标准和报销流程满意度更高，而城镇职工对补偿比例满意度更高。横向看，四个维度的指标中，城镇职工对“筹资标准”的满意度最高，最不满意的是“报销流程”；城乡居民最满意的也是“筹资标准”，但最不满意的是“补偿比例”。这首先说明人们对目前大病保险的筹资标准是较为满意的，也同时意味着这一筹资标准还有进一步提升的空间。而城乡居民对“报销流程”满意度高于城镇职工，应与城乡居民大病医疗保险参保人不再另行缴费以及费用报销实现了“出院即时结算”从而简化了报销流程有关；另一个值得关注的问题是，城镇职工对“经办保险公司服务”的满意度在四个维度的指标中得分最低，提示政府向P公司购买大病保险服务的方式可能会降低参保人对大病保险实施的满意度，政府相关部门应对此引起足够重视。

此外，单因素分析还表明，大病保险知晓程度与被访者大病保险满意度多个维度的指标显著相关。以“大病保险了解程度”为分组变量，对两种大病保险模式下，每个维度的满意度得分进行Spearman秩相关分析，结果表明，被访者对“大病保险了解程度”与其对大病保险“报销流程满意度”“经办保险公司服务满意度”之间的相关系数在置信度0.01的水平上具有统计学意义（相关系数p值分别为–0.260和–0.258），显示了解程度越高，满意度越高。

表6.14　S市大病患者大病保险满意度平均得分及T检验结果

	满意度总平均得分	筹资标准	补偿比例	报销流程	经办保险公司服务
城镇职工	3.41	4.02	3.85	3.03	2.74
城乡居民	4.07	4.53	3.32	4.37	—
T检验		t=3.306**	t=1.827*	t=3.849**	—

注：* 表示$P<0.10$；** 表示$P<0.05$。

②满意度多因素分析

本文分别以“y_1筹资标准满意度”“y_2大病保险报销流程满意度”“y_3大病保险补偿比例满意度”以及“y_4经办保险公司服务满意度”为因变量，以被访大病患者“性别”“年龄”“收入”等为自变量构建多元线性回归模型：

$$y_{ij}=\beta_0+\beta_1x_{ij1}+\beta_2x_{ij2}+\cdots+\beta_px_{ijp}+\varepsilon_{ij}$$

其中，i代表城镇职工大病保险组，j代表城乡居民大病保险组，y_{ij}为各个维度的大病保险满意度，满意度得分经正态性检验，符合正态分布，故采用实际得分值引入方程。变量具体含义与赋值见表6.15。两组多元逐步回归分析的结果显示（见表6.16），拟合的8个回归方程均有统计学意义，其校正决定系数值 R^2 均接近或超过50%，说明回归方程能够在相当大程度上解释因变量的变异，回归方程拟合效果较好。

表6.15　样本市大病保险满意度影响因素变量赋值表

变量名称	赋值
因变量：y_1 大病保险筹资标准满意度	实际得分
y_2 大病保险报销流程满意度	实际得分
y_3 大病保险补偿比例满意度	实际得分
y_4 经办保险公司服务满意度	实际得分
自变量：	
x_1 性别	0= 女 1= 男
x_2 年龄	实际年龄（岁）
x_3 文化程度	1= 小学及以下 2= 初中 3= 高中 / 技校 / 中专 4= 大专及以上
x_4 月收入（元）	1=<3000 2=3000 ~ 5000 3=5000 ~ 7000 4=>7000
x_5 大病医疗保险了解程度	1= 了解 2= 了解一点 3= 完全不了解
x_6 是否购买了商业重疾保险	0= 否 1= 是
x_7 过去一年是否因病伤住过院	0= 否 1= 是

表6.16　不同政府外包模式下大病保险满意度影响因素差异

城镇职工大病保险				城乡居民大病保险			
变量	β值	标化β值	t值	变量	β值	标化β值	t值
因变量 y_1							
自变量							
x_4	0.100	0.103	2.938***	x_4	0.109	0.122	2.885***
x_6	0.265	0.970	2.734***				
因变量 y_2							
自变量							
x_3	−0.205	−0.216	−3.422***	x_7	−0.733	−0.339	−8.604***

续表

城镇职工大病保险				城乡居民大病保险			
变量	β值	标化β值	t值	变量	β值	标化β值	t值
x_5	0.118	0.364	1.858*	x_6	–0.218	–0.143	–3.556***
x_6	0.818	0.285	3.062***	x_1	0.198	0.111	2.855***
因变量 y_3							
自变量							
x_5	0.254	0.201	3.139***	x_7	0.490	0.198	4.498***
x_4	0.265	0.132	2.065**	x_4	0.276	0.242	5.526***
				x_6	0.182	0.104	2.312**
因变量 y_4							
x_5	0.252	0.197	3.100***				
x_6	0.089	0.134	1.832*				

注：* 表示 $P \leqq 0.10$；** 表示 $P \leqq 0.05$；*** 表示 $P \leqq 0.01$。

如表 6.16 所示，具体来看，两种政府外包模式下，患者“y_1 大病保险筹资标准满意度”均受到大病患者“x_4 月收入”的影响，提示收入越高满意度越高。同时，模型显示越是“购买了商业重疾险（x_6）”的城镇职工患者对筹资标准的满意度越高，城乡居民未受此影响。两组患者“y_2 大病保险保险报销流程满意度”的影响因素差别较大，城镇职工的满意度与“x_3 文化程度”呈负相关，与“x_5 大病医疗保险了解程度”和“x_6 是否购买了商业重疾保险”呈正相关关系，城乡居民则主要受“x_7 过去一年是否因病伤住过院”、“x_6 是否购买了商业重疾保险”以及患者的“x_1 性别”的正向影响，可见无论采取哪种政府外包模式，增强参保人对大病保险报销流程的直观体验和了解是增强其满意度的重要途径，而城镇职工中文化程度越低者满意度越高以及城乡居民中男性较女性满意度高则可能与人群的社会价值判断标准有关，一般来讲，文化程度低者、男性的价值判断倾向于更宽容一些[①]。城镇职工“y_3 大病保险补偿比例满意度”受到“x_5 大病医疗保险了解程度”和“x_4 月收入”的正向影响，而城乡居民满意度除受到“x_4 月收入”

① 王明慧，曹乾，陆广春．医保与非医保患者住院费用比较及其影响因素分析［J］．中国卫生经济，2009，28（1）：35-38.

的正向作用以外，还与“x_7过去一年是否因病伤住过院”、“x_6是否购买了商业重疾保险”呈正相关关系。表6.16还显示，城镇职工参保人对“y_4经办保险公司服务满意度”与被访者的“x_5大病保险了解程度”和“x_6是否购买了商业重疾保险”正相关，原因可能在于，对于大病保险了解程度越高、甚至购买过商业重疾险的被访者对保险公司及其服务更为了解和认同。

3. 讨论与建议

（1）大病医疗保险的补偿作用奠定了患者满意度的良好基础

研究表明，不论政府采取哪种外包模式经营大病医疗保险，其对减轻患者的直接医疗经济负担、防止灾难性卫生支出的发生都起到了至关重要的作用。本文对两种政府外包模式下的大病患者基本情况以及大病补偿情况的分析表明，大病保险直接承担了患者50%以上的大额医疗支出。特别是病种“尿毒症”，人群发病率高，且有年轻化的趋势，每周2～3次的肾透析、并发症治疗甚至肾移植，治疗费用高昂，在我国一名血透患者年均耗资约6万～7万元①，大病保险的实施在相当大程度上缓解了患者及其家庭的经济负担。其中，由于城镇职工大病保险筹资标准较高且医疗费用补偿采取固定比例方式，因而患者的总自付比例较城乡居民要低一些。随着城乡居民大病保险基金的逐渐充实，城乡居民的总自付比例有望进一步下降。

（2）政府外包的“保险合同模式”与“委托代理模式”各有利弊

本文对S市大病患者满意度的抽样调查表明，参保人对两种政府外包模式下的大病医疗保险服务满意度均较高，显示大病保险工作已获得人民群众的普遍认可。但从两种模式满意度比较来看，二者各有利弊，具体来说，“委托代理模式”由于不再直接向参保人收取参保费而获得了更高的满意度，这表明“保险合同模式”也可以借鉴此种做法，保费采取一次性收取或者直接从统筹基金中划拨的方式。“委托代理模式”还因为简洁便利的报销流程获得了更高的满意度，结合“保险合同模式”下城镇职工对“经办保险公司服务”满意度较低的事实，本文认为作为投保人的政府相关部门应加强对经办保险公司的监管，尽可能简化报销流程，将参保人对经办保险公司服

① 祝延红，胡善联. 血液透析与腹膜透析的费用及疾病经济负担分析［J］. 中华医院管理杂志，2003，19（7）：31–34.

务满意度的评价作为招标考核的一项重要指标，以提高政府购买公共服务的整体效率。同时，私人保险组织也应在经办政府大病保险业务的同时，通过其优质的服务增强企业形象的正面宣传，从而也为其开拓市场奠定基础，事实上，本文关于满意度影响因素分析的部分也充分表明，加强参保人对大病保险的了解、客观的宣传和引导有利于提高大病保险满意度。

（3）提高大病保险满意度应成为政府外包大病医疗保险服务的价值目标之一

政府外包（准）公共服务以后，政府就完成了由直接的服务递送者到服务购买者和监管者的角色转换，与此同时，政府的价值目标也相应转换为要努力成为能够“为公众做一个好交易”的“精明买家”。因而，当政府将大病保险服务外包给私人组织（保险公司）以后，他的首要目标就是要通过这种制度安排来提高服务递送效率，这其中，提高参保人对大病保险服务的满意度则是测量和评价其绩效改善的一个重要方面。本研究对参保人满意度的比较和影响因素分析表明，补偿比例是影响患者总体满意度的一个重要方面。不过，我们都知道，补偿比例不可能无限提高，这不仅是出于医保基金的预算约束，而是第三方付费制度的补偿策略问题。然而，在目前的政府外包模式下，特别是“保险合同模式”下，政府医保部门应该将减轻参保患者经济负担、提高其满意度作为政府外包大病保险的价值目标之一。诚然，控制医疗费用上涨、减轻参保人经济负担不是政府医保部门独力能够解决的问题，但是政府部门应当进一步找准自身在大病保险服务外包中的角色和定位，明确外包行为的目标，一切购买活动只为以最低的成本获取大病医疗保险服务绩效的最大改善，充分关注参保人的利益和诉求，建立科学合理的评价标准和实施有效监管，那么，“卖方”才会产生危机意识，才会审视自己所提供的服务质量是否满足买方的需求、所提出的购买价格买方是否能够接受等等。

此外，前文的研究也表明一些社会人口学特征，例如参保患者的性别、文化程度、收入状况也会影响到其对大病保险服务的满意度，提示相关部门在开展政策宣传、加强实施监管时应尽可能兼顾受众群体的上述特征，以增强公众对公共服务递送效果的满意度。

第七章　政府购买医疗保险服务中的公私伙伴关系及其再造

本章我们开始讨论政府购买医疗保险服务的可持续性问题。可持续性是指一种可以长久维持的过程或状态。在西方国家新公共管理运动和实践的影响下，我国在社会大病医疗保险服务供给方面也推行了政府向私人组织购买的模式，以期转变政府职能、提高公共服务供给效率。迄今，我国全面推行政府购买大病医疗保险服务的实践已有6年，其实施效果如何，怎样才能实现其良性的可持续发展是人们普遍关注的问题。本章将在前文对我国政府购买医疗保险服务的理论分析和实证研究的基础上，结合对S市政府购买大病医疗保险服务测量和评价的结果，从公私伙伴关系模型的角度出发，探讨我国政府购买医疗保险服务中的公私伙伴关系现状和问题，并尝试提出再造其公私伙伴关系的可行性措施和建议，进而为探索我国政府购买医疗保险服务的可持续性发展路径提供参考。

第一节　公私伙伴关系的内涵

本节内容集中介绍与分析五个方面的内容：一是介绍有关公私伙伴关系的国内外主流概念界定；二是纵向地对公私伙伴关系发展进行类型化分析；三是分析公私伙伴关系最为核心的四项基本特征；四是介绍公私伙伴关系惯常运用的几种模式。

一、公私伙伴关系的概念和基本框架

公私伙伴关系（Public—Private—Partnership，PPP）是指政府部门和私营部门为了公共利益的需要，在双方共同参与公共物品及服务的生产和提供的过程中所建立的以合作为目的的治理框架，联合国培训研究院指出公私伙伴关系涵盖了不同社会系统倡导者之间的所有制度化合作方式，目

的是解决当地或区域内的某些复杂问题。PPP 包含两层含义，其一是为满足公共产品需要而建立的公共和私人倡导者之间的各种合作关系，其二是为满足公共产品需要，公共部门和私人部门建立伙伴关系进行的大型公共项目的实施。公私伙伴关系的建立，能够改进公共部门的管理、解决公共问题、催生新的公共道德、分担公共风险、改善公共服务以及分享公共权力。公私伙伴关系是一种制度手段，其实质是通过合作性的治理结构安排，充分发挥公共部门和私人部门的长处，同时避免它们各自的弱点，形成新的融合力，以解决日益复杂的公共问题。

公私伙伴关系理念的价值来源于公私部门的相互受益，而且这一关系的形成和维持还受到公共利益的制约。因而，政府在公私伙伴关系中的作用，不仅仅是提供服务，还包括监控市场。这样一来，必然需要一个定义明确、激励有力、约束有效、运转协调、评估方便的治理框架。整个公私伙伴关系的治理存在着三个结构域：由合同形成的激励结构、公平与债务组成的所有权结构、消费者剩余和运营效率构成的绩效结构。在这三个结构域当中，最重要、居于公私伙伴关系核心地位的是由合同所决定的激励结构。也就是说，任何公私伙伴关系的良好运转，必须从法律、制度上解决合同问题，以便形成良好的激励结构，促使公私部门为推动伙伴组织实现其使命而通力合作。此外，在这种激励结构之中，除了资金流的流向设计和公私部门对伙伴组织的影响之外，还应当着重关注公共部门对私人部门的监控，因为这是确保整个项目向着有利于公共利益的方向运作的重要保证。

二、公私伙伴关系的特征

现有关于公私伙伴关系特征的阐述大同小异，我们总结前人的研究成果，分析和归纳出以下四点最为核心和关键的特征：

（一）以特许经营期明确合作双方权责

以往国内外研究机构和学者将较长的特许经营期（一般为 20 ~ 35 年）

视为公私伙伴关系的特征，这种看法将公共物品与服务的公私伙伴关系的长期经营模式作为典型特征看待。但是，一方面，公私伙伴关系对公共物品供给具有明显的产权残缺（property defect）特征，即在合同安排下的全寿命周期内，对于公共部门、私人部门而言，两者在所有权、经营权、收益权和处置权（转让权）等所享有的权力 / 权利和责任（义务）是根据特定合同安排所约定的经营期限来配置的，例如，当合同约定公共部门与私人部门签订 20 年的特许经营期，那么私人部门就会专享 20 年的经营权和收益权，而公共部门也享有 20 年的特许权使用费收益以及监督权，同时，公共部门也要承担为社会公众协调与私人部门关系的公共责任和义务，私人部门也要在经营期内履行高效运营管理和提供高质量公共物品与服务的义务；如果是合同的特许经营期较短，那么也只能说明公共部门通过公私伙伴关系所获得的特许权使用费收益的时间较短、对私人部门行使监督权较短，履行的协调和管理义务也是有限的，对私人部门而言，就是获得收益的时限较短。另一方面，公私伙伴关系的合同安排又具有明显的不完全契约特性，我们知道，契约的不完全主要有交易双方的有限理性和交易成本两个原因。首先，有限理性是指交易双方的理性思维是有限度的，对未来事件和风险不可能完全预期，公私伙伴关系的特许经营期短则 2～3 年，长则 35 年或更长时间，即便是即期交易，公私部门也可能因无法完全预知交易对方的信息和心理因素导致权力 / 权利履行面临困境，而长期的公共物品和服务供给合同往往要经历一个或数个经济周期；其次，交易成本的存在，对预测和预防措施达成协议并写入契约，确保可以执行等，都面临较高的交易成本，在此情况下，缔约各方愿意就一些因无法全面预测事项，约定保留日后协商的权利，这对公私伙伴关系的合作双方来讲，就要考虑到特许经营期内因交易成本可能面临增加的风险和不确定性。所以，特许经营期长短对于确定或相对明确合作双方的权力 / 权利与责任至关重要，而非供给合同的长期性是其典型特征。

（二）合作主体的二元性

合作主体二元性也可以称为参与者的二元性，正如公私伙伴关系所表现的，公私伙伴关系的合同安排、模式和类型等所涉及的参与者基本上是两方，也可能是多方，但必然是公共部门与私人部门作为参与主体。其中，至少有一方是公共机构（政府机构、公营单位等），对于一个相对简单的公私伙伴关系合同（如城市绿化与清洁业务的委外经营）的参与者，一般应以一方为公共部门、另一方是私人部门（私人营利部门或私人非营利部门）；对于复杂的公私伙伴关系所供给的公共物品与服务，尤其是涉及基础设施建设与运营管理的合同安排，往往涉及一个或数个层级的地方政府，涉及土地管理、工商税务、财政、交通、教育等政府职能部门，私人部门作为公共基础设施项目的设计者、融资者、运营者与维护者也有可能由一个总承包商通过次级合同（subcontract）转包给次级承包商（subcontractor），次级承包商可以接续转包，这样私人部门一方也可以有多个参与主体。不过，我们这里所指的参与者不是具体的人，而是某一组织的代称，他必须具有行政法和民法规定应具备的权利与义务资格，是一种组织间的合作行为，所有参与公私伙伴关系的相关组织必须对合作关系做出符合基本法律规范的承诺，并依据公共权力和私人组织的能力切实保障履行合同约定。

（三）资源共享

资源共享：公私伙伴关系试图利用公私双方所能提供的最好的技能、知识和资源。这些技能、知识和资源也可以表示为“优势”，它是指每个参与者，无论公、私部门都会给对方带来一些有价值且对方不具备的东西。对于公共部门，它具备代表国家和公民的强制性的公共机关的权力和能力，具有制定相应位阶法律规范和政府规章的权力，享有公共决策和行政执行的权力，具有审查和批准公共物品和服务供给所必需的土地等公共资源的权力，拥有监督和协调涉及公私伙伴关系合同执行的不同政府机构的权力，还具有为私人部门向银行等金融机构贷款充当最终担保人的优势和能力，并且它独具在经济下行期接管面临破产风险的私人机构的能力和义务。对于私人部门而言，它拥有最好的管理技能（财务管理技能、经营机构的内部管理、现代信息技术与网络技术手段）、管理知识、管理的人力资源、应对迅速变化的市场环境所需的管理制度与组织管理流程、顾客至上的企业管理文化、企业绩效评估技术，尤其重要的是私人部门所具有的融资优势，对于发达国家，其私人资本具备庞大的资金优势，在公私伙伴关系中的私人部门主要是私人企业财团，它们主要依托自有资金，或通过银行贷款、委托贷款、证券市场发行股票（基金、企业债券等）、资产抵押融资等渠道在金融市场上调剂余缺。一般来说，发达国家的私人财团在承接公私伙伴关系项目合同时，往往通过私人部门设立“特殊目的公司”（Special Purpose Vehicle，SPV）形式联系具有设计、建设、融资、谈判和管理维护等不同优势的企业进行合作。资源共享的目的是借助各方的优点，增强履行合同的能力、提高公共物品与服务的供给效率与质量、降低供给成本。

（四）利益共享、风险与责任分担

利益共享：公共物品与服务领域引入公私伙伴关系供给安排，就是引进市场竞争机制，即便是自然垄断行业，一般而言，私人部门参与投资、管理而产生内部竞争以及内部激励机制，对于用者付费的公共物品，通过明确订立价格条款，在经营期内，私人部门为自己的资源投入而享受到合理报酬。另一方面，公共部门也投入了公共资源，各种生产要素（包括技能、知识、金融资源等）都参与了公共物品与服务的价值创造，理应获得回报。如果是政府通过公共财政支付私人部门报酬，那么，由于私人提供公共物品的成本效率相对于公共部门的成本优势，对于纳税人而言，就是变相地减少税收负担和增加消费者剩余，对公共部门而言，这是一个增加社会总福利和提高政府合法性的过程。因此，对于公共部门和私人部门运用公私伙伴关系是一种利益共享的手段。

风险与责任分担：获取回报就要承担相应的风险与责任。一般来讲，公共部门拥有公共物品的所有权且负责运营与维护，由于公共部门的官僚制特征，较少关注公共物品供给的成本支出、效率以及供给的质量，往往导致职能部门与公营单位组织机构臃肿、人浮于事，管理效率低下，缺乏成本核算和现代财政管理能力，尤其是缺乏公共服务意识与公民回应性，加之官僚制组织先天排斥公民参与等原因，公共部门直接供给公共物品的风险普遍偏高，而如果引进私人部门直接负责设计、建造、融资、运营与维护，就可以将大部分管理风险、融资风险与经营风险合理地转移给私人部门。公共部门与私人部门具体的风险与责任分配，并不是风险与责任完全地从公共一方转移到私人一方，或者由私人承担主要风险与责任，而是依据各自的能力来确定风险与责任的配置。

三、公私伙伴关系的模式

公私伙伴关系在英美等发达国家经历了较长时期的应用与完善，已经开发出应用型很强的模式。联合国和欧盟委员会等国际组织、一些国家和地区的法律文件以及萨瓦斯、格里姆赛和刘易斯等权威学者纷纷就各国国情、政治制度、经济发展以及政治意识形态等标准提出了各种公私伙伴关系模式，目前至少有 11 种之多。我们按照责任、风险与权利的标准介绍几种主要的模式：

（一）建设－运营－转移（Build-Operate-Transfer，BOT）

这类模式下双方约定长期的特许经营期，私人部门负责设计、融资与建设一项新的公共设施，并在特许经营期内享有运营管理的权力，特许经营期满，公共设施的所有权转移给公共部门。实际上，这种模式涵盖了 BOOT 和 BLOT 模式。它是公私伙伴关系中最基础的模式，私人部门只有建设权和经营权，而在项目运转的过程中都没有所有权，换句话说，BOT 不过是政府为弥补财政短缺和管理经验缺乏的弊端，而吸纳私人资本为满足公共需要提供公共物品。比较典型的案例是英法海底隧道、伦敦泰晤士河达特福第三交叉口、香港东区海底隧道、泰国曼谷二期高速公路等。

（二）建设－拥有－运营（Build-Own-Operate，BOO）

在这类模式下，双方约定私人部门负责融资和建设基础设施，建成后就永久地拥有这些设施的所有权和经营权。所有权和经营权的获得也不是无条件的，公共物品的公共性（公共利益的载体以及公民基本权利）不因所有权转归私有而消失，公共部门为了履行公共责任与义务，在合同中约定限制性条款以及拥有对私人部门的监督权。与 BOT 相比，BOO 的私有化程度较高。如阿根廷的发电项目、南澳大利亚的水处理厂。

（三）建设 – 拥有 – 运营 – 转移（Build–Own–Operate–Transfer，BOOT）

这种模式下，私人部门在特许经营期内负责融资、设计、建设与运营公共设施，在规定的期限内通过用者付费的方式获取投资回报。与 BOT 不同的是，在特许经营期内，私人部门既有经营权也有所有权，特许期满所有权转归公共部门。由于在一定时间内公共设施的所有权转归私人，因此 BOOT 的私有化程度介于 BOT 和 BOO 之间。如两家中国公司承建的印尼南苏门答腊省巨港 150MW 燃气 – 蒸汽联合循环电站项目。

（四）购买 – 建设 – 运营（Buy–Build–Operate，BBO）

这种模式下属于政府出售公共资产的一种形式，出售给那些有能力修复或升级改造的私人部门或准公共部门，并由私人部门或准公共部门拥有永久的所有权和经营权。在资产出售前的谈判中，公共部门通过在合同中约定质量、供给效率与价格等条款实施控制。如日本政府把电话系统出售给私人部门。

（五）建设 – 转移 – 运营（Build–Transfer–Operate，BTO）

在这种模式下，私人部门为基础设施负责融资、建设，建成后私人部门将基础设施的所有权转归公共部门，然后，再由公共部门与私人部门签订长期特许经营合同，将经营权委托外包给私人部门。私人部门通过用者付费或其他有关商业活动的方式获得合理回报。这种模式的优点是公共部门将一项完整的项目特许运营合同分裂为两个阶段进行，一方面可以弥补资金缺口、获取经验，并按照既定标准评估私人开发商的建设成本和建设周期，如果超出原定预算，那么可以在所有权转移后的再谈判中提出更高的约束条款。

（六）建设－租赁－运营－转移（Build-Lease-Operate-Transfer，BLOT）

这种模式下，公共部门设计绩效指标，由私人部门负责融资、设计，并在公共土地上建设与长期运营一项新的基础设施，在特许期内以用者付费的方式获得回报，特许期满后所有权转归公共部门，但不支付租金。

我们按照私人部门承担风险和责任，以及私人部门参与公私伙伴关系的程度进行分类，可以如图7.1所示：

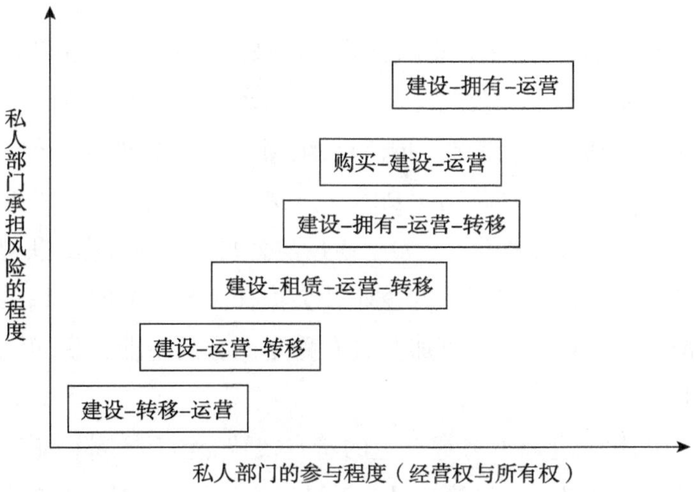

图7.1 公私伙伴关系各类模式的私人部门承担风险与参与程度图

四、当代全球公私伙伴关系兴盛的原因及其运用

公私伙伴关系的产生源于一个基本理念：公共部门和私人部门各有优长之处，同时又有着自身难以克服的弱点。私人部门不适合于处理具有外部性的公共问题，但却具有公共部门难以企及的效率和创新能力；公共部门由于传统政府模式的弊端和僵化，即便在处理一些最为传统的公共事务时，也缺乏有效的应对，但其作为公共利益代表者的价值观与地位却无法替

代。此外，建基于人类社会天性的自由结社组织，也就是所谓的第三部门（或称志愿性组织）有着与公共部门和私人部门都不同的独特作用。因而，在当代的公共管理实践中，就萌发了同时利用公共部门、私人部门、第三部门三者的优点，而避免其缺点的理念。在这种理念的指导下，逐渐演化出通过不同的治理框架实现上述三种部门之间的合作，以共同解决人类社会所遇到的各类具有高度复杂性的公共管理问题。

除了理念上的原因之外，当代公私伙伴关系之所以如此兴盛还在于一些现实层面的动力因素。这可以分别从公私两个合作部门的角度进行解读。对公共部门来说，进入高度多元、复杂而变动不居的后现代社会之后，原有的建构在威尔逊-韦伯理想范式之上的公共部门（尤其是官僚机构），由于自身机制的僵化，难以有效地解决公共问题；民主政治的程序规定，在一定程度上约束了公共部门进行公共政策和公共管理创新的意愿与能力，譬如公共部门资金来源的限制与烦琐的程序性规制。公共部门试图借鉴来自私人部门的管理价值、技术、方法与商业技巧，以妥善解决公共治理问题。对私人部门来说，它希望通过与公共部门的合作，获得政治上的认可与保护，或者是承担部分的企业社会责任。与此同时，私人部门可以在与公共部门的合作中，进入那些具有稳定回报的行业，从而满足本企业的商业需求。

最后，“与民营化将服务或企业的所有权转交给私人部门不同，公私伙伴关系的目标是在将投资与效率引入系统的同时保持政府的所有权”。由此可见，从本质上来说，公私伙伴关系是对曾经在一段时间里狂飙突进的民营化改革浪潮的一种修正、折中和均衡。如果从民营化单一维度来看，则可以认为，公私伙伴关系是民营化在某些领域遭遇阻力后产生的替代方案。

从总体来看，当代公私伙伴关系在发达国家与发展中国家的应用结果存在着较大的差异。一般而言，有着盎格鲁-撒克逊政府模式的发达国家，如美国、英国、澳大利亚、新西兰等，其公私伙伴关系的理论与实践都发展得非常快，取得了较好的成果。公私伙伴关系在这些国家政府改革中的应用范围极为广泛，充分发挥了它解决当代公共产品和服务提供的难题的作用。在这类国家，经常运用公私伙伴关系的领域包括：科学研究、基础设施项目、合同承包、特许经营、补助、学校、城区再开发、社会公益事业等，涉及当代政府活动的方方面面。

而在发展中国家，公私伙伴关系通常只局限于基础设施建设和小部分的公共服务，而且其施行效果如何尚需时间和实践去检验。现有的一些研究认为[①]，公私伙伴关系的运用在发展中国家效果不彰，并认为这与发展中国家缺乏约束公私伙伴关系治理框架的外部环境以及内部的支持性机制有关，由于对公共部门和私人部门两者的监督与约束的缺乏，常常导致公私合作变成公私共谋，严重损害治理绩效和公共利益。事实上，即便在发达国家，这种例子也并不鲜见。只是发展中国家较为普遍地缺乏民主法制的行政环境，又由于政府在推动经济发展中所具有的不可替代的地位，因而更容易出现这种制衡机制失效的现象。可见，公私伙伴关系的良好运作需要有特定的政治、经济、社会条件的支持。

第二节　政府购买大病保险服务实践中的公私伙伴关系现状与问题

事实上，在国务院《关于开展城乡居民大病保险工作的指导意见》（下文简称《意见》）2012 年 8 月发布以前，国内不少地方在城镇职工大病补充医疗保险的实践中早已有施行政府向私人保险组织购买服务的有益探索，例如本研究在第六章进行个案研究的 S 市，以及湛江、太仓等地。《意见》发布以后，全国各地更是全面推行了政府购买城乡居民大病医疗保险服务的实践。迄今这一政策施行多年，国内已逐渐形成政府购买医疗保险服务的多种典型模式，其具体施行情况与利弊得失本书在第 3 章第 2 节已做过详细探讨，本节将在前文研究的基础上，结合第 3 章列举的一些政府购买大病保险服务的典型模式，分析和讨论政府购买大病医疗保险服务实践中的公私伙伴关系问题，希望能够为重构或再造政府购买中的公私伙伴关系提供现实依据和参考。

---

① 李丹阳 . 当代全球行政改革视野中的公私伙伴关系［J］. 社会科学战线：2008，6：202-206.

一、政府购买大病保险服务实践中的公私伙伴关系现状

（一）政府在各地大病医疗保险实践中仍占主导地位

我国政府购买大病医疗保险服务的运行过程中，政府始终居于主导地位，商业保险公司在政府主导下适当参与。政府的主导性地位主要体现在政策制定、合作对象选择、监管指导与调控基金等几个方面。

第一，政府是政策制定者，负责制定政府购买大病医疗保险服务的制度框架与基本政策。如政府根据当地实际情况决定大病保险服务外包采取怎样的模式，“保险合同模式”“委托代理模式”还是“共保联办模式”；政府规定大病保险的参保人群，城镇职工或者城乡居民都分别制定了具体的参保人群范围和界定方法；政府规定购买大病保险服务的资金筹集来源，或利用城乡居民基本医疗保险基金结余，或通过财政补贴，或利用新增部分个人缴费；政府规定大病保险合规医疗费用、起付线、封顶线、报销比例的设定标准。商业健康保险公司则在政府制定的大制度与政策框架下，按照保本微利原则进行空间有限的细微调整。

第二，政府自行设定私人保险组织（商业保险公司）招标的资质及业务审查标准，以实际报销比、盈亏率、管理成本等若干维度和指标进行公开招标，遴选最符合其资质标准的商业保险机构作为合作方，共同进行大病医疗保险服务递送工作。目前，各地在大病医疗保险服务购买中对私人保险组织的遴选基本上已实现政府公开招标，因而公私合作的主动权仍掌握在政府部门手中。

第三，政府有权对私人保险组织承办大病保险实行全程的监督和管理。例如规范经办流程，建立政府监管工作站点并配备专业的工作人员，建立日常审查和监督机制，每年针对全年的大病保险工作内容进行年度考核等。尽管目前各地在实践中对私人保险组织的监督和评价存在不同程度的欠缺和不足，有的地方政府医保部门甚至忽视了自己作为监管人的角色，但毋庸置疑，在将大病医疗保险服务外包给私人保险公司以后，无论从政府职能的角度还是服务购买合同管理的角度，政府医保部门都有权对整个大病医疗保险服务的供给过程与结果进行评价、监督和管理。

第四，在政府购买大病医疗保险的“共保联办模式”中，政府与私人保险公司实行联合办公。二者在社保经办机构开设大病保险的专项窗口，对外以社保经办机构的名义办公；建立信息一体化平台，实现参保人住院诊疗信息的三方共享；创建一体化结算平台，提高经办服务效率。在“保险合同模式”和“委托代理模式”中，政府与私人保险组织也已经建立医、患、保三方信息一体化平台，私人保险组织在进行理赔查勘时，需依据政府医保部门出台的诊疗目录和药品目录。

第五，在“共保联办模式”和“委托代理模式”中，基本医疗保险基金外创建大病保险的财政专户的方式强化对资金的安全性监管。私人保险组织秉持“保本微利、风险共担”的原则，以经办费用作为主要盈利来源，在政府支付的大病保险年度费用中按照一定比例提取经办费用，年末资金有结余的，商业健康保险公司按照最高不超过 5% 的比例结算增量，其余部分返还资金专户，作为风险调节金；若年末资金出现风险的，则由政府和商业健康保险公司共担责任。

（二）市场机制的引入是对公私伙伴关系模型的有益探索

首先，大病保险引入商业保险因素符合发达国家“公共部门与私人部门合作伙伴关系”，即 PPP 模式发展潮流，这是一种公共部门（政府部门）与私人部门（商业机构等营利性组织）建立伙伴关系，提供公共产品或服务的一种合作模式。政府利用专业化的商业保险公司经办大病保险，可以引入有效的激励机制，为参保人员提供更具效率的保险服务。早在政府层面全面推广大病保险服务外包政策之前，全国各地在探索将商业保险的市场因素引入社会医疗保险方面已涌现了一些突出的地区经验，例如河南新乡、江苏江阴等地具有积极探索，但这时的地方政府与商业保险企业的合作多采取委托代理的形式委托保险公司经办相关业务，商业保险公司不参与大病医疗保险服务的经营和管理，其参与范围和深度是非常有限的。而 2012 年以后，大病保险政策从国家层面提出政策建议，允许商业保险公司本着“保本微利”的原则参与大病医疗保险服务的供给，相对以往，这已是一大重要进步。

其次，政府向市场组织购买大病保险服务短期内已出现四方共赢局面。就已有的大病保险的实践来看，“湛江模式”“太仓模式”实施以来，在当地收获了较好的经济和社会效应，出现了政府、商业保险机构、医院和参保人四方共赢的局面：就政府层面而言，市场因素的加入减轻了其负担，同时也为探索医疗保障精细化管理和规范化运营积累了经验。在不增加缴费的前提下利用大病补充医疗保险，为参保人员提供了附加的医疗保障费用，使得大病的赔付风险得以分担出去。同时，商业健康保险机构专业的硬件和人才队伍大大填补了目前社保经办部门从业人员缺失、质素不高、管理技术有待提升、监管手段单一等方面的不足，双方互相学习，培养了一批业务素质较高的专业人才队伍。一体化信息和经办平台的建立为精细化管理和规范化运营提供了保障；就商业健康保险机构而言，参与政府基本医疗保险建设，为其积累了医疗风险数据与经办管理经验，发展了大批商业健康保险潜在客户群，为其在即将发展壮大的健康保险市场中获得竞争优势、赢得市场份额累积基础；就城乡居民医疗保险的参保人而言，不增加缴费，却在基本医疗的基础上获得了大病补充医疗保险保障水平的提升，报销幅度大大提升。一体化信息平台的建立，使得住院就医出院时即时结算，只要结清个人自付部分即可，不用多处结算报销，免去了来回奔波的麻烦，为参保人员提供了更好更方便的服务；就医院而言，大病保险政策规定的“保本微利”原则促使商业保险公司为压缩成本而加强对医疗服务机构和参保人就业行为的监管，规范双方的经营和就医行为，大大降低了道德风险的发生概率，提高了医疗资源的有效使用效率。

二、公私伙伴关系视野下政府购买大病医疗保险服务中隐藏的问题

公私伙伴关系在当代的复兴，反映出传统的威尔逊－韦伯范式的政府结构与行为方式已经难以满足现代公共治理的需要，亟待从其他部门获取新的理念、知识、技术和方法。诚然，公私伙伴关系在全球行政改革中取得了相当的成就。但是，随着在广度与深度上的扩展，公私伙伴关系也逐

渐暴露出了局限性。本节尝试从公私伙伴关系的视角深入探讨政府购买大病医疗保险服务中隐藏的问题。

（一）政府购买大病保险服务中的双重代理问题

在公私伙伴关系模型中，作为公共权力的行使者和公共利益的代表者，公共部门是消费者的代理，与此同时，私人部门又是公共部门的代理。因而，从代理链条来看，私人部门间接地成了消费者的代理。实际上，私人部门参与公私伙伴关系的目的，往往是为了获取稳定的回报。它们的盈利目标并不会因为加入公私伙伴关系而发生根本改变。然而，由于存在上述的代理链条，私人伙伴公司又不得不考虑消费者的利益，从而在消费者价值与企业价值之间形成严重的目标冲突。这种目标冲突的结果，将使伙伴关系的任一方及消费者都无法获得最佳的福利回报。更为严重的还会引发逆向选择和道德风险问题。

关于政府购买大病医疗保险服务中的双重代理导致价值目标冲突的问题，本书在第六章第一节中曾就理性选择理论的视角进行过深入讨论，本节将此问题纳入公私伙伴关系模型再作进一步分析。事实上，无论从哪个角度分析，政府通过向私人部门购买的方式提供公共服务，都会存在双重代理的问题，而在这个过程中，公私部门各自追求的终极价值目标显然是不一致的。当政府选择与私人部门合作向公众提供本应由其自身来提供的大病医疗保险服务时，政府部门追求的一个重要目标就是转变政府职能、减轻政府自身的业务负担，而私人部门的目标则很明确，就是追求在经营这个项目中获利，但是公共服务供给的目标则是为公众提供更优质的服务、让公众满意。我们在对相关关键知情人的深度访谈中，也深刻地体会到这一点：政府的目标、经办保险公司的目标以及大病医疗保险服务供给的目标三者在目前看来是不一致的。但是当然，这三个目标也并非不可调和，这里首要的是需要政府部门将大病医疗保险服务供给的目标也当成政府自身的目标，那么，为了能够在招标中胜出，经办保险公司也会迎合政府部门的需求，从而，公私部门是有可能达成相互妥协的一致目标的，然而我们在调查中也深刻地意识到，就目前基层地方政府的认识来说，要完成这样的目标转变并非一朝一夕之事，政府的执政能力也需要在不断磨炼中成长。

（二）政府对大病医疗保险服务外包行动缺乏足够的监控资源和能力

确保公私伙伴关系的核心——合同良性运转的关键在于公共部门对私人部门的监控。毫无疑问，这种部门对部门的监控不仅需要耗费成本，而且需要大量包括人才、资金、机制等在内的监控资源和能力。因此，公私伙伴关系的建立，对公共部门的监控资源与能力提出了非常高的要求。倘若公共部门缺乏这些必要的资源与能力，将难以对私人伙伴组织形成“硬约束”，也就无法确保公私伙伴关系按照符合公共利益的方向发展。可是，随着以信息技术的革命性发展为代表的高科技时代的到来，公共部门与私人部门之间在专业知识、管理经验、技巧、技术与方法之间的差距越来越大。尤其当公私伙伴关系拓展到更高、更专业的领域（比如高新技术的研发、公共医疗服务、环境保护等）时，政府部门与私人机构之间的知识差距是如此之大，以至于无法有效地实施监控，以保证这种伙伴关系的正确方向。公共部门在监控方面存在的这种缺陷，必然会极大地影响私人伙伴关系的动机与行为，从而增加公私伙伴关系模型的方向性风险。

我们在对S市政府购买大病医疗保险服务效果进行实地测量和评价中了解到，目前政府部门对这项公共服务外包事务确实缺乏有力的监督和管理制度。我们调查的11个被评价单位中只有4个单位的负责人明确表示曾对经办保险公司的大病保险服务供给情况进行过不定期的检查，但与其他7个单位一样，他们都并未建立针对此项政府购买活动的明确的监管制度和检查方案，更没有将监管责任明确到人。因此，对于私人保险机构所提供的大病医疗保险服务质量如何、公众是否满意，政府部门基本上无从得知，甚至也并未意识到需要对整个政府购买行为进行监管，就像我们访谈的一位政府相关项目负责人所提到的：“只要他们（指经办保险公司）能够按照合同规定的比例给病人报销医疗费就可以了，别的我们不再过问”（受访者编号160323L），同时该位被访者也表示：“就算我们（政府）想监管，国家也没有出台相关监管方案，我们基层也没有能力进行实质性的监管啊”（受访者编号 160323L）。

（三）公私合谋加大公共利益的风险

在与私人部门以伙伴关系开展合作的过程中，特别容易出现公私共谋的现象，即公共部门与私人部门勾结起来损害公共利益，以获取不当利益。这种公私共谋现象可以分为主观共谋与客观共谋两种。主观共谋，是指公共部门与私人部门的共谋行为存在共同侵害公共利益的主观愿望。这种案例在发展中国家最为多见，其原因在于这些国家缺乏监督公私伙伴关系运作所需要的周边制度安排，譬如民主政治体制、不受官方控制的传媒等。当然，即便在各项制度安排较为完备的发达国家，也会因为监督机制失效而给予公共部门与私人部门以共谋的机会。所谓客观合谋，是指公私部门之间的共谋行为并不存在侵害公共利益的主观愿望，但其客观后果却损害了公共利益。

前文我们对 S 市的个案研究中在描述政府购买大病医疗保险服务的现状时已经提到，由于缺乏足够的市场竞争，政府在购买大病保险服务时往往不能够进行真正的招标竞买，而只能向某些保险公司定向购买。同时，由于历史的原因，某些经办保险公司在与政府医保部门的长期合作中形成了比较稳定的合作关系，所谓公开竞标也有可能流于形式。在这种情况下，很难说公私合谋行为不会存在，更因为监管的缺位，或许终将造成客观上的公私合谋，从而导致公共利益也就是参保人的利益受损。

（四）无法有效激励私人保险组织的创新意愿与能力

公私伙伴关系模型通过合同所形成的激励结构将私人部门卷入公共产品与公共服务的提供过程，以便充分利用私人部门的创新意愿与能力、新的管理经验、良好的运作机制等，从而有助于解决当代社会日益具有高度复杂性的公共管理问题。但是，公私伙伴关系的建立，并不总是能够有效促动私人部门的创新意愿与能力。造成这种现象的根本原因是，在公私伙伴关系框架下，私人部门的创造精神、意愿、能力会受合同条件的约束而走低。私人部门富于效率的管理理念、机制、技术与方法是追求利润最大化的经营原则的产品。而公私伙伴关系的建立，其目的是为了实现某种公共产品或公共服务的有效提供。在这一过程中，私人部门一方面要受到以公平等社会价值所主导的公共价值理念的约束，另一方面，从伙伴关系中获得的利润水平，虽然有一个长期的回报率，但是这个利润空间是被限定了的，很难起到对创新的强烈的激励作用。

将政府与市场相结合的目的，在于在基本医疗保险中引入市场机制，形成充分的市场竞争，为参保者提供多样化选择的同时提高制度的运行效率。理想的商业补充医疗保险的领域之中，各医疗保险产品提供主体之间应当是公平有序、充分竞争的状态。但在大病保险的政策中，政府始终处于主导地位，限定了保险的筹资方式、商保公司的选择、盈利的空间、保障的水平等，私人保险组织的市场参与度颇受限制，无法参与市场竞争。一方面，政府以一定的标准和维度通过招标选定特定的商业保险公司独家或联合承办大病保险，这已经形成一种垄断，阻断了其他市场主体的进入路径，不利于竞争机制作用的发挥，也并不能为参保者提供更多的选择；另一方面，政商合作的大病保险中，政府和市场的地位并不平等，政府规定了政策框架，商业保险公司仅能在框架范围内承办保险，缺乏利益的保障和补偿机制，大大限制了其自主性，违背了商业健康保险自主经营，自负盈亏的原则。

（五）难以对整个政府购买医疗保险服务行为进行有效的绩效评估

绩效评估是公私伙伴关系项目运作链条上极为重要的一环。因为，首先，公私伙伴关系项目涉及公共产品和公共服务的提供，直接关系到广大社会成员的生活质量；其次，公私伙伴关系的形成与运营利用了大量的公共资源，因而必须以对公共责任负责的态度进行绩效评估；再次，对公私伙伴关系的效果进行评估，有利于进一步的制度创新，以及吸引更多的私人部门投身公共产品和公共服务的提供。所以，对公私伙伴关系项目进行绩效评估成为判断公私伙伴关系成效的重要环节。然而，尽管经过多年的发展，对公私伙伴关系的绩效评估已积累了一定的基础，但因为在如何确定绩效评估主体及其责任，以及建立评估主体与对象的合理关系与机制等问题上仍然存在许多模糊之处，常常导致难以对公私伙伴关系项目进行客观公正的评估，以致最终未能有效体现项目所承载的公共责任。

正因如此，虽然政府购买大病医疗保险服务在我国已施行多年，但至今尚无比较权威的科学的效果评价指标体系供地方政府部门参考，即使地方政府想要对购买大病医疗保险服务的效果进行监督评价，也只能根据当地的情况自己制定一套方案。我们在研究中通过文献研究法查阅过一些地方政府出台的相关评价方案，例如太仓、湛江等地，这些地区的评价方案的共同特点是将政府自身作为评价主体，将经办保险公司作为评价对象，因此这种评价显然是片面的，还不能说是对整个政府购买医疗保险服务行为的评价。

（六）没有减少管制反而可能增加了管制

以“放松管制”为主要内容的管制改革构成了20世纪最后25年世界行政改革的主题之一。公私伙伴关系的建立，不但没有减少、放松管制，反而在一定意义和范围上进一步增加了管制，形成了新的行政成本和社会成本[①]。这是因为，要使公私伙伴关系的治理模型顺利运转，就必须在公私伙伴关系的外部环境中建立有效的监督、制约机制，同时还必须在其内部加强对私人部门及整个伙伴组织的运行的监控。尽管目前尚未有对这种新形式的管制成本的测算数据，但是不可否认的是，这种新的管制无疑会大大增加公私伙伴关系的成本。

正如前文第（五）点所提到的，若要对政府购买医疗保险服务的效果进行科学合理的评价，需要建立一个独立于政府部门之外的第三方评价机制，将公、私部门甚至公众同时作为评价对象/客体，而整个评价指标体系的建立和评价工作的实施，必然会形成新的行政成本和社会成本。这也是公私伙伴关系模型能够实现其目标而无法规避的问题之一。

---

① 孙力.我国公共利益部门化生成机理与过程分析［J］.经济社会体制比较，2006，（4）：91–95.

三、公私伙伴关系视野下政府购买医疗保险服务中的问题分析

针对上文中指出的问题，本研究将尝试从以下四个方面对产生这些问题的原因进行分析和阐释：一是官僚体系的结构化危机，二是对公私伙伴关系模型下的委托代理关系的分析；三是市场风险的原因分析；四是法治视角下的原因分析。

（一）结构分析：官僚理性的延续、制度的缺失与政府治理能力的不足

1. 行政官僚的理性自利

行政官僚理性自利是公共利益部门化的重要表现形式。委任制产生的地方领导人与考任制产生的公务员是地方政府改革与公共部门能力构建的核心驱动力，没有这两个主体的支持，任何市场化改革只能是一场政治游戏。而委任制与考任制的最大相似点就是缺乏选任制的外部激励（选民的支持与反对），缺乏公民与政府官员之间的直接的委托代理关系及相对应的权利与责任，最终必然陷入官员对自己负责、公民无法主张权利的困境。部门利益个人化的本质是公共权力的个人化，也就是地方领导人和部门领导人将公共权力（公共物品支配权）沦为“私人物品”，与私人市场的垄断异曲同工，只有将公共权力通过排他性独占，行政首长个人才能享有绝对权力，并借助绝对公共权力实现权力扩张与寻租效用最大化。我们假设，社会总资源是有限的，并且社会总财富的增幅要慢于人的欲望与效用扩张的速度，那么，当官员个人意图快速扩张自身效用，必然导致普通公民效用增长缓慢或负增长。在安东尼·唐斯看来，“组织采纳新行为模式的成本越高，组织拒绝新模式的力量越大”，而且“官员受到的影响越大，其拒绝重大变革的意愿越强”。①

对于缺乏外部监督与未实现法治现代化的国家而言，官员的自利化动机更强，自利的官员反对任何削弱他们自身权力的机构变革，尤其公共物品生产与提供的市场化改革，必然导致权力转移、职能真空、政府缩减规

---

① ［美］安东尼·唐斯．官僚制内幕［M］．郭小聪等译．北京：中国人民大学出版社，2006：209.

模、预算与编制萎缩等，只要涉及上述诱因就会为理性自利的行政官僚所妨碍。但是，按照寻租理论和政府俘虏理论的观点，实行公私伙伴关系模式下，如果某些官僚享有公共资源分配权，或者在规制私人运营商时，规制的真正动机蜕变为行政官僚与规制产业获取自身利益最大化时，官僚会成为公私伙伴关系机制的支持者。当然，按照这种观点反观官僚的利己行为（腐败），将会对公共利益造成侵害，如对私人运营商形成监督缺位的局面，导致公共服务低效。前文我们提到，公私伙伴关系模型中存在的双重代理问题导致地方政府购买大病医疗保险服务中的政府、经办保险公司以及大病保险服务外包本身的价值目标不一致，而这种不一致从根本上来说其实也与行政官僚的理性自利有关：目前地方政府推行公共服务外包一定程度上是以遵从或取悦上级为出发点，因而实践中，这项举措是否能够提高医疗保险服务的供给效率并不是基层政府部门关注的焦点，能够相对减轻政府行政负担而又能完成上级任务才是关键。

2. 公共部门关于公私合作体制的缺失

这里所指的公共部门公私伙伴关系体制的缺失，主要是指各级政府对公共物品与服务供给模式的结构化问题，即将公私伙伴关系模型实践上升为立法，并通过立法规制私人部门参与公共物品供给的具体规章制度和组织结构形式尚付阙如。当前，我国地方公共物品或服务供给的正式制度安排和规制机构，基本上按照政府层级间的“条块结合”的管理体制进行，这种条块结合的管理体制本质上是非合作性的，或者说具有较强的排他性。具体地讲，一是我国公共物品与服务的规制机构具有混合性结构特征，这种规制机构包括了从中央政府到地方各级政府的全行业与各部委（对口的地方职能部门）机构。根据法律规定，国家发改委具有两项规制公共物品/服务供给的重要职能：一是价格管制，二是限制私人的市场准入与投资。我国规制机构的另一特征是“从中央到地方政府的各规制机构之间呈现科层制特征”。2010年“新36条”及至2013年建设部、住建部、原铁道部等国家部委出台了大量鼓励民间参与的部门法规，但是，相应的有可操作性的地方规章，还是慢于当前满足人民群众高质量的公共物品与服务的需要。对于一个法制化进程较慢、法治化程度不高的国家而言，其公共政策的立法效率主要取决于中央政府及其机构，行政执行的效果则看地方政府对中央立法的具体化和执行效率。

我国地方医保部门采取向商业保险公司购买服务的形式为属地范围内的参保人提供大病保险服务的实践最早从2001年底全面推行城镇职工基本医疗保险改革时就已经开始了。例如本研究所调查走访的S市，自2001年起就已经采取定向购买的方式向中国太平洋保险公司购买城镇职工大病补充医疗保险服务，2012年起响应国家政策，城乡居民大病保险服务也采取了政府向商业保险公司购买的方式。也就是说，这种事实上的公私伙伴关系在地方政府早有实践，但迄今从中央到地方并无规制和管理这种公私伙伴关系的具体的法规或制度。从国外经验来看，一般会建立处理相应业务的职能部门，负责管理公私伙伴关系、为其提供政策法律咨询等服务，以及提供各部门各机构间的协调性服务职能。如英国政府在财政部下设了专职管理与服务的“公私伙伴关系机构”、我国台湾地区也设立了相应机构，从法律上构建了一个管理与服务公私伙伴关系的体制性框架，使得公共物品借助公私伙伴关系供给模式下，不会遇到“无政府”管辖状态，以公共物品供给与消费为纽带的两者关系或者多元关系（公平与利益关系）得到法律的体制机制性保障，从项目提出、项目竞标到设计、融资、建设、运营乃至经营权转移的全寿命周期，都要在中央政府有关职能部门的监督与服务下进行，其政策执行的效率、公共利益得到维系。然而正如上文“问题”中所提到的，如此必然形成的新的行政成本和社会成本也是公共部门要考虑解决的问题。

3. 地方政府缺乏公私伙伴关系下的善治能力

治理与善治成为地方政府引导与开发公私伙伴关系的核心能力，这是源于治理与公私伙伴关系的高度相关性。一般而言，善治对地方政府的治理能力提出以下几点要求：一是重视所有公共事物利益相关人的参与；二是以尊重公民权利为基础制定与执行法规；三是公共决策的透明与公开；四是官员对言行要承担责任；五是体现公平；六是追求效率。而作为行政体制和经济体制双重转型的中国，我们的公共机构存在行政效率不高、公平的司法体系、执行合同的法律框架以及透明的审计程序等还有待完善等负面因素。另一方面，随着经济社会的迅猛发展，我国各地方公共物品与服务的供给能力在现有地方财政和政府能力下，不可能单独依靠存量税基和中央转移支付解决所有的矛盾。而公私伙伴关系的核心特点就是要符合各利益相关人充分参与、各自承担责任、共享资源、需要完善的司法体系保障等因素。当地方政府缺乏这种善治能力，必然导致在公私伙伴关系运行的扭曲和异化。

我们对政府购买大病医疗保险服务的调查研究表明，地方政府的善治能力欠缺主要体现在对整个公共服务外包活动缺乏切实有效的监督和管理，具体表现为缺乏科学合理的医疗保险服务外包效果评价工具和评价机制、缺乏监控资源和监管能力，这些情况造成公私伙伴关系事实上处于“无政府”状态，公共服务供给效率几乎完全取决于私人部门的职业道德和自我约束。显然，这必然造成政府购买医疗保险服务效果的不可控状态。

（二）委托代理关系分析

公私伙伴关系模型下地方公共服务供给过程中的委托代理关系包含纵向和横向两个层面的多重委托代理关系。但由于我国政府购买大病医疗保险服务中多个委托人共同监督的情形不涉及或者表现不明显，因而，本研究只分析公私伙伴关系模型中的纵向委托代理关系。

从委托代理的角度审视公私伙伴关系供给地方公共物品，我们可以发现公私伙伴关系是一个延长了的委托代理链条，具体地讲，公私伙伴关系供给地方公共物品与企业股东和企业经营管理层之间的一级委托代理关系相比，由于涉及公共产权转移、复杂的利益相关方、合约不完全问题加剧等原因，所以它呈现出纵向的多重委托代理关系。我们认为纵向委托代理关系应满足如下假设：

假设 1：存在科层关系：政府与私人部门在订立合约后，就形成了一种因公共物品公共经营权利转移产生的公共责任分担与承担公共利益目标的问题，事实上私人部门在接受政府授权后，就要听命于政府，因此，信息传递可能因科层关系出现传递失真或失灵。

假设 2：公众直接与代议机关或通过代议机关间接与政府形成委托代理关系，公众对直接或间接代理人享有充分的监督权，但排除是否能获得充足的信息。

假设 3：在政府与私人部门之间的委托代理关系中仅存在因不完全预期订立不完全合约（incomplete contract）或非对称信息导致代理人会有逆向选择行为或发生道德风险的情况，政府与代理人之间不存在合谋；代理人也必然是仅为了谋取自身私利的“经济人”，缺乏公共精神和企业的社会责任感。

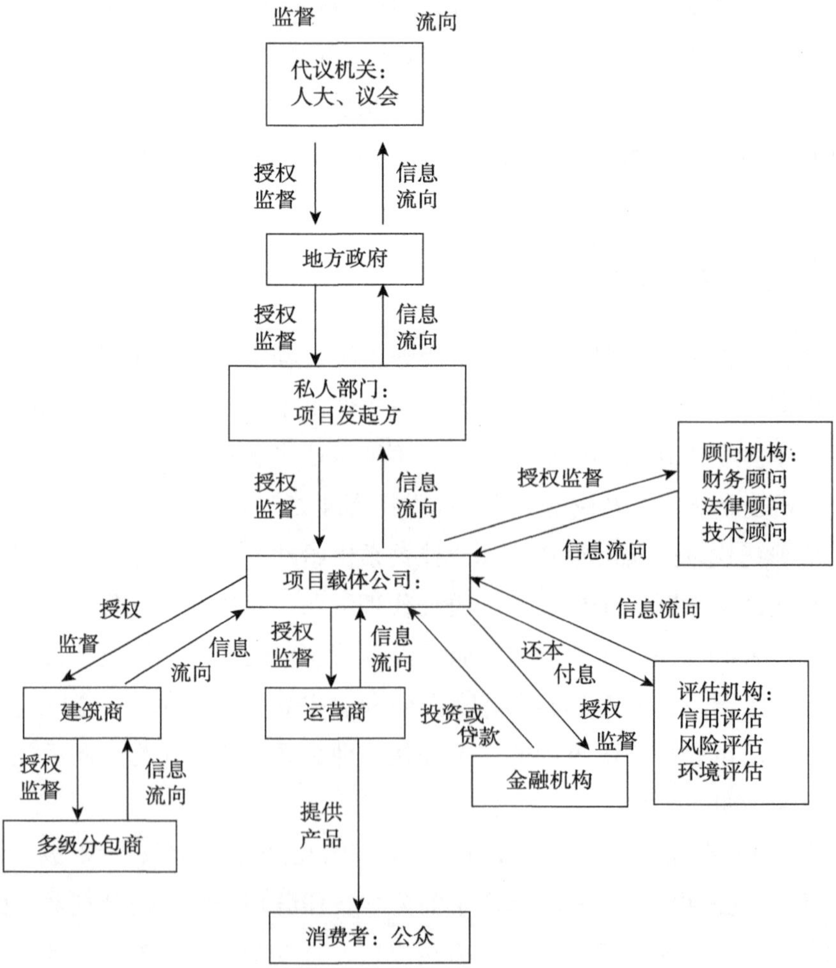

图 7.2　多重委托代理模型

图 7.2 是公私伙伴关系模型下地方公共服务供给完整的委托代理关系模型。我们以目前具有代表性的公私伙伴关系 DBFO 模式来看，主要的参与方，即利益相关人包括：公众、公共部门采购方（地方政府、地方公共实体）、作为发起方的私人企业或非营利组织、项目融资方（私人、金融机构）、分包商（建筑分包商、设备供应和运营维护分包商）、评估机构（信用评估机构、风险评估机构、环境评估机构）、专业咨询机构以及保险机构等。从图 7.2 我们可以看到，公私伙伴关系供给地方公共服务的完整过程涉及招标、设计、融资、顾问咨询、建设到运营管理、维护等不同阶段，每个阶段都有不同主体间涉及不同问题类型的利益与责任关系，这些多主体的利益与责任的关系往往是以己方利益最大化和成本支出最小化的形式展开竞争，除了顶端的公众（也是底端的消费者或纳税人），每一层次的委托人和代理人都有最大化自身利益的策略，而上层的委托人因为信息非对称，所以导致上一层次在订立的合约都以不完全合约形式体现，下层次的代理人力图规避或转移各种类型的风险给其他利益相关人，这样会出现逆向选择和道德风险。

具体地看各层次的委托代理关系：（1）第一重委托代理关系：公众（或消费者、纳税人、选民）作为第一层次的委托人，代议机关（地方人大或地方议会）及其代表成为代理人。公众作为利益相关人群体中，最为弱势的信息获取者，他们将因不完全的预期和信息非对称制定多重委托代理关系的第一个不完全合约，即在投票时错误地选择了品行不端、缺乏公共责任的人担任代表，这就是第一重委托代理关系中的逆向选择。（2）第二重委托代理关系：地方代议机关及代表成为委托人，地方政府、职能部门及公务员成为代理人。在政权体系内部，代议机关和行政执行机关（政府及职能部门）作为两大核心系统，本身就具备委托代理关系，但是两个权力系统之间因为职能不同，其掌握的信息也各有侧重点，代议机关负责利益聚合并出台法律，地方政府及职能部门负责执行，因此，两者之间因职能部门必然产生信息非对称。（3）第三重委托代理关系：地方政府及职能部门成为委托人，中标的私人部门（项目发起方）成为代理人，这是纵向多重委托代理关系的核心。负责公共物品与服务项目招标的职能部门通过招标阶段选择具体的私人部门（如果是通过招标代理的方式，那么又会增加一个层次的委托代理关系）。这一层次委托代理关系中的逆向选择表现为：众多投标方为了竞标成功，纷纷选择对自己有利的信息制定投标文件，由于公私伙伴关系包含复杂的技术、金融、法律、风险管理等知识，僵化的科层体制缺乏掌握相应知识的能力，这个过程中，政府或通过评估机构或由自己直接负责甄别任务，结果由于获取信息的能力或人为干扰等原因，出现能力较低一方获胜的可能；关于道德风险表现为：项目运营方（一般为 SPV）会示伪藏真，隐藏了地方政府所因有限理性、有限的计算与规制能力、信息非对称等因素，而导致无法清晰地获得私人部门关涉融资成本、还本付息能力、建筑质量、设备维修维护，以及提供公共物品的成本、生产经营效率、提供物品与服务的质量、环境影响等复杂信息（隐藏信息）；因为委托代理过程中的复杂性、监督私人运营商成本过高、信息非对称性复杂性而加剧及不完全预期与不完全合约的出现，导致地方政府无法有效监督私人运营商的运行成本及努力程度，造成委托代理关系中福利损失过高，社会福利下降，由于是这一层次的委托代理关系是政府用“合法性”作为“赌注”。（4）第四重委托代理关系主要表现为项目发起发在成立 SPV 后的分散的、多角度的委托代理关系。

综上，上述纵向四重委托代理关系由宏观到微观依次变得具体，前文我们对政府购买大病医疗保险服务中的委托代理关系的分析表明，现阶段在我国政府购买大病医疗保险服务项目中，主要存在第一重和第三重委托代理关系（见图 7.3），其中第三重委托代理关系特征表现得最为明显，第二和第四层面的委托代理关系并不典型，但这也足够说明在政府购买大病医疗保险服务中委托代理关系的存在是造成买卖双方价值目标错位的一个重要因素。此外，目前评估机构在整个政府购买医疗保险服务中的作用尚未充分发挥，有的地方尚未建立评估机构，有的地方评估机构只针对项目承接方即私人保险组织，缺乏对政府实施该项目的全面、整体评价。

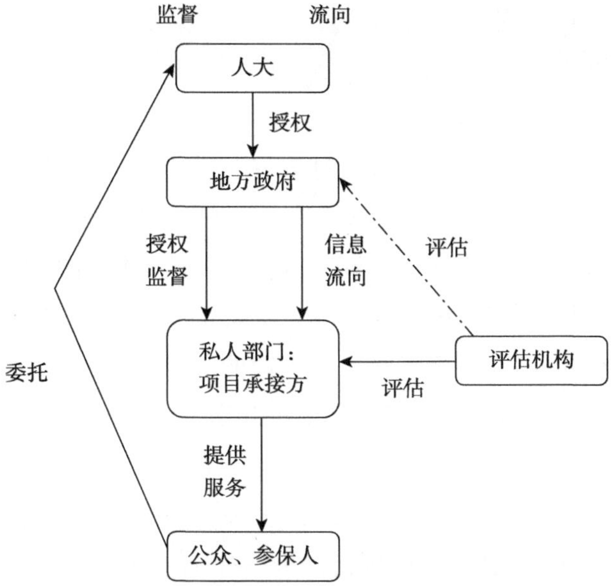

图 7.3　政府购买大病医疗保险多重委托代理关系图

（三）负外部性分析：市场机制不完善与私人部门不成熟

本书第六章对 S 市政府购买大病医疗保险服务运行现状的研究中提到，政府购买医疗保险服务中可能存在负外部性问题，即政府向私人部门购买大病保险服务的方式对患者的医疗费用控制没有显著作用、参保患者对政府购买大病医疗保险服务的总体满意度不高以及地方政府在实施公共服务外包中的保守态度等。我们认为以公私伙伴关系模式供给地方公共服务出现负外部性的主要原因在于市场机制不完善与私人部门不成熟。其中，市场机制不完善是国内外运用公私伙伴关系供给地方公共物品 / 服务的共性问题，主要包括两个方面：一是市场机制无法充分发挥有效配置资源的作用，二是市场力量无法有效满足公共利益；私人部门不成熟主要是指新兴经济体和转型国家的私人部门自身发育程度的问题，本研究中主要讨论私人企业的社会责任观的缺失及由此而产生的一系列问题。

1. 市场机制的不完善

市场机制的缺失不是某一国家、某一体制的专弊，而是在实行市场经济的国家的通病。从宏观角度来看，信息不对称和市场垄断成为市场机制不完善的主要表征。

市场机制的信息不对称表现为三种后果：第一，私人企业利用信息不对称造成公私伙伴关系运行失效。过去政府供给的行政垄断机制在信息不透明（信息不公开）条件下，使得公民的知情权在新的供给机制下不仅没有得到改善，而在公私伙伴关系框架内，由于这种机制更加重视私人部门的专业知识、管理技能、以及项目体系的融资与战略管理能力，因此，私人部门针对公共部门和消费者在项目管理的信息方面表现出更大的权威性和垄断能力。我们对S市的个案分析中也提到，由于保险理赔查勘技术的专业性极强，地方政府主管部门监管技术和能力的欠缺也是非常现实的棘手问题。第二，对公共部门而言，传统的公务员队伍缺乏对公私伙伴关系项目的认知与管理能力，以及公共物品与服务委外后的"责任放松"，往往表现出对项目管理信息的不重视。我们对S市的个案研究充分佐证了这一点，地方政府相关管理部门往往抱着一种做"甩手掌柜"的心态，缺乏对保险公司提供的医疗保险服务质量进行监管的动力。第三，对于消费者而言，如果私人部门不愿意公开管理信息和财务信息，尤其是对产品质量和价格信息缺乏透明度，往往导致公共利益受损，前文提到的S市大病参保患者对政府购买大病医疗保险服务的负外部性问题则充分证明了这一点。

市场垄断表现为两个方面：第一，具有自然垄断特征的公共物品与服务，如水、电、气等公用事业产品因其网络化特征，不宜进行分割经营，这样，即便在公私部门间签订契约过程，通过政策宣传私人部门的效率至上、利益共享，但事实上，这种公共物品供给因其自然特性，只要经营主体唯一化，无论是私人经营还是政府经营都必然产生垄断，市场垄断的后果也可能产生效率不高、品质下降、供给延迟等问题；第二，表现为某个私人企业在招投标过程中以实力获得某种公共物品的供给的独占权，这样公共物品只有在概念语境下成为全体公民的福祉，而在经营者看来却是一种独占获益权的商品。前文第六章我们在对政府购买大病医疗保险服务所面临的困境的分析中提到，由于大病医疗保险服务的市场供给主体竞争不足以及一些历史性原因，事实上在S市，已经形成P保险公司一家独大的局面，虽然S市政府也会组织向全社会公开招标，但由于技术、人力、组织等方面的优势，P公司的竞标成功基本上毫无悬念，甚至其他想要在这个市场上分得一杯羹的保险公司私下里也会请P公司做“技术顾问”（P公司大病保险项目负责人语），私人组织之间几乎已经形成联盟。

2. 私人企业社会责任观的缺失

私人部门社会责任观是指企业社会责任，世界银行把企业社会责任（corporate social responsibility，CSR）定义为：企业与关键利益相关者的关系、价值观、遵纪守法以及尊重人、社区和环境有关的政策和实践的集合。它是企业为改善利益相关者的生活质量而贡献于可持续发展的一种承诺。我们从公私伙伴关系的实际运作过程来看，公私伙伴关系中的私人企业所要承担的社会责任是指私人企业通过与公共部门合作提供公共物品与服务，在获得企业利润同时，必须具有的承担公共事务的热诚、相应的社会责任意识与商业伦理道德，即追求公共性与企业性的统一。它既是企业获取利润的内在激励因素，又与企业的外部经济利益刺激、运营生产成本和公共部门的监督强度共同构成了企业的增长函数。

从实际承担公私伙伴关系投资与运营的项目投资人和私人运营商来说，公私伙伴关系的制度安排与完全市场竞争机制有别，私人消费品领域市场竞争追求的是优胜劣汰，而公共物品的公私伙伴关系模式和机制是准市场机制，往往在项目订立合约后，因自然垄断特征，单一的私人运营商缺乏竞争对手，加之政府规制往往具有事后监督的滞后性弊端，因此，企业的内部激励因素——社会责任，成为塑造公私伙伴关系中私人企业承担风险与公共责任的核心元素。它一方面在公共物品供给领域引入私人企业的竞争与创新精神，另一方面，需要私人企业具有代表公共部门行使公共权力所必不可少的公共责任与人文关怀，要承担对社会共同体所需要承担的责任和义务，即企业在实现利润或利润最大化目标的同时，必须将谋利的动机、手段与其应该承担的社会责任兼顾起来，不能顾此失彼。在新自由主义全球化时代，企业作为自由化和市场化的典型代表，出于追求利润的动机，往往抛弃企业应有责任的底线，在使自身的效用降至冰点的同时，深深地损害了社会总体福利，因此首先要解决的就是普通公民的利益如何在缺乏监督的环境下得到基本人权保障。例如，私人运营商因公共物品消费的必然性和缺乏市场竞争而降低服务质量，生产与运营中造成生态危机等，这些都是私人企业缺乏社会责任的表现，这种现象导致企业面临公共危机，进而导致合作失败。

我们在对政府购买大病医疗保险服务运行效果的研究中发现，目前阶段经办保险企业的社会责任观比较模糊。在经办保险公司看来，能够按照与政府医保部门签订的大病医疗保险服务购买协议履行合同义务即可，至于这项公共服务的供给效果如何、公众（参保人）是否满意、大病医疗保险的供给是否有效减轻了参保人的医疗负担等问题，都不在经办保险公司的考虑范围，而这也正是导致参保人对经办保险公司服务满意度不高的根本原因。但是目前阶段，由于大病保险服务供给市场竞争不足、政府医保部门监管乏力等客观原因，经办保险企业尚未能够充分意识到由于公私伙伴关系的形成，自己也已经成为公共服务供给链条上的重要一环，公众（大病医疗保险参保人）对医疗保险服务供给质量的各种反应和态度最终会传送到服务的发包方即政府医保部门，从而成为政府选择私人合作伙伴的一项重要依据。随着政府购买医疗保险服务中公私伙伴关系的不断成熟和完善，私人保险组织将会愈益意识到树立企业的社会责任观的重要性。

（四）法治分析：公私伙伴关系供给公共服务 / 物品法规的缺失

目前我国尚缺乏对于公私伙伴关系供给公共服务 / 物品的相关法律法规。依国际经验来看，2001 年联合国国际贸易法委员会（The United Nations Commission on International Trade Law，UNCITRAL）正式通过《联合国国际贸易法委员会私人融资基础设施项目》（PFIP Guide），2003 年又通过《私人融资基础设施项目法律规定》，后者为方便公私伙伴关系项目的实行提供了法律框架；欧盟虽然只对公私伙伴关系的组成与运作形式做了简单规定，但是作为欧盟政府采购法律体系中重要组成部分的《公共部门指令》（Public Sector Directive，2004）和《公用事业指令》（Utilities Directive，2004）却涵盖了公私伙伴关系的主要特征和流程。具体来讲，西方国家关于公私伙伴关系立法，分为民法体系国家与普通法体系国家，前者以法、德等国为典型，这两个民法体系国家早已有单独的行政法来管理公私伙伴关系，行政法陈述了不能损害相关当事人利益的基本原则；后者以英、美和爱尔兰为代表，普通法国家规定了所有商业交易的基础及风险分担的原则。

反观我国，2010 年 3 月国务院出台了“新 36 条”，此后，直到 2012 年 6 月国务院各部委办、直属机构办共出台了各种《意见》《通知》共计 42 部。但是按照我国宪法规定，国务院、各部委办及直属机构没有立法权，国务院只有制定《行政法规》《决定》和《命令》的权力，各部委办只能在遵照法律和国务院的行政法规的前提下才能发布《命令》《指示》和《规章》。也就是说，此前出台的法律法规严格来说，并不具备立法机关出台法律法规的严肃性，在我国，按照宪法和立法法规定的立法体制，法律位阶共分六级，它们从高到低依次是：根本法、基本法、普通法、行政法规、地方性法规和行政规章。国务院不能就基本法直接进行调整，其本身及下设机构出台的法规的法律位阶偏低，所以一旦涉及意识形态问题，无法有效保护公私伙伴关系中各有关当事人的合法权益。唯有全国人大及其常委会的立法才能从根本上（法理上）保障公私伙伴关系的稳定运行。也就是说目前关于公私伙伴关系的正式法律文件及其配套法律体系尚处于空白阶段。对地方政府而言，与中央政府具有同构性，即不是地方立法机关出台相应法规，而是地方政府及职能部门批转上级《意见》《通知》等，即便存在地方相应行政规章，但是各种行政立法行为与行政执行行为同出一源，既有便于各级政府执行的优点，但是更有作为“裁判员”的行政部门与作为“运动员”的行政部门“一人博弈”的弊端，往往成为既得利益集团攻击的目标。同时，缺乏立法机关的支持，也被各种利益相关人视为缺乏顶层设计，缺乏一个全国性的公私伙伴关系的政策与指导机构，缺乏一个全国性的统一法律规范，缺乏有关各种公私伙伴关系特许经营模式的法律指导规则等。与改革开放一样，由于公共物品与公共服务涉及所有人的公共利益，缺乏强力的立法实践与法律规范的保障，往往成为民间力量参与公共治理的最大隐忧。

我国自 2001 年底在全国范围内推行社会医疗保险制度改革以来，不少地方政府就已开始了向私人部门购买城镇职工大病补充医疗保险的公私伙伴关系的尝试，但直至2012年8月，国家发改委、卫生部、人力资源与社会保障部等六部门才联合下发了《关于开展城乡居民大病保险工作的指导意见》，明确规定城乡居民大病保险“采取政府向商业保险机构购买”的承办方式，2014年8月国务院又公布保险业“新国十条”提出“鼓励政府通过多种形式购买保险服务”。但按上文分析，这些法律法规的法律位阶都偏低，尚不能从根本上保障政府购买医疗保险服务中的公私伙伴关系的稳定运行。

第三节　政府购买医疗保险服务中的公私伙伴关系再造

公私伙伴关系的政府体制设计与完善，是构建地方公共物品/服务供给的体制型公私伙伴关系的根本与核心。尤其是我国的历史传统、文化背景、现实的政治体制与意识形态决定了我们不能像美国那样，由大企业和大量的非营利组织自主决定公私伙伴关系的治理方向，政府少干涉或不干涉，这是因为我国的市场机制与市场力量都还不够成熟；也不能像奥地利那样强调封闭性的、主张内部人享有优先参与权的政府与社会伙伴关系，这是由于一方面我国政府处于较强势地位，此格局决定了缺乏公共权利意识与参与权利的公民，以及尚待培育的、私人部门和社会组织无法扛起与政府对接合作的大旗，另一方面与个别地方政府公共利益的部门化有关。在我国政府购买医疗保险服务中，虽然政策的执行部门是地方人社厅/局（现划属于医保局），但作为整个行政体制的一个重要组成部分，政府体制的总体设计与完善成为政府购买医疗保险服务中的公私伙伴关系再造的关键。本节从整体性政府理论及其外延的整体性治理概念出发，针对上文对公私伙伴关系视野下政府购买医疗保险服务中存在的问题和原因的分析，尝试提出政府购买医疗保险服务中公私伙伴关系再造的一些设想，以期为探索实现我国政府购买医疗保险服务的长期可持续发展路径提供参考。

一、公私伙伴关系模型下的政府体制完善

1999年希克斯提出了构建整体性政府的设想，整体性政府对传统公共行政过度关注专业化与职能分工、新公共管理改革带来的行政机构“碎片化”与公共职能“空心化”等问题提出了针对性方案，在结构设计上，整体性政府关注公共服务的复杂性、利益多元性与主体之间的交互性，因此，它“强调用‘整合’化的组织形式，通过正式的组织管理关系和各种伙伴关系、网络化结构等方式，实现对资源的有效利用、对公共问题的协商解决、对公共服务的综合供给”①。2002年他又进一步提出了“整体性治理”理念，并将其进一步完善。该理论倡导公共部门之间、公私部门之间的合作与整合，以协调、整合与责任为核心，并在新一轮的政府机构改革中得到多个国家和地区的积极响应。在公共部门的结构设计上，整体性治理坚持治理的不同层级之间的整合、治理功能与手段的整合，以及公共部门和私人部门之间就决策、监督与管理的整合。以符合“成本—效益”原则，增强公共部门、私人部门与公民三方在地方公共物品供给中的合作的紧密性为目标，最大限度地创造公共利益并保障私人部门的合理私利诉求，通过构建决策与执行职能的地方政府大部制、提高地方政府的整体网络协调能力、创新公务人员管理能力，以及在民主转型国家设置利益代表渠道结构设计来建设整体性的地方政府。

（一）地方政府大部制改革与政府购买医疗保险服务中的公私伙伴关系

地方政府的核心权力是决策权，现有的决策模式是典型的政府决策，而不是公共决策。从决策过程到决策效果来看，地方政府大部制必须实现决策的科学化与决策的民主化有机结合。从社会医疗保险服务外包中的公私伙伴关系来看，首先，明确政府及职能部门与私人部门之间公私伙伴关系式模式的合作理念，针对大病医疗保险公共服务的具体决策目标设置达成共识的绩效评估标准，地方职能部门缺乏评价工具和评价标准是造成地

① 王佃利，吕俊平．整体性政府与大部门体制：行政改革的理念辨析［J］．中国行政管理，2010（01）：105-109.

方政府部门对大病保险服务外包活动缺乏监管的直接原因，也是本研究尝试构建一个第三方评价指标体系的初衷。其次，建议设立公共部门内外部主体间围绕公共服务和经济社会发展的合作共议的公私伙伴关系治理平台。利用公私伙伴关系治理平台的创新性、迅捷性、灵活性和影响力的扩张性精心制定相互共有的目标，联结地方的各种资源优势，并做出联合决策。在政府购买医疗保险服务中，也可以由政府牵头建立这样一个独立于政府和私人组织的第三方治理平台，主要负责公私伙伴关系下的公共服务与物品供给的评估和协调等工作。第三，大部门制决策按照企业、社会团体与大部门的决策权力相近、相通的性质进行对接，强调公、私、社会契约型的新型决策职能关系。

地方政府大部制改革中行政执行职能是关键。强化大部门的行政执行职能不是要求政府机构重新回到全能型政府时代，而是要求各公共的或私人的机构和个人管理共同事务，使相互冲突或不同的社会利益得以调和并且采取步调一致的行动，以达到合作供给公共服务、共同服务社会的持续过程。我们依托于公私伙伴关系来拓展地方政府大部制的执行职能，首先，大部制是在优化与提高公共决策能力的前提下，强化对公共物品与服务的供给绩效，而不要过度关注到底是公共部门直接生产、提供，还是私人部门或社会组织生产、提供的。其次，考虑到地方政府及部门无关国防与外交权力，凡是具有可盈利性的公共物品与服务（准公共物品）均可通过签订明确的行政契约委托多元主体设计、融资、施工、管理与维护，当然，实现执行功能的外部化必须在公私伙伴关系法规完善、执行透明、责任与风险分担明晰、利益共享的基础上才能稳健运行。再次，针对公共服务的不同特性，大决策部门下应设置相匹配的各类型公私伙伴关系执行机构，譬如英国的许多地方政府已经建立了伙伴关系委员会，以维持公私伙伴关系中服务供应商与地方政府部门间的直接联系。

在我国，也可考虑医疗保障与卫生部门下设置管理健康与医疗的公私伙伴关系委员会或科室，实现对医保部门和医疗机构的部分公共服务外包项目进行谈判、协商与管理监督。更为关键的是，这种安排使得大部制之下的医保、医疗和医药的所谓“三医联动”改革具有了实现的现实条件。

前文我们对S市的个案研究发现，采取政府向保险公司购买大病医疗保险服务的方式对于控制参保患者医疗费用支出的不合理上涨并没有显著作用，实践中，所有参与主体的负责人都表示，医疗费用管控并非医保部门以一己之力就能完成的目标，这其中，医疗卫生部门、医药部门的参与和配合至关重要。而我们认为，大部制之下的公私伙伴关系委员会将成为"三医"部门协调运转的调度中心，这样，我们所期望的建立大病保险信息共享平台、加强对大额医疗费用支出的管控、实现"三医"联动监管等目标均有了实现的可能性。

（二）公务人员管理能力创新

地方公共物品/服务供给由传统的公共部门直接提供让位于政府向第三方购买的公私伙伴关系机制以后，公众对于这种机制、模式从招投标到签约与生产到合约终结的全寿命周期鲜有了解。因此，既以往的公私伙伴关系因缺少公民参与而导致受到诟病。在公民主权、公共利益至上、市场力量迅速膨胀、网络化与信息化相互交织、公共物品供给问题日趋繁复的今天，公共部门的领导想要实现公私伙伴关系让所有利害相关人满意的目标（包括公共部门自身），那么公共部门的领导除了在计划制定、预算编制、人员配备以及其他传统的公共职责外，还要求掌握诸如激活项目、安排复杂的任务、稳定与私人部门和社会组织的关系，将一揽子公共物品或项目进行集成化管理，重点是要学会并精通管理上述复杂工作的网络。二是，公共部门领导要明确，公私伙伴关系绝非卸掉公共物品与服务供给的包袱、削减预算，以及公共责任的萎缩，恰恰相反，领导职责在这项复杂的"系统工程"下需要有所扩张，这种公共责任表现为领导人必须学会评估公私伙伴关系项目的公共价值，及各种供给机制的成本比较；领导人要学会在开发和运用网络关系时选择辅助自己的称职的管理人员，这些管理人员"应该在与许多流动伙伴一起管理项目的过程中拥有丰富的经验，经常会要求他们拥有商业背景，而且能够判出更大的价值要素"。当然从我国社会医疗保险服务外包的实际出发，这一点主要是指公务员制度变革，我们对S市的个案研究表明，政府医保部门亟须遴选具有一定专业技术背景、商业管理技能和具有公共责任心的公务人员，只有这样，才能充分发挥政府在购买公共服务中的主导作用。

二、公私伙伴关系模型下私人企业社会责任再造

新自由主义提倡市场化、竞争机制、创新精神、私人管理技术尤其是融资技能，这些都对公私伙伴关系的运转与开发提供了长足的动力，许多学者在总结公私伙伴关系特征时，也反复强调“公私部门间应具有共同的利益并达成共识”，但是，依然无法摆脱现实中失败的公私伙伴关系项目或经济上虽然成功但社会效益成为负值的项目，尤其是私人企业为了最大化、最快速地获取利润，往往造成消费者或公民沉重的经济负担。另一方面，社会公众与社会组织也意识到依靠政府规制企业行为的传统监督机制已经很难发挥作用，政府不一定是公共利益的保护者，存在政府主动“设租”，公私合谋以达到公共部门寻求“租金”和私人企业“寻找利润”的结果。因此，我们呼唤参与公私伙伴关系的私人企业必须尽快建立私人企业的社会责任机制。私人企业的社会责任通常被广泛定义为企业承担超出法律要求的自愿行为。这个定义意味着企业履行社会责任的行为是超出公共规制（法律框架）范围的，是私人的独立自主倡议，或理解为是私人企业对自己经营管理行为增加的约束条件。

我国政府于2006年明确提出支持企业社会责任的建设，结合我国政府购买医疗保险服务的实践，我们认为，构建公私伙伴关系中的私人企业的社会责任，关键要重视“利害关系人”与信任的关系。越是复杂的公私伙伴关系，私人企业所要涉及的利害关系人数量就会越多，其利益关系越加体现为复杂性和多层次性，例如社会医疗保险服务供给项目至少要包括政府公共部门（医保部门）、项目载体公司（商业保险公司）、服务受众（参保人）。明确了主要利害关系人之后，就要考虑在风险无处不在的环境下，各种主体之间如何结成信任关系，因为信息的非对称和机会主义行为，信任关系的普遍存在非常有利于降低交易成本。基于企业社会责任所形成的公私伙伴关系中，各种利害关系人因信任形成三种便于企业发挥

社会责任的效用：（1）管理效应：直接负责公共物品生产与提供的私人企业与融资方或股东之间本着相互信任的处事态度，私人企业的效益取决于股东给予私人管理者的自由度以及私人管理者获得股东信任后的满足感。（2）诚实效应。如果私人企业在提供公共服务时获得公民或消费者的信任，那么诚实的经营行为会降低管理交易成本与政治交易成本。（3）声誉效应：进入公私伙伴关系的私人企业在此前的声誉越高越容易向全社会释放高度可信的信号。在政府购买医疗保险服务中，如果私人保险企业重视社会责任的塑造，则至少可以发挥诚实效应和声誉效应。就我们对S市的个案研究的情况来看，经办保险公司显然尚未充分意识到企业社会责任观的树立对自身经营所带来的有利影响，而这也恰恰是未来在公私伙伴关系模式下改善政府购买医疗保险服务效果、使其获得良好的可持续性发展的重要条件。

当然，企业社会责任观的树立并非一朝一夕之易事，而是需要一个长期的形成过程，在这个过程中，政府方面的宣传和引导固然必不可少，然而建立起一套规范和考核企业社会责任执行情况的评价机制和评价工具则更为有效。本研究对政府购买医疗保险服务效果的测量与评价中，将这一政策所产生的“社会价值”和“政治价值”作为了一个重要的测量维度，其中关于“大病医疗保险服务供给的公众满意度”“大病医疗保险服务供给的社会公正度”“监督机制的有效性和清晰性”等指标即从侧面部分地反映了企业的社会责任问题。

三、公私伙伴关系适用法律的完善

在采用公私伙伴关系模式的国家中，对于公共部门与私人部门订立合约的性质存在争议，这些问题主要是：合作双方为供给地方公共物品与服务所订立的合约属于公法性质还是私法性质？该合约到底是行政合同还是民事合同？解决争议适用何种法律？这些问题成为法学界、政府当局和私人企业感到困惑的一个问题。

之所以会存在上述纷争与困扰，本质上源于公私伙伴关系中的两个主体：政府与私人企业之间关系的不对等或失衡，享有公共权力的一方比拥有私人权利的一方在任何时期都更加具有优势，这种优势表现为是否具有强制对方服从的权力和能力。在改革时代前，两者是主从关系、上下关系或命令与服从关系，或者说两者长期处于对立状态，从行为主体各自享有权力/权利的法律依据来看，公共部门适用公法，私人部门适用私法，“这种对立基于公法领域与私法领域的划分，更多地体现了自由主义对个体不被强制或者尽量缩小被强制（尤其是国家强制）的可能性方面的理念。”[①]按照古罗马法学家乌尔比安的解释：公法以保护公共利益为目的，私法以保护私人利益为目的。随着新自由主义的市场化与私有化改革运动兴起，各种创新的公共物品与服务的供给方式纷至沓来，不断地充实着以往由公共部门占领的公共领域。一方面沉浸于行政改革运动的西方国家正在谋求自身结构调整以适应时代的需要，另一方面私人企业的效率、竞争性、创新精神、卓越的战略管理与联盟技术等成为各国政府不可忽视的力量。公私伙伴关系诞生之初，正是英美国家将大量行政职能、公共服务通过行政契约委托经营的时期，私人部门大量进入行政领域承担行政职能，并承担对等责任的做法，要求定位私人部门行使权力属性的法律依据。

此外，公私伙伴关系的合作性、责任与利益的共享性都拉近了公私部门间的平等关系，两者之间共同承担责任与分享利益的现实，就要求双方互相监督、互相协调，因此，这种合作关系也要求对公私伙伴关系到底是适用公法、私法予以定位。公私伙伴关系模式机制正是在新自由主义意识形态和产权创新的历史机遇下打破“公私藩篱”的一把钥匙，那么，进一步来说，公私伙伴关系的最新进展，要求我们必须明确它是公法还是私法，否则在程序规范、立法设计、条款使用、争议裁决等问题上，还是要面临新的是非和问题，即或者明确其适用公法、私法，或者重新给予法律定位，让公私伙伴关系能够稳定、可持续运行。

而相关法律的出台和完善在我国政府购买医疗保险服务的实践中同样具有提纲挈领的重要意义。医保经办机构在委托经办过程中应代表政府发

---

① 耿焰．论行政公私伙伴关系的规制［J］．法学论坛，2011（02）：119-125.

挥主导职能，在医疗保险的制度设计、标准制定、运行监督、绩效评估等方面发挥职能作用，建立指标化的考核办法，尤其要在理赔材料的审核、理赔时效和服务质量的跟踪等方面强化监管，切实维护参保人员的合法权益。

第八章　理性选择视野下政府购买医疗保险服务的可持续性研究

第一节　政府购买医疗保险服务路径的理性选择

一、科尔曼的信任理论

社会学对于信任问题的关注可以上溯到古典社会学家涂尔干（Emile Durkheim）对社会团结（social so lidarity）的分析以及韦伯（Max Weber）对“特殊信任”和“普遍信任”的区分。但直到20世纪70年代，社会学才开始把信任作为社会学的一个专门课题来进行研究。理性选择理论的代表人物科尔曼①把信任视为两个理性行动者之间的博弈与互动过程，并依据行动者的主动与被动，把互动双方分为委托人和受托人。他所假定的前提是，这两个人都是有目的的行动者，其目的是使个人利益得到满足。委托人始终面临着是否信任受托人的问题，同时受托人也面临着是守信用还是不守信用的选择。在某些情况下，受托人违背诺言可以获利。因此，信任行为是使委托人处于劣势的一种行动。由于信任受托人，在特定条件下，委托人无法控制自己的行动，如果受托人利用这一劣势，委托人的利益将有所损失。同时，科尔曼认为信任行为意味着风险。因为在现实生活中，构成社会行动的各种交易往往不是即时完成的，在某些情况下，参与交易的一方提供劳务或交付货物以后，另一方才能做出相应的反应。由于信任给予中包含了时间滞后，受托人是在未来某一刻，才采取预先约定的行动，这就给委托人的提前行为造成了风险。作为理性行动者，人们会采取种种手段来缓解时间滞后带来的风险。科尔曼的这些分析表明，委托人决定是否给予信任的过程适用于决策理论中风险条件下的决策模式。由于他假定行动者都是理性的，因此，委托人和受托人的行动可以从博弈的角度加以思考。委托人必须决定是否信任受托人，在受托人靠不住的情况下，委托人

① ［美］詹姆斯·科尔曼．社会理论的基础（上）［M］．邓方，译．北京：社会科学文献出版社，1990.

的信任将导致损失；如果受托人可靠，而委托人拒绝信任他，也将造成损失，受托人也面临着遵守还是违背诺言之间的选择。下面分别对委托人和受托人的行为进行分析：

（一）对委托人行为的分析

科尔曼发展出了一个公式来描述是否给予信任的条件。他认为，委托人为在风险条件下最大限度获得个人利益，必须在拒绝信任或给予信任之间做出选择。

委托人预期获得的利益等于可能所得（G）与成功概率（P）的乘积减去可能所失（L）与失败概率（$1-P$）的乘积。如果被减数大于减数，即成功概率与失败概率的比例大于可能所失与可能所得的比例，即 $P/(1-P)>L/G$，一个理性的行动者便应该给予信任。科尔曼认为，在这个公式中，最关键的是受托人确实可靠的概率 P、可能所失 L 和可能所得 G 的值。这三个值的大小是与委托人关于它们的信息密切相关的。在有些情况下，委托人对于可能的损失是清楚的，在有些情况下则不甚清楚。通过给予信任可能获得的利益有时为人们所了解，有时则不然。这三个影响因素中，受托人值得信任的概率是最难弄清的。委托人主观上对概率的估计越接近于客观概率，做出错误决定的可能性就越小。为了做出正确决定，委托人必须充分利用信息，并尽可能多地收集信息。科尔曼认为，可能损失与可获利益的大小，也影响着委托人寻求信息的范围和努力程度。给予信任可能导致的损失或获得的利益越大，委托人越会努力去寻求信息以判断受托人的可信任程度。

（二）对受托人行为的分析

科尔曼认为，在信任关系中，受托人的行为至关重要，他可以在遵守诺言与违背诺言之间做出选择，问题的关键在于如何对受托人的行为做出约束。科尔曼列举了三种方法：第一种方法，利用无形的道德观念对人的行为进行约束，这种力量比较弱。第二种方法，对受托人的违约行为进行惩罚。社会内部必须要有规范、法律以及惩罚手段。委托人在决定是否信任受托人时，不仅应考虑受托人的可信任程度，而且还要注意惩罚性手段的效果。第三种方法，使恪守诺言的受托人从委托人或其他有关人的信任中得到好处，即存在对遵守诺言行为的正面激励。科尔曼认为，在包含社会信任或政治信任的行动中，由于不存在直接的赔偿责任，这种正面激励非常重要。在这种情况下应该创造某种社会结构，在这种结构中，受托人只有恪守诺言才能获得好处。这种社会结构的主要形式有紧密联系的组织（比如同业团体、行业协会等）、法律合同及其他法律规定等。当意识到遵守诺言的好处之后，受托人会精心策划某些行动以博取委托人的信任。此外，科尔曼还关注到交易次数对受托人行为的影响。他认为，在一次性交易中，受托人违背诺言的损失较小，从而更容易做出违约行为，而在重复的、持续进行的交易中，受托人违背诺言的损失较大，受托人更容易遵守诺言。简言之，可以把持续进行的信任过程简单描述为：委托人首先决定是否要给予信任，在这个过程中他会大量收集关于受托人的信息，如果委托人认为受托人是否可信对自己的利益影响重大，他还将试图建立某些提高受托人信任程度的社会规范及制度。当搜寻信息工作结束之后，委托人就应决定是否把信任给予受托人。如果委托人决定给予信任，那么受托人面临的问题是，决定自己是否要保持信用。如果受托人受到道德约束或担心违约后的惩罚，将会恪守诺言。促使受托人遵守诺言的另一条重要途径是，委托人让受托人意识到遵守诺言的好处。当受托人意识到取得委托人的信任将给他带来好处之后，他将向委托人提供有关信息，促使委托人相信自己。在第一轮信任行为发生之后，委托人将根据受托人的表现，修正自己对受托人可信任程度的估计，进而决定下一步的行为，长期的博弈行为就这样持续下去。

二、政府购买医疗保险服务中的信任关系分析

我们借助科尔曼对于信任的研究为我们提供的概念工具和分析框架，进一步深入分析政府购买医疗保险服务中的信任关系。在科尔曼的理论中，他更多地把发生信任行为的双方——委托人和受托人，看作一种自愿的谈判和

交易，而没有对委托人和受托人之间的权力关系对信任的影响表示关注。我们在分析我国公共部门向私人部门 / 组织购买医疗保险服务中政府与私人组织的信任关系时，非常值得注意的一点是，在中国，作为信任委托人的政府是单方面拥有强制性权力的。国家的重要特征在于它是一个“作为垄断合法暴力和强制机构的统治团体”，强制性权力以及制定规则的特殊地位，使得政府在政治力量对比和资源配置权力上均处于绝对的优势地位。

在我国，受长期计划经济的影响，政府通过一系列政策把重要的经济和社会资源集中在自己手里，确立了在社会生活中的绝对支配地位。而 90 年代以来社会主义市场经济体制改革的深入进行、私人部门的发展迫使政府不得不转换职能并让渡某些权利，政府向市场私人营利组织购买公共服务就是在这样的背景下产生的。从这个角度来看，我们在分析政府购买医疗保险服务中的信任关系时，可以把政府医保部门和私人保险组织（商业保险公司）分别视为科尔曼分析框架中信任关系的委托人和受托人，可以把政府允许、鼓励私人营利保险组织参与公共大病医疗保险服务供给看作是政府对私人组织给予了信任。而且，这种信任关系是重复的、持续性的，具体来说，这种信任关系具有如下几方面的特点：

首先，当政府向私人组织购买服务时，作为委托人的政府预期中引入私人组织可能获得的利益（也就是科尔曼计算公式中的 G）是很大的（譬如前文所提到的降低政府成本、提高供给效率等），因此，政府有较强的给予信任的需要。科尔曼在研究信任行为时观察到，对于有着不同信任需要的行动者来说，信任行为所包含的可能利益或损失是不一样的。有些行动者迫切需要信任他人。比如，处在绝望状态下的某些人对信任有着极其强烈的需要，因为没有外援他们就无法脱离困境。在这种情形下，可能获得的利益对行动者有很大的诱惑力。进入 21 世纪以来，我国在社会保障体系方面逐渐从国家中心主义模式向福利多元主义模式转换，原有体制下由政府垄断提供的绝大部分公共产品 / 服务开始寻求由政府向第三方（私人组织或社会组织）购买的方式。社会保障体系亦处在不断完善之中，大病医疗保险服务即是在社会基本医疗保险基础之上建立的为减轻公民高额医疗支出负担所做的一种制度安排。但由于健康保险在费用测算、理赔查勘等方面的高度技术性和专业性，政府部门在现有的人力和技术条件下很难直接提供服务，因而在一定程度上形成了对私人保险组织技术和人力上的依赖，因此，它有对私人部门给予信任的需要。也就是说，政府采取向商业保险公司购买大病医疗保险服务的方式向公众提供服务，正是信任理论在现实中的一种表现，是政府的一种理性选择行为。

其次，如果第三方服务提供组织（私人组织或社会组织等）的行为超出了政府的预期范围，政府将蒙受损失。因此，政府对于第三方服务提供组织的信任是一种具有风险的行为。在政府购买医疗保险服务中，政府通过向私人保险组织购买公共医疗保险服务而与之形成一种委托 - 代理关系。由于政府与第三方服务承接者二者利益目标的差异，政府越把权力转移到第三方组织手中，第三方组织的利益和目标与政府相差越远，政府的项目实施就越困难。第三方服务提供组织的出现意味着在政府的控制领域之外出现了一个新的体制外力量，如果没有足够的信息披露和监督机制，政府可能很难准确判断私人组织的引入是否能够给公共产品 / 服务的供给带来效率上的改善和提高。在科尔曼看来，受托人值得信任的概率 P 是决定是否应该给予信任的关键，并在实施第一次信任行为之后，通过反复的博弈过程，来判断第三方组织是否值得信任。同时，由于在权力结构中的垄断地位，政府几乎完全控制了对受托人的惩罚和奖励，这使第三方组织意识到，只有保持对委托人的忠诚、信守诺言，才能在重复的交易中获益，正面激励和惩罚机制的双重存在，进一步促使私人组织实施保持信用的行为。我们对政府购买医疗保险服务效果的个案研究表明，一方面，为了做出准确判断，政府应竭尽全力去收集相关信息，以判断商业保险企业（私人组织）的可信任程度，这体现在尽可能采取公开公正的招标程序；另一方面，政府部门仅凭对私人组织道德上的信任来试图达到医疗保险服务供给效率的提高，风险极大，很难保证其达到预期的效果，必须要给予科学合理的评估、监督、规制和奖惩。

三、政府购买医疗保险服务的路径选择

本研究尝试依据科尔曼的理性选择理论及其有关信任理论的模型来构建

政府购买医疗保险服务模式的路径选择框架：购买服务模式根据政府与第三方服务提供组织（包括私人组织、社会组织等）之间的依赖关系和竞争属性两个维度分为竞争性依赖关系、竞争性独立关系、非竞争性依赖关系和非竞争性独立关系四种服务购买模式（见图 8.1），并且模式的选择和购买服务机制的建设都有理性选择的痕迹。因此，可把购买服务的双方视为科尔曼分析框架中的“委托人”和“受托人”。由于政府期望通过“委托－代理”获得第三方组织的支持、提供专业服务，它有信任第三方组织的需要。但当受托的第三方组织提供的服务与政府的预期之间存在差异时，政府的信任就将面临风险。所以，政府通过完善购买机制、准入机制、监督机制和评估机制来提高第三方组织的可信任度。而第三方服务提供组织作为受托方，需要不断满足政府购买服务的要求，提供自身专业性的信息，以赢得政府对其的信任及资源给予。本研究将尝试深入分析这四种模式的特点，并结合政府购买大病医疗保险服务实践，探讨有利于其可持续发展的路径选择。由于在我国提供大病医疗保险服务的只有私人营利性保险企业，因此下文的分析中所涉及的第三方服务提供组织仅限于私人组织，我们将直接用“私人组织”这个称谓。

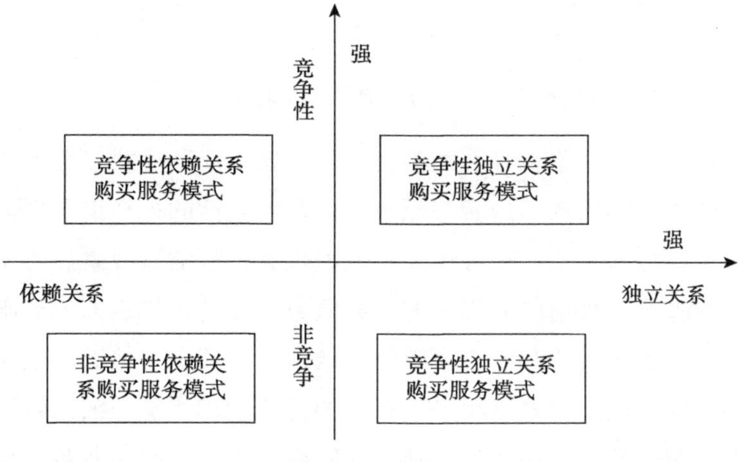

图 8.1　根据购买服务方式的竞争属性和购买服务主客体关系维度的模式分类

（一）方式一：非竞争性依赖关系购买方式

指的是政府在通过购买方式向社会公众提供公共服务时，服务承接方是由政府出资成立的组织，一般是非营利性民办非企业组织，也称社会组织。政府购买服务并非通过公开竞争的方式择优选择，而是通过委托的形式定向向这些组织购买。非竞争性依赖关系购买服务模式是目前政府购买公共服务中较为常见的形式，特别是在政府购买养老服务中采用此方式比较广泛。这种购买方式实际上是政府在主动转移职能的过程中形成的，由政府出资成立社会组织，再由这些社会组织行使政府转移的部分职能。在此模式下，资金基本上还是从政府体制内拨付，人员则在社会上招聘，项目由政府“给”而不是采用公开招标的方式（如图 8.2 所示）。这种模式的特点在于：①在其他社会组织发育不充分的情况下，政府出资成立的社会组织承接了政府的某些职能，转变了公共服务供给的模式。②政府与社会组织相互间的信任程度高、沟通方便，便于开展工作。③提供了就业岗位，为政府职能转变过程中消解掉的一些职位的原有工作人员提供了新的就业机会，缓解了政府职能转变过程中的阻力。

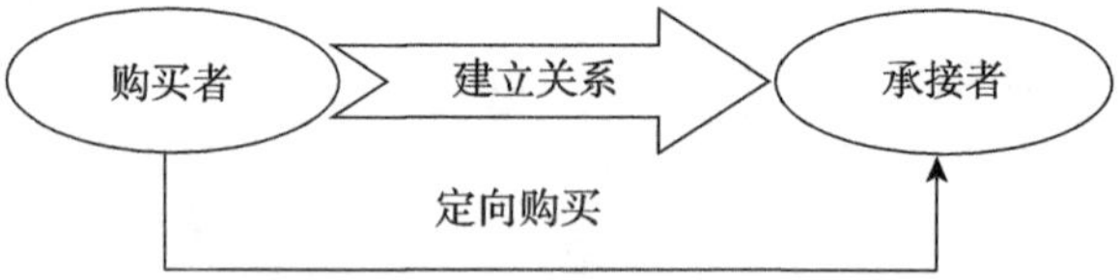

图 8.2　非竞争性依赖关系购买方式

但这种模式的缺陷也是显而易见的，首先，这种模式违背了真正意义上的政府购买公共服务的内涵与原则。这些内生性的社会组织更多地承接政府原有的职能和工作，在合作关系上表现为较强的行政隶属关系。购买服务的项目多是原来由政府提供的公共服务工作的延续，如养老服务、社区基本医疗服务等。购买资金由政府财政预算支持，直接委派工作，缺少契约化的合同管理，而是继续沿用政府的行政管理体制，因而组织在发展和管理上受制于政府。而且，这样的政府购买服务易产生灰色地带，在制度规范尚不健全的情况下，容易形成政府和社会组织垄断的联合体，极易滋生腐败现象。其次，这种购买公共服务模式缺少完整、系统且明确的规范，承接服务项目的随意性很大，更多的时候缺乏制度保障。而且，缺乏竞争和淘汰机制，组织服务的优劣并不与购买经费及其相应的责任挂钩，服务人员的专业化程度不高，评估具有简单化和形式化特点。

我们认为，这种模式比较适合那些技术门槛较低、专业化程度不高的公共服务的供给，而且，政府在自身职能转变和衍生过程中，组建这种形式的社会组织来提供原本由政府部门直接提供的服务，相对来讲，建设成本较低、易于组织、经营、考核和监督。但是，考虑到医疗保险服务供给的特点和建立保险服务提供组织的条件，我们认为这种模式对政府购买大病医疗保险服务来讲，显然是不合适的。

（二）方式二：非竞争性独立关系购买方式

非竞争性独立关系购买模式一般是由政府主导、以“定向委托”给某个私人组织或社会组织的方式进行，当然，实践中以私人组织最为常见。购买服务的政府部门与承接服务的部门之间是相互独立的关系，通常表现为在政府购买服务之前，该服务提供组织已存在，并且在行业内有较好的声誉和服务经验。但政府在选择服务提供组织时，采用非竞争性的方式，而不是面向社会公开招标信息（如图 8.3 所示）。因为政府通常偏向于选择拥有较多专业优势及良好的社会声誉的服务提供组织来降低购买服务的风险；有时候，也由于愿意参与公共服务供给的私人组织数量过少，无法进行公开招标。

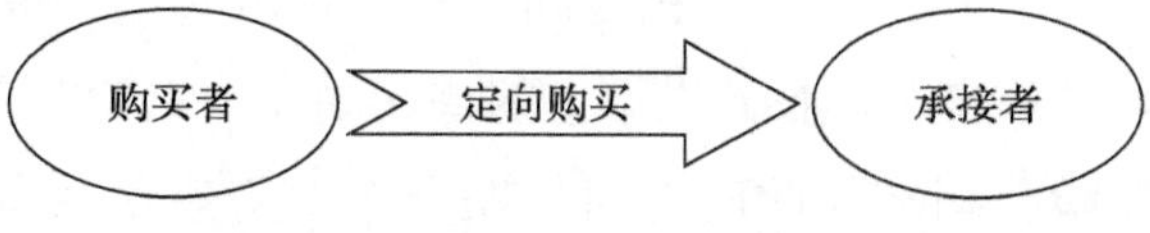

图 8.3　非竞争性独立关系购买服务模式

此种购买服务模式改变了公共服务供给体制，有着专业运营管理理念的私人组织能够有效地针对居民的需求提供人性化的服务，同时，私人组织具有相对独立的地位，在购买服务的过程中通过协商签订协议，没有公开的竞争，但存在潜在的竞争市场，政府在委托之前有内部的选择和考量。但是，这种购买服务模式的问题在于：首先，在此种模式下，购买服务的主动权仍旧在政府一方，政府与私人组织的关系、私人组织的社会资本都会影响政府购买服务的选择，这就为权力寻租提供了可能的空间。其次，非竞争性独立关系购买服务模式显然缺乏程序公平性。由于缺乏公开的信息和竞争的程序，委托性购买很可能将其他优秀的服务提供组织排除在外。对其他符合条件的私人组织来说，获得委托提供公共服务的机会不均等，从而使其丧失发展的资源。在缺少竞争的环境下，获得委托的组织由于缺少激励很难使项目的实施效果达到最优。再次，对服务过程和服务结果缺乏有效的监管和评估。在非竞争性购买方式下，购买的主动权始终在政府一方，对服务的监督和评估也主要依靠政府内部来执行，没有引入公平中立的第三方监管评估机制，因此，监管力度缺乏，评估结果缺乏科学性与真实性。

在我国政府购买医疗保险服务项目开展的初期，由于我国商业健康保险市场也尚处在发展初期，市场上参与大病医疗保险服务供给的商业保险公司数量很少，这种情况下，地方政府选择采取这种非竞争性独立关系购买大病医疗保险服务的方式，我们认为是符合法人的理性行动原则的。我们对S市的个案研究中发现，当地大病医疗保险服务自2001年底开始直至2012年国家出台相关政策，鼓励商业保险公司参与大病医疗保险服务供给，一直都采取的是向当地某保险公司定向购买的方式。这其中的原因我们在前文已做过分析，一开始主要是由于参与服务提供的保险企业很少，无法公开竞标，于是采取这种模式也是权衡之举。但正如前文所述，这种模式的弊端之一就是容易产生寻租空间，从而在事实上造成某私人保险组织在当地公共大病医疗保险服务供给上的垄断局面。S市的情况就说明了这一点，由于P保险公司在与政府部门长期合作中所建立和积累的技术和各种资源优势，P公司几乎已经在当地大病医疗保险服务供给业务上形成了某种程度的垄断供给，致使2013年以后，尽管有了公开的竞标程序和途径，其他保险企业也较难挤进这个服务供给市场。而这种情况则进一步加剧了S市政府部门缺乏对政府购买大病医疗保险服务效果进行评价、监督和管理的现实，进而最终造成的结果就是，由于缺少竞争压力、监督和奖惩机制，私人保险组织在承接这项业务中也就不会将提高大病医疗保险服务递送的质量和公众满意度作为企业的目标，而政府部门想要提高大病医疗保险服务供给效率的目标也就很难实现了。

（三）方式三：竞争性依赖关系购买方式

竞争性依赖关系购买服务模式指的是在通过购买方式向社会公众提供公共服务时，政府购买服务的第三方与政府部门之间存在依赖关系，但对服务承接方的确定采取公开招标等竞争性手段。这种模式下的服务提供组织多为因政府购买服务需要而设立的经营性组织，通常是非营利性的，依附于购买服务的政府部门而存在，提供定向服务，但组织和管理人员通过社会招聘的方式，经营管理也采取企业式经营，当政府向社会购买公共服务的时候，这些组织与其他营利性组织一起参与公开竞标（见图 8.4）。在我国的案例研究中这种模式较为缺乏，很多学者认为虽然依据依赖关系和竞争属性两个维度划分出四种购买服务模式，然而在我国的实际操作中这种模式较为少见。我国一些社区政府部门通过成立社区医疗服务中心、老年日间照料中心等方式向本社区内居民提供医疗和养老服务的方式可看作是这种模式的具体实践。

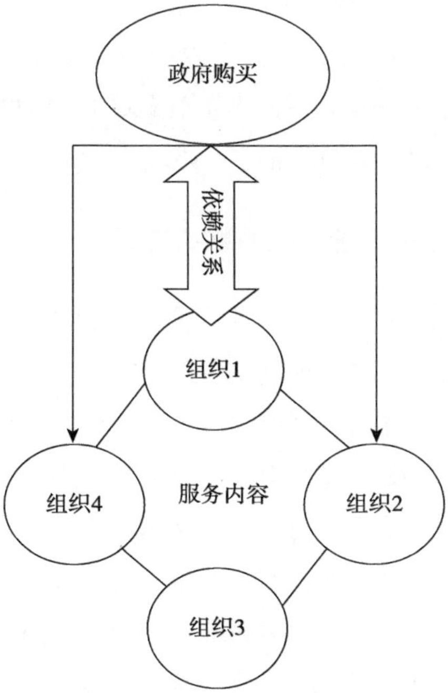

图 8.4　竞争性依赖关系购买服务模式

就施行效果而言，这种模式的优势仍是显而易见的，由于直接“诞生于”政府相关部门，所以这种组织在获得政府信任方面有着先天的优势。而政府部门也便于直接干预其服务提供的过程，有利于政府对其实施评价和监督。通过增强竞争力，保持机构的独立性和服务的专业性，可以形成政府对服务提供组织“指导不干涉，支持不包办”的互相依赖的购买服务模式，对于提高公共服务供给效率的目标而言，这种模式可能是最有执行力和见效最快的。

但这种模式似乎是一把“双刃剑”，其弊端更加不容忽视。事实上，由于政府对其信任上的偏爱，这种类型的组织对政府资源的依赖程度也在增加，而且所依赖的要素都是关键性要素，是直接影响到该类型组织生存和发展的要素。目前，国内外一些类似组织的发展路径证明，内生性的服务提供组织必然有依赖性的缺点。与此同时，政府的项目委托和该种类型组织的资源依赖对其他参与服务供给竞争的私人和社会组织显然有欠公平，服务项目的排他性不利于其他组织的可持续性发展，而具有依赖关系的服务提供组织也容易形成“大者恒大”的趋势，走向“福利的托拉斯”。

鉴于医疗保险服务提供的专业性以及资本金的相关要求，目前政府医保部门医疗保险服务的供给一方面不具备采取这种模式的条件，另一方面，采取这种模式的效果尚不可知。

（四）方式四：竞争性独立关系购买方式

指的是政府在通过购买方式向社会公众提供公共服务时，对服务承接方的确定通过公开竞争的方式择优选择，而且，购买服务的政府部门与承接服务的组织是独立关系（见图 8.5），在购买关系发生之前，该组织业已存在，这种模式下的服务提供组织通常是营利性组织，例如提供大病医疗保险服务的各种商业保险公司。该购买方式具有以下特点：首先，承接服务的营利性组织具有独立性，在与政府产生购买关系之前就已经存在，不依赖于购买资金生存，并在购买服务的过程中承担一定的责任，但购买公共服务的主动权仍旧在政府一方。作为服务承接方的营利组织是凭借自身专业实力与优势通过公开竞争的方式获得提供服务的机会，该购买方式下的非营利组织具有规范的运作模式、专业的服务技能和特色的服务宗旨，在人事管理、资金运作等方面与服务购买方相互独立。其次，购买程序公平、公开、透明。服务提供组织可以通过竞标的方式参与竞争，政府综合考虑各因素择优选择。竞争性购买方式可以让众多有资质的营利组织参与公共服务购买，有利于提升服务质量，体现了平等竞争原则。再次，购买双方根据购买协议共同承担责任，分工明确、地位平等。通过公开竞争的方式择优确定服务承接组织之后，双方合意签订购买协议。服务承接方根据协议规定的服务内容提供服务，政府部门则负责政策制定及服务监管等。

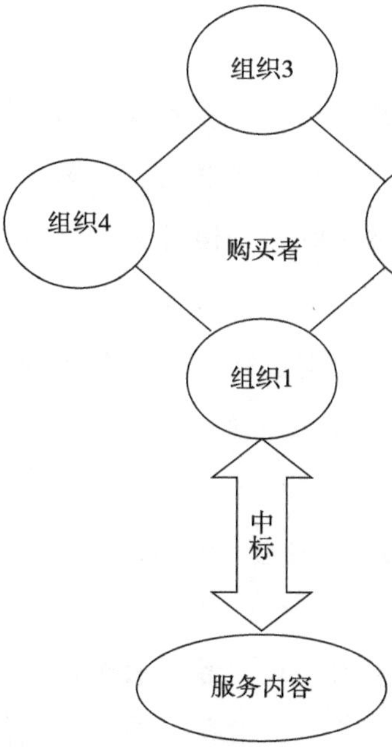

图 8.5　竞争性独立关系购买服务模式

理论上来说，竞争性独立关系购买方式是大多数政府购买公共服务所要努力实现的理想方式。我国政府购买大病医疗保险服务经过多年的实践，从 S 市参与竞标的保险企业数量的逐年增多可见，竞争性独立关系购买模式正在逐渐形成中。但正如前文第六章对 S 市政府购买大病医疗保险服务施行效果的测量和评价中所反映的现实情况以及第七章对公私伙伴关系模型下政府购买大病医疗保险服务中隐藏的现实问题所做的分析中揭示的，我国政府购买医疗保险服务施行过程中所遇到的问题和障碍仍然非常严峻，而改善和提升则至少需要从政府和私人保险组织两方面着手：政府方面的关键问题主要是政府购买医疗保险服务制度建设、医疗保险服务供给市场的培育以及管理人员素质和能力的提升；私人企业方面的问题集中在服务提供的专业技术能力提升、企业社会责任观的培育以及竞争意识和压力的增强等方面。

第二节　政府与私人保险组织的互动发展

我们已经知道，能够向政府提供公共服务外包服务的第三方组织包括私人组织和社会组织，但是鉴于我国能够向政府部门提供医疗保险服务的只有营利性的商业保险企业，因而，这里我们在提到第三方服务提供组织时将直接使用“私人组织”这一概念。相对于公共组织而言的私人组织实际上就是我们平常所说的商业企业，以营利为主要目的，依法从事商品生产、流通或服务等经济活动，为满足社会需要和营利，实行自主经营，独立核算，自负盈亏，并具有法人资格的经济组织。

一、授权：政府与私人组织互动的开始

在政府购买公共服务模式的“购买者—承接者—使用者”的三元分析框架中，政府承担社会公共服务“供给者”的职责，但是服务“生产者”的功能却可以通过政府购买服务的模式，由其他的社会主体承接，代替政府履行公共服务生产和递送的职责。这一过程也就是政府授权的过程，政府把自己“不能做、做不好”的公共服务递送项目授权给符合资格的第三方组织来提供，本研究中由于受托承接大病医疗保险服务的组织只有商业保险企业，因此，我们可以说，授权一旦发生，政府与私人保险企业之间的互动关系就建立起来了。

（一）互动的本质：医疗保险服务的商品化

在政府购买服务引入之前，我国传统的社会公共服务供给一直是政府一手操办的，其显著特点就是社会服务供给是均一化的、政府全能主义的。这种模式下的政府部门即使超负荷运转也难改变工作效率低下的状况；另一方面，我国经济发展水平的提高、社会保障制度的不断发展和完善，使得居民的社会服务需求变得更加多样化和专业化，政府部门已经无法以自己的力量提供诸如金融、保险等方面的需求，公共服务供给模式亟待转变。而此时，适逢西方新公共管理运动在我国方兴未艾，于是政府购买公共服务（Public Services Outsourcing）理论和实践在我国逐渐兴起和展开，并取得初步成效，本文所研究的政府购买大病医疗保险服务即是其中非常典型的一项实践。

政府部门通过向商业保险企业购买服务，以签订服务购买合同的形式，把原本由政府直接提供的社会大病医疗保险服务转移/授权给保险公司去提供，政府负责监督和验收，这一方式看似简单，实则却包含了政府公共服务供给思维的巨大转变。原来公共服务供给就是政府的一项行政职能，政府只负责自身部门提供什么样的服务，而很少去关心服务输出的效果。引进私人保险企业共同参与社会医疗保险服务供给之后，政府实际上是将原有的社会医疗保险服务商品化了，再依据市场的准则向最合适的卖家购买服务，用市场关系来分析这种转变，就是政府的社会医疗保险服务供给职能现在转变成为一种商品，不再是简单的国家行政关系，由此也引发了相应的国家权力与市场关系中的问题：市场关系的核心是平等性或自由性。在交易性的市场关系中，必须防止“滥用”国家行政权力侵害市场关系的平等性和自由性。在大病医疗保险服务项目招标中必须保证所有的程序是公开、公正的。同时，政府购买大病医疗保险服务以后，由于原有行政权力的惯性作用，政府仍然掌握着强大的行政权力，因而在这场市场化的交易中也必然仍旧掌握着领导权与话语权，而私人保险企业由于其技术上的专业性和垄断性，在平等的买卖合同之下，自然不满政府的强权，对“话语权”会有更多的诉求，由此也就引发了医疗保险服务商品化后的一系列新的问题与矛盾。

（二）互动的原则：以服务供给优化为目标

政府购买大病医疗保险服务模式中建构出两种新的关系：一种是政府与居民之间的公共服务关系，它属于政府的“公共责任关系”，也是前文第七章中我们提到的第一重委托代理关系。根据“社会契约论”，居民把自己的权力交给政府代理，政府获得了居民赋予的行政权力，并掌握了公共财政税收，政府就有责任和义务为社会居民提供免费的社会服务。虽然以最小的成本获取最优化的社会公共服务效果是世界各国政府普遍追求的目标，现代政府在输出社会服务时也会考虑成本的因素，但政府与居民之间毕竟不是市场关系，只要社会服务有必要去做，不管所需经费多大，有无效益，政府都必须调动人力、物力去完成。

另一种是政府和私人组织之间的商品市场化关系。政府的服务项目招标理想状态下是完全根据私人组织的实力与匹配程度开展合作，重点在考察私人组织提供社会服务的能力、开展项目的费用及私人组织提供社会服务需要的时间等方面具有合作的可能性。在现实操作中，理想的状态很难达到，政府不能完全公正，私人组织也不能完全胜任政府的社会服务供给需求。事实上，政府的职责决定了政府在项目招标时不可能像企业那样，追求“以最小的成本获得最大的效益”，因此政府公共服务项目招标采用的原则实际上是一种以服务为先导的原则，即在同一个项目中，虽然考虑项目实施费用的因素，但是决定性因素还是取决于竞标的私人组织的能力与执行项目之间的匹配程度，这一点在S市政府购买大病医疗保险服务的最初几年中表现得尤为明显，政府采取非竞争性独立关系模式定向购买P公司的服务，主要是基于P公司在当地健康保险经营方面所具有的突出优势，因而，在服务供给市场未能有效施行公开竞标的条件下，采取定向购买的方式应该是政府部门当时的最优选择。此外，值得注意的是，在实际操作过程中很多政府购买服务项目标书会依据在互动合作中的关系和具体情境做出调整，而费用方面，现在大多数的项目都是在一开始公开竞标之前就表明了政府用于该项目执行的金额的。因此，参与竞标的私人组织提供服务的质量和以往的声誉将是政府部门考虑公共服务项目花落谁家的重要决定因素。

（三）互动的维持：引入第三方评估

任何主体间的互动，维持机制是应对因不可意料的风险导致互动中断的一种最基本的方式。尤其在政府购买医疗保险服务中，政府、私人保险组织和参保人虽处于同一框架中，但各自又有着迥异的甚至相互冲突的利益目标，既存在着政府向居民提供服务的公益性，又存在着政府向私人组织购买服务的商品化市场性质，从而使三者之间的关系极不稳定。因而，在三者之间搭建一个平衡点非常重要，这个平衡点要满足以下两个条件：首先，要求能够评价私人保险组织医疗保险服务递送的效果；其次，这个平衡点必须独立于政府之外，以保证评定的专业性、客观性和公正性。

基于此，本研究在第五章的研究中尝试建立了一套相对科学的、客观的、独立于政府之外的政府购买医疗保险服务效果评价指标体系，并在第六章中应用该评价工具对S市政府购买大病医疗保险服务的施行效果进行了实地测量和评价。虽然，我们所研制的评价工具的信度和效度尚待实践的进一步检验，但本研究为第三方评估机制的建立和完善提供了重要现实依据和参考，可以看作是为实现政府购买医疗保险服务的良性可持续发展所做的必要准备。至于第三方评估机构如何选择，我们在第七章关于政府与私人保险企业的公私伙伴关系模型的研究中也提到，完善政府部门大部制改革，建立公私伙伴关系委员会，由其对政府购买公共服务项目进行监督和评估是一种比较理想的选择。在现有条件下，由政府部门出面并出资组建或者聘请第三方评估机构也是一种权衡的、行之有效的措施。第三方评估机构采用自己研制的科学的评估工具，定期对政府购买医疗保险服务效果进行评估，评分细则向所有评估对象公开，并出台措施保证评估过程严谨、公正、透明，最终评分结果将不仅直接决定来年被评估机构能否再次参与政府购买服务的竞标，而且还可作为衡量整个政府购买公共服务模式是否能够提高公共服务供给效率的重要依据，而这一点对于政府购买医疗保险服务政策的未来发展走向至关重要。可以说，第三方评估机构的引入，是有效解决政府购买公共医疗保险服务中政府和私人保险组织的互动维持问题的一项重要的可能选择措施。

二、矛盾与冲突：政府与私人组织互动的深入

前文的研究已经表明，作为一种由国外借鉴而来的新兴的公共服务供给模式，随着政府与私人组织互动的不断深入，互动中的政府与私人组织虽在努力探寻合作的模式，但矛盾与冲突仍不可避免，这是政府与私人组织在相互适应阶段中“不成熟”的表现，问题的关键在于这种矛盾与冲突并不涉及双方合作的核心理念。

（一）冲突的发生：公共部门与私人部门本质上的对立

众所周知，作为公共部门的主体组织——政府与作为私人部门的主体之一的私人企业组织在本质上是对立的。前者以社会的公共利益为组织目标，管理各项社会公共事务，向全体社会成员提供法定服务；而后者则依赖于个人所有的资产，以自身利益为活动的宗旨，其行为目标是追求利润最大化。因而，在政府向私人组织购买公共服务的过程中，必然会存在私人组织的自利性与公共服务公益性的对立以及私人组织的自主性与政府控制的对立。

首先，私人组织的自利性与公共服务公益性的对立在政府购买大病医疗保险服务中主要表现为政府医保部门与私人保险组织的价值目标冲突和错位问题。我们在前文做过比较详细的分析和解释，简言之，一方面，私人保险企业追求利润最大化的原始动力与社会大病医疗保险服务的公益性目标相冲突，这导致私人企业并不会主动将减轻参保人的医疗负担、为公众提供高质量的医疗保险服务作为自己的企业目标；另一方面，市场化的合同管理意识促使私人保险企业要迎合客户（即政府部门）的需要，使政府满意，但并不是使政府购买大病医疗保险服务的受众（即公众参保人）满意。这种价值目标的冲突和错位在政府购买公共服务的多重代理机制下很难避免，唯有找到二者妥协的平衡点，方能在一定程度上解决该问题。

其次，私人组织的自主性与政府控制的对立在政府购买大病医疗保险服务中主要表现为政府与私人保险企业对自身的角色定位认识上的冲突。我们的实证研究表明，视政府购买大病医疗保险服务模式的不同，政府与私人组织对自身的角色定位有着不同的认识：在“保险合同模式”中，政府医保部门往往只将自己作为民法意义上与私人保险组织对等的法人，而对自身的“决策人”和“监管人”的角色认识不足，同时，私人保险组织也不认为自己应该接受政府部门的监管，从而导致政府部门对大病医疗保险服务供给质量和效率的评估和监管缺位。而在“共保联办模式”中，政府医保部门则既充当“决策人”“监管人”，同时还担任着“生产者”和“递送者”的角色，政府部门与私人组织职责分配不清，不能实现转变政府职能的目标。上述二者相比，在政府对私人保险企业的控制力方面，尤以“保险合同模式”中政府的控制力最弱，“共保联办模式”中政府的控制力最强，而“委托代理模式”中政府对私人保险企业的控制力则居于二者之间。

就政府购买公共服务中政府和私人组织的角色定位和关系处理问题而言，私人组织，即追求自身利润最大化的商业企业，在市场化的环境中基于自身追逐利益的本性、经营伦理和发展策略，尽可能摆脱政府的强力控制是其本能的反应，也是其得以顺利发展的重要条件。事实上，我国在社会主义市场经济体制改革以来，政府对私人组织的发展，一直处在“放手”与“收手”之间徘徊。一方面，私人组织的天性是追求自主，追求由市场“看不见的手”来调节其生产和发展；而另一方面，在转型变迁的过程中，政府必须防止传统的权威结构不会因为社会领域的放松而丧失，导致合法性的过度流失最终演变为社会结构的解体和普遍性失范。作为对社会秩序普遍失范的恐惧，政府一般倾向于向传统回归，强调对新生事物的控制，我们在对S市政府购买社会大病医疗保险服务施行效果的研究中，对S市政府有关部门负责人的访谈也在一定程度上反映了这个问题：

“现在国家政策是推行政府向私人（组织）购买服务，这是大势所趋！（停顿……）也确实改变了我们以前许多观念，但是上面的政策一般都是指导性的，比较粗，没有具体操作方案，我们都是摸着石头过河……不敢走

得太远，也不敢落后……”（受访者编号：170323L）

“目前我们还没有具体措施和评价标准考核经办保险公司，（是不是继续合作）主要看他们跟政府合作的配合情况……再有就是合同方案的执行能力，我觉得他们（指经办保险公司）不敢不按照我们的要求执行……”（受访者编号：170412L）

由此可见，地方政府部门在执行大病医疗保险服务政府购买的过程中还存在着不少顾虑，一方面要保证私人组织的作用发挥还在自己的控制范围之内，另一方面又要遵从上级要求、推动政府职能转变，但二者之间的“度”却是地方政府在实践中最难以把握和平衡的关键点。而这主要与国家层面缺乏明确的、立法层次位阶较高的相关法律法规有关，地方政府在购买医疗保险服务的实际操作中难免心中无底，无法定位私人保险企业参与社会医疗保险服务供给的参与度的边界，从而导致前文研究中所讨论的私人保险企业与政府部门在医疗保险服务供给中的种种矛盾和冲突；同时，也与我国历来强调稳定的政治文化有关，过于追求稳定，导致政府不敢太求创新，新生事物发展的空间自然受限。

（二）冲突的功能：维护私人组织与政府之间互动的发展

科塞在社会冲突论中提出过“安全阀”的理论，不伤及双方互动主体的根本价值理念的冲突，不会对结构和秩序产生致命的冲击，相反正常的冲突有利于互动的双方把负面的情绪排放出来，有利于互动关系的稳定。从前文所述S市的私人保险企业与政府的互动关系中，我们了解到冲突在各个方面、各个层次都存在，但是总体来说S市的政府购买大病医疗保险服务效果评价表明，仅就大病医疗保险服务的供给而言，政府与私人保险组织已成为相依的两个主体，共同促进了服务供给效率的提高。私人组织的发展有赖于政府提供良好的竞争环境，而政府社会公共服务递送水平的提高则依赖于私人组织的专业性，只要双方本着促进服务供给效率提高的原则合作，商品化的市场关系就能有效维持，S市大病医疗保险服务经办保险公司的负责人的访谈中也提到了这一点：

“我们与政府的合作也是磨合了十几年了，一开始我们也不知道该怎么与政府合作，怎么运作这个项目，不太了解政府的要求是什么，而且我们自己也不知道能不能赚钱，都是摸着石头过河……”（受访者编码：161226X）。

“现在情况好多了，我们现在比较经常跟政府部门沟通，双方有什么需求都直接提出来，这样减少不少矛盾”。（受访者编码：161226Z）

S市的政府购买医疗保险服务项目严格来说自2001年底城镇职工大病补充医疗保险服务开展就已经开始，但直至2012年才开始逐步规范，目前政府与私人保险企业双方的互动机制仍然不够成熟和完善，私人保险组织和政府在构建双方互动机制方面都缺乏经验，各自的行为中都存在着缺陷，在处理双方互动过程中的“主导权”和“话语权”时，难免会出现不理性的思维，容易带着冲突的情绪去构建互动关系，因此双方之间的矛盾和冲突是正常的，不仅不会对双方的互动关系产生冲击。相反，彼此坦诚地把矛盾和冲突展示出来，排除双方的负面情绪，不让冲突累计下去，能够促进互动中的政府与私人组织逐渐成熟，更加理性的展开合作，因而更有利于政府和私人组织之间的互动关系的平稳过渡。毕竟这些冲突并不伤及双方合作的最根本的价值理念，只是在双方处理合作关系过程中的不成熟所致，冲突展现出来有利于政府和私人组织的共同成长，这类似于冲突论中的“安全阀”制度，“安全阀”的存在能够保证机体的健康。因此S市政府购买大病医疗保险服务中政府与私人保险组织之间的冲突，不会产生破坏性的结果，相反“冲突即保护”，冲突能够起到促进互动双方逐步理性、维护双方互动关系稳定的作用。

三、妥协与合作：一种理性选择的结果

前文的分析已经表明，在政府购买医疗保险服务过程中，矛盾与冲突的根源就在于私人保险组织的自利性与政府公共服务项目的公益性。这种矛盾与冲突的后果最终具体表现为：一方面，私人保险企业过于关心降低自身经营风险和成本，而很少关注服务供给质量，从而导致公众满意度不高进而面临着失去这项业务的风险；另一方面，政府为了提高服务供给

效率而希望采用招标的形式促进竞争，但又由于缺乏市场竞争主体和环境的培育等原因而往往不能实现，最终仍然导致服务供给质量和效率无法保证。因此，互动的双方都有在冲突中寻求合作的意愿，作为一种理性选择的结果，政府与私人组织在转型的过程中都逐渐成熟，由原来的冲突和矛盾的紧张关系转为妥协和合作。

（一）政府的理性选择：开放、务实与善用

在我国，政府部门多年来在公共服务的递送领域一直承担着生产者、组织者和监督者的多重角色，在与私人组织之间的互动关系中也一直处于优势地位，然而，随着我国社会主义市场经济体制改革的深入发展，政府职能的转变势在必行，随着西方国家新公共管理运动的兴起，公共服务外包策略引入中国，中国政府开始鼓励并推行部分公共服务采取向私人组织购买的方式向公众输出，由此，相关政府部门的职能必须相应做出转变。然而，政府职能转型的过程并非易事，必须寻求以下两个问题之间的平衡点：一是必须保证政府在职能转变的变革中权威不能过度流失，从而保证社会秩序的稳定；二是政府又必须拿出足够的诚意来确实保证这种变革不是故步自封，在公共服务外包中给予私人组织足够的自主性。那么，实践中随之而来的则是这个平衡点的获取成为地方政府最难把握的问题，稍有差池则有可能导致变革出现两极：政府放得过多，威胁政府的传统权威，进而引起社会的解体和普遍性失范；作为对失范的回应，政府为了规避风险往往选择向传统回归，因而葬送改革的成果，即所谓的"一放就乱，一乱就统，一统就死"（邓正来，1999）。[①]

由此可见，政府与私人组织之间的矛盾和冲突很大程度源自于政府在社会变革的过程中难于把握"收"和"放"之间的平衡点，在这个过程中，有的地方政府选择了保守性策略，例如前文第三章中提到的政府购买大病医疗保险服务的"湛江模式"中，政府工作人员为了规避风险，选择加强对经办保险公司的控制，政府医保部门对经办保险公司从人员配置、

① 邓正来．国家与社会：一种社会理论的研究路径［M］．北京：中央编译出版社，1999.

组织架构到具体的业务审核等微观管理工作施行全面干预；有的地方政府选择了开放性策略，例如我们进行了个案研究的S市的政府购买大病医疗保险服务实践中，政府医保部门在与经办保险公司签订了服务购买合同以后，基本不再过问大病医疗保险服务的供给情况，而是完全交给经办保险公司负责全权处理相关事务，对其评估、监督和管理也极其有限。这两种模式现实地反映了政府购买公共服务的两种策略的极端，在不断地矛盾和冲突之后，政府也逐渐认识到了其中的问题，逐渐成熟和理性，表现就是政府部门在互动的过程中慢慢转变思维、态度，S市政府医保部门的一位负责人在访谈中表示：

"我觉得我们现在是有点太放了……政府还是得加强对经办公司的监管，前几年我们光关注政府减负了，现在发现不行，还是得关注他们（指经办保险公司）的服务质量。"（受访者编号：170323J）

"我们现在对他们（指经办保险公司）的服务质量还真是关注不多，接下来就必须要考虑制定评估和奖惩措施，不然他们保险公司的一些问题，老百姓以为是我们政府搞的，都到我们这里来投诉，影响政府形象啊！"（受访者编号：170323L）

S市政府医保部门自2001年底就已经通过政府向商业保险公司购买服务的方式为当地城镇职工提供大病补充医疗保险，但由于彼时我国商业健康保险的发展尚处于起步阶段，作为北方的一个地级市，当时S市有能力提供大病医疗保险服务的私人保险组织数量很少，甚至达不到公开竞标的标准，所以长期以来一直采取非竞争性独立关系的方式定向购买P公司的服务。毋庸置疑，这种模式在特定时期不仅降低了政府的搜寻成本和交易成本，而且也极大地解决了政府医保部门专业技术人力资源匮乏的当务之急。但是我们在前文第六章做过详尽的分析，这种购买模式不可避免地带来了弊端，其中重要的表现就是P公司在多年的业务经办中形成了对S市大病医疗保险服务供给比较明显的垄断地位，这种垄断既包括在多年承接该项目中所形成的技术优势、人才优势和组织优势，也包括在长期与政府部门合作中所形成的人脉关系和影响力，并且，不可否认，这种现象背后的权力寻租行为在所难免。这种潜在的垄断在2013年S市政府开始施行大病医疗保险服务社会公开招标中得以显现：随着我国商业保险市场飞速发展，商业健康险市场竞争主体逐渐增多，S市到了2013年底政府施行大病项目招标的时候，市场上至少有6家保险公司具备竞标资格，但最终因只有2家公司投标而流标，随后的两年参与竞标的保险企业一直不超过5家，直至2016年，虽然参与竞标的保险企业已达到10家，但最终城镇职工大病医疗保险服务供给项目仍然一直由P公司经办，其他参与和未参与竞标的保险企业某负责人在我们的访谈调查中直接表示，“跟P公司相比，我们各方面都不占优势，参与竞标也多数是陪标的角色。”（受访者编号：170616W）而这种事实上的垄断供给造成的直接后果就是，经办保险公司在事实上无竞争状态下提供公共服务，其服务供给质量和效率很难得到保证，我们对S市政府购买大病医疗保险服务效果的实地评价已经充分说明了这一点。

综上，我们认为目前，政府部门在务实的前提下，必须考虑要如何善用政府购买公共服务的模式，充分发挥这种新管理模式的作用。政府部门首先要转变思维，既不做全面干涉的“管家婆”，也不能做什么都不管的“甩手掌柜”，应充分意识到并担当起公共服务供给的政策制定者和监督人的角色，加强对大病医疗保险服务供给的评价、监督和管理工作。首先，政府医保部门应牵头制定和出台一套对政府购买医疗保险服务效果进行科学而全面评价的一整套评估体系，实行第三方评估，这样，即使在不能有效扭转大病医疗保险服务事实上的垄断供给的局面下，也能够增强经办保险公司的危机意识和竞争压力，迫使其关注服务供给质量和效率。其次，政府部门应进一步增强合同管理意识和能力，将医疗保险服务供给质量作为考核经办保险公司合同完成度的重要指标，或者直接将服务供给质量应达到的标准在政府购买合同中明确载明，这一点至关重要，只有这样才能从制度上规范和迫使经办保险公司将其服务供给的价值目标转变到共同促进医疗保险服务供给效率上来。再次，政府部门仍要继续培育医疗保险服务供给市场。随着我国商业健康保险市场的大力发展，外部市场竞争环境也在逐渐改善，政府部门应制定专门措施吸引和鼓励私人保险组织积极参与该政府项目竞标，只有形成竞争，才具备提高公共服务递送效率的前提条件。上述三点中，我们认为第一、第二点尤其重要，因为各个商业保险公司都有自身的市场定位、产品优势和区域优势，并非所有的保险公司都会将健康保险作为自己的优先发展策略，所以有些比较有实力的保险公司并不参与这个政府项目的竞标。因此，竞争性市场的培育可能是一个比较长期的过程。那么，在现有的市场环境下，抓住第一、第二点的实施则不失为当下政府部门的理性选择。

总之，政府部门要遵循理性行动原则，为公众做一个“好买家”，这是解决私人组织的自利性与公共服务的公益性之间的矛盾冲突转为妥协与合作的一个重要因素。

（二）私人组织的理性选择：独立、专业与合作

政府在与私人组织互动合作的道路上，寻求理性转变、逐渐成熟的同时，私人组织也在探寻与政府合作的策略。

我们认为，私人组织在承接政府公共服务递送项目中首先要明确自身的定位。我们的研究表明，目前我国地方政府购买大病医疗保险服务中私人保险组织在与政府部门的合作中表现出两种倾向：一种是认为自己与政府医保部门只是基于民法意义上的合同关系，是平等的民事主体，因而不需要也不应该接受政府的监督和管理，经办保险公司只需按照服务购买合同约定提供保险服务就可以了，政府部门无权对其进行评估。在S市的个案研究中，S市大病医疗保险经办保险公司相关项目负责人就表示：“我认为我们跟政府医保部门是平等的合作关系，他们无权监管我们，要监管也是保监局监管我们啊！”（受访者编号：170412Q）。持这种观点的私人保险组织往往采取“保险合同模式”提供大病医疗保险服务。另一种是认为私人组织在与政府部门的合作中处于被支配地位，在大病医疗保险服务的供给中完全依赖和听从政府医保部门的安排和指挥，不能充分发挥自身的主观能动性。同时，过于迎合政府部门的长官意识，完全成为政府医保部门功能的延伸，未能真正发挥私人保险组织的专业性和灵活性。持这种倾向的私人保险组织往往采取“委托代理模式”或“共保联办模式”提供大病医疗保险服务。我们认为，在这种公私伙伴关系模式下，私人保险组织持上

述哪一种倾向都有失偏颇，极易造成大病医疗保险服务的供给效率难以提高。事实上，私人保险组织应秉持独立又合作的态度参与到社会大病医疗保险服务的供给中来。作为私人保险企业，要保持自身的独立品格和自主性；作为承接政府公共服务项目的私人组织，又要认清政府这个“客户”的特殊性，本着“客户至上”的原则，明确政府项目的社会公益性目标，主动接受政府医保部门的监督和管理。

其次，私人组织应努力提升自身专业技术水平。政府采取向市场上的私人组织购买服务的方式提供公共服务的目的之一就是希望能够充分利用私人组织的专业技术提高服务供给效率。在我国，对于大病医疗保险服务的提供，私人保险组织具有更专业的人才队伍、更先进的技术手段和更有效的服务流程，这些都是政府部门所欠缺的。也正是如此，政府才会选择向私人保险组织购买服务。那么，保险企业要想能够在竞争性的环境中获得政府的青睐，具备过硬的专业技术水平是必备的前提条件。我们在对S市的调查中了解到，目前很多保险公司之所以没有参加大病医疗保险服务竞标或者只是“陪标”，最关键的原因还是不具备竞争实力，正如我们对S市两家中小规模的保险企业负责人的访谈中所谈到的：

“其实我们不参与竞标主要还是因为大病保险这一块我们公司这么多年都没有重点发展，总公司对我们这一块业务也没有要求，所以我们就是拿到这个项目也没有实力做好，没有人（才）。”（受访者编号：170623Z）.

再次，私人组织应主动承担社会责任，这也是私人组织得以获得长远发展的理性选择。尤其是承接了政府公共服务项目的私人组织，应将为公众提供优质的公共服务视为自己的经营目标之一。然而，我们对政府购买大病医疗保险服务的研究中发现，目前私人保险组织大都缺乏这方面的意识。例如S市大病医疗保险服务经办保险公司的某位项目负责人在访谈中也提到：

“目前我们的目标主要就是尽量减少政府医保基金的流失……参保人那边是不是满意，不应该由我们负责吧！他们是不是得找政府医保部门呐？”“医疗费用不是我们保险公司一家能够控制得了的，我们不管病人花多少钱，只管按照合同规定报销……”（受访者编号：161226Z）

可见实践中，经办保险公司很少关注公众满意、公众利益最大化的问题，也并未意识到服务受众的态度会对自身的经营产生影响。然而我们认为，在现代商业社会，公众对公共服务提供商的满意度是影响其可否能够实现良性的可持续发展的重要因素。在政府购买大病医疗保险服务中，随着政府在与私人保险组织的互动中不断成熟，评价和监督制度必然建立，而参保人对经办保险公司的满意度最终将会通过公众参保人传导到政府部门，从而成为政府部门选择合作伙伴的一个重要参考条件。因此，私人保险组织无论出于自身长久发展考虑，还是从一个成熟的现代企业所应该担当的社会责任的角度来看，都应树立社会责任观，在承接政府公共服务项目中与政府部门通力合作实现多方共赢，这才是私人组织的理性选择。

附录1　政府购买大病医疗保险服务效果评价调查表

评价对象编号：

调查时间段：2016 年 1 月 1 日至 2016 年 12 月 31 日

	二级指标	三级指标	具体指标
政府购买大病医疗保险服务效果	投入	年总保费 / 服务费支出	1. 年总保费 / 服务费支出______万元
		年管理成本支出	2.1 大病保险主管部门工作人员工资福利总支出______万元
			2.2. 大病保险主管部门办公费用支出______万元
		预算编制的合理性	3. 政府购买大病医疗保险实际投入占调整后预算______%
		购买模式的选择	4. 采取哪种方式购买大病医疗保险服务？（1）保险合同模式 （2）委托代理模式 （3）共保联办模式
	过程	服务供给市场竞争度	5. 市场竞争主体数量______个
		政府购买合同的管理	6. 每年政府部门对大病医疗保险服务外包合同的履行状况督查过几次？______次
		服务供给流程的标准化程度	7. 服务供给流程的标准化程度打分______分（1–5 分别表示很不标准、不标准、一般、较标准、非常标准）
	产出	大病保险受益率	8. 当年大病保险报销人次______ 当年大病保险参保总人数______
		大病保险年实际总补偿比	9. 当年大病保险金总支出______ 当年大病保险参保人总医疗费用支出______
		服务购买合同载明责任完成度	10. 经办保险公司按服务购买合同载明责任履行了应尽义务的______%
		违规医疗费用审出率	11. 经办保险公司当年违规医疗费用审出率______%
		经办公司溢出收益	12.1 经办保险公司是否因经办大病保险项目而取得其他相关政府外包项目？ （1）有（2）没有
			12.2 经办保险公司自感是否因经办大病保险项目而获得企业形象提升？ （1）有（2）没有
	品质	大病保险服务供给的专业性	13. 大病保险服务供给的专业性满意度得分______（1–5 分分别表示非常不满意、不满意、一般、较满意、非常满意）
		大病保险服务供给的公平性	14. 大病保险服务供给的公平性满意度得分______（1–5 分分别表示非常不满意、不满意、一般、较满意、非常满意）
		大病保险服务供给的回应性	15. 大病保险服务供给的回应性满意度得分______（1–5 分分别表示非常不满意、不满意、一般、较满意、非常满意）

续表

	二级指标	三级指标	具体指标
		大病保险服务供给的个性化	16. 大病保险服务供给的个性化满意度得分______（1–5 分分别表示非常不满意、不满意、一般、较满意、非常满意）
		大病保险服务提供组织培育	17. 与上年相比大病医疗保险服务供给组织参与竞标增长率______%
	成效	大病保险服务需求满足度	18. 大病患者自感大病保险服务需求满足度得分______（1–5 分分别表示远不满足、不满足、还可以、比较满足、非常满足）
		参保人生活质量改善	19. 大病患者大病保险平均补偿金占当地当年居民个人可支配收入的比例______%
		政府规模的缩小情况	20. 过去五年中政府大病医疗保险主管部门人员增加比例______%
		大病保险服务供给质量的改善	21. 比上年大病医疗保险服务投诉增长率______%
	价值	大病保险服务供给公众满意度	22. 大病保险服务供给公众满意度总平均得分______
		大病保险服务供给社会公正度	23.2016 年当地大病医疗保险参保率______%（2016 年当地大病医疗保险参保人数 /2016 年基本医疗保险参保人数）
		监督机制的有效性	24.1 政府部门是否已建立对大病医疗保险政府购买活动的明确的监督机制？ （1）有（2）没有
			24.1 政府部门是否曾对经办保险公司服务供给情况进行过监管？（1）有（2）没有
		问责制度的清晰性	25. 政府部门是否已将对大病医疗保险政府购买活动的监管责任明确到人？ （1）有（2）没有
		权力寻租状况	26. 政府购买大病医疗保险过程中是否存在权力寻租现象？（深度访谈）

注：1. 具体指标多于 1 个的，计算时按照每个指标平均分配权重计算结果

2. 满意度得分为通过问卷调查满意度模块获得的平均得分

